원칙중심 회계기준: 재무보고 개념체계의 이해

원칙중심 회계기준 : 재무보고 개념체계의 이해

PRINCIPLES-BASED ACCOUNTING STANDARDS:
Understanding the Conceptual Frameworks for Financial Reporting

송인만 · 윤순석

신영사

머리말

우리나라 회계투명성이 왜 그렇게 낮을까? 우리나라 기업의 주식가치는 'Korea discount'라는 말이 생겨나도록 왜 그렇게 저평가되어 있을까? 우리나라의 경제 규모가 급속히 발전하여 세계 10위권을 넘나들고 있는데 아직도 이러한 의문은 회계를 전공하는 우리 모두에게 풀기 어려운 숙제이고, 나아가서는 무력감을 느끼게 한다. 진정 우리나라에서 회계가 사회에서 요구하는 자원배분에 유용한 정보를 충실히 제공하고 있는가에 대한 의문이 제기되고 있다. 특히 회계정보 이용자들은 산출된 회계정보의 투명성에 대한 의심을 거두지 않고 있다.

우리나라에서는 20세기 말에 외환위기를 겪으면서 회계투명성의 중요성이 부상하였고, 투명성을 개선하기 위한 획기적인 조치를 취해왔다. 예컨대 집단소송제도, 사외이사제도를 포함한 지배구조개선 등이 제도화되었다. 또한 2011년부터는 우리의 회계주권을 포기하면서까지 국제회계기준을 도입하기도 했다. 그러나 회계투명성은 여전히 개선되지 않아 부끄러울 정도로 낮고, 우리나라 기업의 가치는 'Korea discount'라는 용어가 회자되기까지 낮게 평가되고 있다. 이에 2019년부터는 공인회계사 지정제도를 포함한 획기적인 회계개혁을 추진하고 있다.

회계투명성의 문제는 국제회계기준을 도입한 이후에도 개선되지 않았는데, 이는 새로운 회계기준의 이점을 충분히 살리지 못했기 때문이었던 것 같다. 2011년에 도입된 국제회계기준은 정해진 규칙에 의존하기보다는 상당 부분 원칙을 중시하는 기준이다. 그러나 우리나라에서는 원칙중심의 회계교육 및 회계실무가 정착되지 못하였고, 결과적으로 많은 곳에서 회계기준의 적용 문제로 갈등이 표출되었다. 이러한 갈등은 우리나라 회계수준이 높지 못함을 대내외에 표출하였고, 대내외의 회계정보이용자들에게 우리나라 회계투명성이 낮다는 인식을 갖도록 하였다.

원칙중심의 회계기준을 운영하게 되면, 회계기준에 유연성을 제공하여 회계정보가 경제적 실질을 더 잘 반영할 수 있게 하고, 또한 회계전문가들이 거래의 본질을 깊이 탐구할 수 있게 해준다. 반면, 이를 준수하기가 복잡해지고 시간과 비용이 많이 소유된다는 부작용이 있다. 또한 원칙에 근거한 전문가의 판단을 중시하기 때문에 회계의 공급이나 수요 시장에서 전문가가 충분히 발달하지 않았거나 성문법 체제하에서 규칙(법률)에 근거하여 의사결정을 주도했던 우리나라와 같은 국가에서는 이를 받아들이기가 쉽지 않다는 문제점도 있다.

그간 우리나라에서는 자본시장의 규모가 커져서 회계의 역할이 증대한 반면, 회계정보이용자들의 인식부족으로 회계정보의 가치를 높게 평가하지 않는 현상이 있었다. 특히 회계선진국과는 달리 원칙과 시장 중심이 아닌 권한과 규제를 중시하는 규칙(법규)중심의 사고에 근거하여 모든 사회적 제도가 운용되는 경향이 있었다. 이러한 상황에서 회계시스템이 고유목적인 유용한 정보의 제공을 제대로 달성하지 못하고 세금보고 등의 규제의 목적으로 사용되었고, 나아가서 때로는 경영자들의 개인적 목적 달성에 이용되기도 하였다.

원칙중심 회계기준에서는 논리정연한 개념체계에 근거하여 일관성 있는 회계기준을 제정하는 것이 중요하다. 이에 따라 국제회계기준위원회에서는 2018년에 종전의 개념체계를 전면 개편하고 보완하여 비교적 포괄적인 '재무보고 개념체계'를 제시하였다. 한편, 회계정보를 작성하거나 이를 감사 또는 감독하거나 산출된 회계정보를 이용하는 입장에서도 회계기준을 잘 이해하고 회계정보를 좀 더 잘 해석하기 위해서는 이를 뒷받침하는 개념체계를 충분히 이해해야만 하는 필요성이 부각되었다.

본서는 이러한 상황에서 국제회계기준의 근간을 이루는 재무보고 개념체계를 좀 더 쉽게 이해할 수 있도록 이를 체계적으로 편집하는 데 초점을 맞추고 있다. 21세기에 우리나라에 도입되었던 많은 제도의 변화(사외이사제도, 집단소송제도, 그리고 최근에는 극약처방인 감사인 강제교체제도 등)가 회계투명성을 끌어올리는 데 한계가 있을 것이다. 무엇보다도 회계정보시장에서 회계정보의 유용성에 대한 사회적 공감대가 확산되고 회계기준이 원칙에 근거해서 제대로 운영될 때 우리나라도 회계선진국에 진입할 수 있을 것이다. 이렇게 나아가는 길에 본서가 미력하나마 도움이 되길 기대해 본다.

개념체계의 이해를 돕기 위해서 본 『원칙중심 회계기준: 재무보고 개념체계의 이해』를 집필하게 되었다. 또한 지난 30여 년간 중급회계 및 고급회계 등의 교재를 집필하면서 고민했던 내용들, 그리고 오랜 기간 교수님들이나 학생들과의 논의 속에서 얻어진 노하우가 개념체계 이해에 도움이 된다고 보아 이를 곳곳에 제시하였다. 회계기준이 원칙중심으로 바뀌었으면 회계교육도 바뀌어야 한다는 신념으로 회계기준원에서 장지인 원장의 주관하에 2015/6년에 걸쳐 발간한 『원칙중심 K-IFRS 교육: 개념체계 기반 접근법』의 저술에 참가하면서 얻었던 영감도 본 교재를 출간하는 계기가 되었다.

본서를 만드는 데 많은 comment를 주었던 많은 동료들, 특히 그간 중급회계 교재를 함께 이끌어온 최관 교수, 동료이며 가족인 INSEAD 대학의 송시원 교수, 그리고 나아가서 우리나라 회계학 발전에 불철주야 노력하고 계시는 회계학 교수들과 회계전문가들에게 심심한 사의를 표한다. 특히 지난 2년간 본 해설서를 집필할 수 있는 환경을 제공해 준 미국 Western Illinois University의 division head인 Gregg Woodruff 교수에게 깊이 감사드린다. 또한 출판을 흔쾌히 허락해 주신 신영사의 권영섭 사장 그리고 편집을 꼼꼼히 챙겨주신 박지영 국장께도 감사의 말씀을 전한다.

항상 헌신적인 응원을 아끼지 않은 사랑하는 가족에게도 무한한 책임을 느낀다. 그들의 응원이 없었더라면 본서의 출간은 불가능했을 것이다.

2020년 5월 8일
Western Illinois University, Stipe Hall의 연구실에서
송인만 교수 · 윤순석 교수

차 례

서론 원칙중심 회계기준과 개념체계

chapter 1 일반목적재무보고의 목적

chapter

2 유용한 재무정보의 질적특성

chapter

3 재무제표와 보고기업

chapter

4 재무제표요소

chapter

5 인식과 제거

chapter 6 측 정

chapter 7 표시와 공시

chapter 8

자본 및 자본유지의 개념

서 론

원칙중심 회계기준과 개념체계

1. 회계기준과 개념체계
   (1) 회계기준제정방법
   (2) 회계기준제정주체
   (3) 회계기준제정절차
   (4) 회계기준의 경제적 영향과 정치적 과정
2. 개념체계의 목적, 효용과 위상
3. 개념체계의 발달
4. 재무보고 개념체계의 접근방법
5. 재무보고 개념체계의 구성
6. 국제회계기준의 특징과 개념체계의 적용
   (1) 국제회계기준의 특징
   (2) 원칙중심 회계기준
   (3) 개념체계기반 재무보고 의사결정과정

1 회계기준과 개념체계

재무제표를 작성할 때 편의(bias), 부정확, 불명확 등의 문제가 발생할 수 있다. 따라서 회계에서는 이를 최소화하고 재무정보의 비교가능성을 제고하기 위하여 일반적으로 보편타당하고 합리적이라고 인정되는 일련의 기준을 마련하기 위해 노력해 왔다. 그 결과 오늘날의 회계기준을 가지게 되었다. 회계기준이 없다면 각 회사마다 독특한 정보들을 다양한 방법으로 보고하거나 심지어 아무것도 보고하지 않는 경우도 있을 것이다. 따라서 회계기준이 재무보고에서 차지하는 비중과 역할이란 대단히 클 수밖에 없다.

(1) 회계기준제정방법

회계기준제정방법에는 [그림 1]과 같이 연역적 접근법과 귀납적 접근법이 있다.

[그림 1] 회계기준제정방법

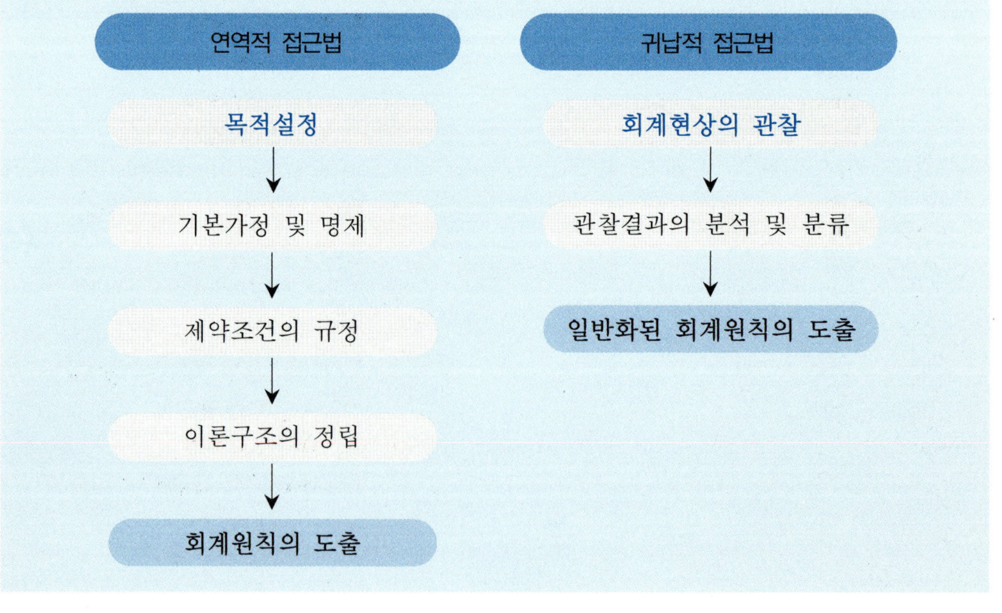

연역적 접근법(deductive approach)은 대체적인 회계처리방법 중 재무보고의 목적을 뒷받침하는 기본적인 가정이나 명제에 부합하는 회계처리방법을 선택하는 방법이다. 연역적 접근법에는 기본개념을 이론적으로 구축하여 이들과 논리적으로 일관성을 갖는 회계기준을 제정하는 공리적 접근법, 재무정보이용자의 의사결정유용성을 강조하는 의사결정모형접근법, 그리고 재무보고목적을 정한 후 이에 부합하는 회계기준을 제정하는 재무보고목적접근법이 있다.

귀납적 접근법(inductive approach)은 실무에서 사용되고 있는 회계처리방법을 관찰한 후 이들을 체계적으로 분석·분류하고 정리하여 회계기준을 제정하는 방법이다. 즉 이 방법은 현행 회계실무를 종합하는 방법이라고 할 수 있는데, 가장 큰 단점은 회계기준간 논리적 일관성이 결여될 가능성이 높다는 점이다. 그러나 실무에서 사용되고 있는 방법을 정리한 것이므로 회계기준의 수용성이 높고, 회계변경에 따른 경제적 영향을 최소화할 수 있다는 장점이 있다.

회계가 예술인가? 아니면, 과학일까?

회계가 예술인가? 아니면, 과학일까? 회계에서 과학적 방법, 측정이론의 역할 등을 언급하는 것은 분명히 회계가 과학의 영역에 들어섰음을 보여준다.

예술은 상당부분 예술가의 개인적 해석에 의존한다. 예를 들면, 한 화가는 모델을 세 개의 눈을 가졌다고 표현하였는데, 다른 화가는 동일한 대상을 눈은 정상적으로 두 개를 가졌으되 코는 초록색인 것으로 묘사할 수 있다. 한편, 과학자들간에는 관찰하여 측정하는 현상에 대한 해석이 매우 유사하다.

그러나 아직도 회계담당자들이 문제를 정의하는 방식을 보면, 회계가 과학보다는 예술에 가깝게 느껴지기도 한다. 예를 들면, 감가상각의 경우에 상각방법, 내용연수 및 잔존가치를 결정하는 데 있어서 상당한 재량권이 허용되고 있다. 그 결과로 검증가능성은 매우 낮고, 자산의 속성과 관련된 비용이 경제적 실질을 반영하지 못하고 있다.

반면, 공정가치와 같이 경제적으로 의미 있는 속성을 가질 수 있는 측정절차를 채택하는 과학적 접근도 종종 관찰되기도 한다. 과학적 접근의 목적은 예측 또는 확인 목적에 유용한 정보를 제공하는 것이다. 이러한 접근법이 현행 회계기준에서는 널리 관측되지 않고 있으나 점차 확산되고 있는 추세인 것만은 틀림없다.

회계에서 엄격하게 측정과정을 설정하면 측정자들 사이에 높은 합의를 가져올 수 있을지는 매우 중요한 질문이다. 그러나 과학자들(예를 들면, 기후학자 또는 인류학자)도 그들이 측정하는 대상에 대해 통일된 측정치나 해석을 가져오지 못한 경우가 많았다.

회계는 관련된 모든 당사자를 만족시키는 결과를 가져오는 과학이 될 수 있는 잠재력을 지니고 있다. 그러나 회계는 대부분의 자연과학에서 측정되는 물리적 현상보다는 통제하기가 어려운 인적 요인과 깊이 관련되어 있다. 따라서 회계는 다른 사회과학과 마찬가지로 그 측정과 예측에서 정확성을 보장하지는 않을 것으로 예상된다.

(2) 회계기준제정주체

회계기준은 국가에 따라서 공공부문(public sector)에 의해 제정되고 있기도 하지만, 우리나라를 비롯한 많은 나라는 공공부문이 회계기준제정권한을 가지고 있지만 이를 민간부문(private sector)에 위임하고 있다.

공공부문에서 회계기준을 제정할 경우 강력한 회계규제가 가능하고 공정성을 유지할 수 있으며 압력기관들의 압력을 줄일 수 있는 등의 장점이 있다. 그러나 전문성과 유연성의 결여, 공정한 절차의 무시, 지나친 정부규제 등의 단점이 있다. 민간부문에서 회계기준을 제정할 경우 회계전문가들에 의해 일관성이 있고 실무적으로 수용가능성이 높은 회계기준을 제정할 수 있다는 장점이 있지만, 공공부문에 의한 강력한 지지가 없으면 회계기준의 강제력이 유지되지 않는다는 단점이 있다.

민간기구로서 국제회계기준(IFRS, International Financial Reporting Standards)을 제정하고 있는 국제회계기준위원회(IASB, International Accounting Standard Board)[1)]와 여기에서의 회계기준제정과정을 살펴본다.

1) 우리나라에서 위원회라는 명칭을 사용하는 영어단어는 대체적으로 네 가지가 있다. Commission, board, committee, council이 그것이며 여기에 얼핏 보면 구분 없이 사용되고 있지 않나 생각하기 쉽다. 이 네 가지 용어는 여기에도 모두 언급되고 있는데 위원회가 정부소속이냐 민간부문이냐, 또는 의사결정기능을 담당하느냐 자문기능을 담당하느냐에 따라 다르다. Commission은 정부소속위원회로서 강제력을 갖고 있는 위원회를 의미한다. 예컨대 금융위원회, 증권선물위원회, 금융통화위원회, 공정거래위원회, 선거관리위원회 등의 정부소속기관이 위원회 형태를 취하는 경우 commission이라는 명칭을 갖는다. Board는 일반적으로 민간부문에서 사용하는 용어이다. 회계기준위원회도 회계기준을 제/개정하는 권한을 정부로부터 위임받아서 하고 그 자체로서 정부기구가 아니기 때문에 board라는 용어를 사용한다. 국제회계기준위원회(IASB), IFRS관리위원회(IFRS

회계기준의 세계적 조화 및 통합을 위해 국제회계사연맹(IFAC, International Federation of Accountants)의 제안으로 1973년에 IASB(창립시에는 IASC(International Accounting Standards Committee)라고 명했으나 2001년에 변경됨)를 창설하였다. 그러나 국제적으로 공신력 있는 회계기준제정기구로 인정받기까지 많은 난관에 봉착할 수밖에 없었다. 즉 IASB가 제정한 국제회계기준의 구속력이 부족하였다. 그러나 1995년에 국제증권감독자기구(IOSCO)[2]가 정비된 IFRS를 이용하여 작성한 재무제표로 IOSCO가맹국의 증권시장에 상장할 경우 이를 허락하도록 IASB와 합의하였다. 1998년말에 40여개의 핵심회계기준이 정비되자 IOSCO는 2000년까지 검토를 완료하고 회원국들에게 IFRS의 사용을 권장하기에 이르렀다. 또한, 비슷한 시기에 은행감독에 관한 국제위원회인 Basel위원회와 선진 7개국의 국가적 조직인 G7의 재무장관들도 IFRS에 대한 지지를 선언했다.

2005년부터는 유럽연합(EU), 호주, 뉴질랜드, 남아프리카공화국 등이 IFRS를 도입하기 시작했다. 또한 미국의 재무회계기준위원회(FASB, Financial Accounting Standards Board)와 회계기준 정합화(convergence)를 위해 공동으로 노력한다는 합의(Norwalk Agreement)[3]를 체결하고, 2006년부터 로드맵을 마련하여 정합화 작업을 진행했다. 우리나라도 2011년부터 IFRS를 전면 도입하기에 이르렀다.

IASB의 구조는 [그림 2]와 같다. 일곱 개의 회원기관(IOSCO의 신흥시장위원회, 미국증권거래위원회, 일본증권감독원, EU집행위원회, 한국금융위원회, 중국재무부, 브라질증권위원회)과 한 개의 옵서버(은행감독 바젤위원회)로 구성된 관리위원회(Monitoring Board)가 IFRS재단이사회(IFRS Foundation Trustees) 이사를 선임하고 감독하는 역할을 한다. 약 22명의

Foundation Monitoring Board), IFRS재단이사회(IFRS Board of Trustees) 등도 모두 board라는 용어를 사용한다. 한편, 기업의 이사회 등도 기업 내에서는 막강한 권한을 가지지만 민간부문에 해당하기 때문에 board라는 용어를 사용한다. Committee는 대체적으로 전문지식을 가진 사람들로 구성되며 자문기능을 주로 담당하기 때문에 사용하는 명칭이다. 따라서 국제회계기준해석위원회(IFRIC)는 committee라는 용어를 사용한다. 때로는 committee와 유사한 개념으로 council이라는 명칭을 사용하기도 한다. 국제회계기준자문위원회(IFRS Advisory Council)는 council을 사용하고 있다. 또한, 자치단체의 의회 등이 council을 사용하기도 한다.

2) 국제증권감독자기구(IOSCO)는 전 세계 100여개 증권감독기관의 연합체이다. 대한민국의 금융위원회도 이 연합체의 회원으로 있다.

3) Norwalk는 미국 재무회계기준위원회의 소재지로서 Connecticut주에 있는 도시이다.

[그림 2] 국제회계기준위원회의 구조

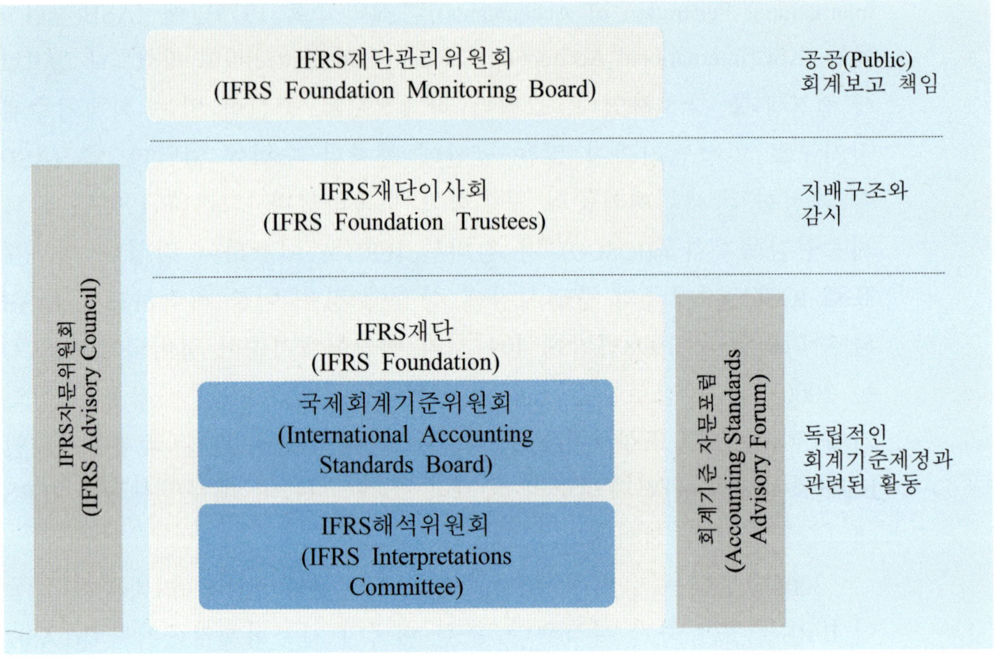

이사로 구성된 이사회가 약 15명으로 구성된 IASB 위원을 선임하고, 그 활동을 감독하며, 재정지원을 하고 있다. IASB는 해석위원회(IFRIC, International Financial Reporting Interpretations Committee)를 두어 회계기준의 해석에 대한 활동을 위임하고 있으며, 자문위원회(IFRS Advisory Council)의 기술적 지원을 받고 있다.

우리나라에서는 1999년도까지 정부부문(재무부, 금융감독위원회 등) 주도로 회계기준을 제정하였다. 그러나 1999년 9월에 민간 회계기준제정기구인 한국회계기준원/한국회계기준위원회(KAI/KASB, Korea Accounting Institute/Korea Accounting Standards Board)가 발족되었다. 이의 법적・제도적 뒷받침을 위하여 2000년에 외감법(주식회사의 외부감사에 관한 법률)을 개정하여 금융감독위원회가 회계처리기준에 관한 업무를 민간법인 또는 단체에 위탁할 수 있는 근거조항을 마련했으며, 또한 외감법 시행령을 통하여 회계기준제정기관으로서 KAI를 지정하였다.

(3) 회계기준제정절차

회계기준은 적법한 절차(due process)에 따라 제정한다([그림 3] 참조). 적법한 절차는 많은 시간과 노력을 필요로 하지만, 제정된 회계기준의 수용성을 높이기 위한 제도로 여겨지고 있다. 따라서 적법한 절차를 따르지 않고는 회계기준을 제정할 수 없다.

적법한 절차는 먼저 조사연구를 통하여 다루어야 할 의제를 설정한다. 의제가 설정되면, 연구를 통하여 토론서(DP, discussion paper)를 만들어서 의견을 수렴하기도 하는데, 이는 필요에 따라 이루어지는 선택적 절차이다. 그 다음 공개초안(ED, exposure drafts)을 마련하여 다시 의견을 수렴한다. 이와 같은 의견수렴과정을 거쳐 최종적으로 회계기준(accounting standards)을 의결하고 공표한다. 기준이 공표되면, 이해관계자 집단과 접촉을 통하여 기준을 이해시키고, 기준이 실무에 미치는

[그림 3] 국제회계기준제정과정

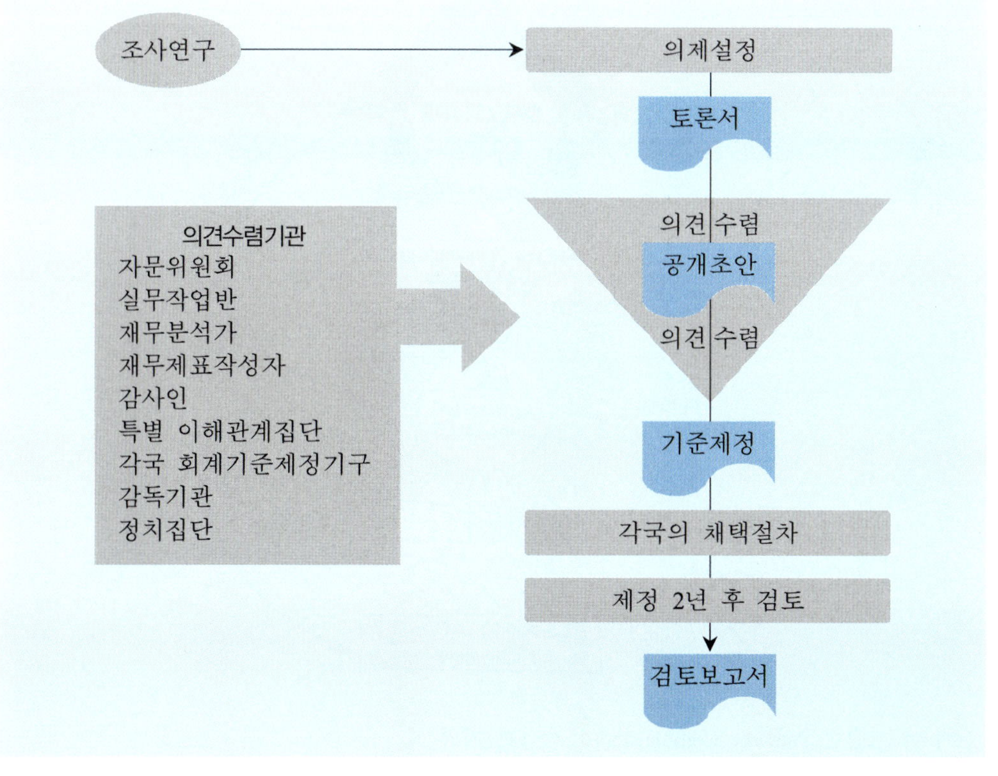

영향을 검토하는 등 다각적인 제정 후 활동을 하며, 이의 일환으로 회계기준 채택 후 약 2년이 경과되면 검토보고서를 작성한다.

우리나라에서도 IFRS 제정과정과 유사한 채택절차를 거쳐 한국채택국제회계기준(K-IFRS)을 제정해 나가고 있다.

(4) 회계기준의 경제적 영향과 정치적 과정

회계기준이 제정 · 공표되면 이의 적용을 받는 각종 이해관계자들에게 많은 경제적 영향(economic consequences)을 미치게 된다. 경제적 영향의 구체적인 예로서, 연구개발비를 자산화하지 않고 비용으로 처리하도록 기준을 개정하자 기업들이 연구개발에 대한 투자를 기피하는 현상이 나타난다거나, 모든 리스를 자산화하고 운용리스를 허용하지 않으

[그림 4] 회계판단과 경제적 영향

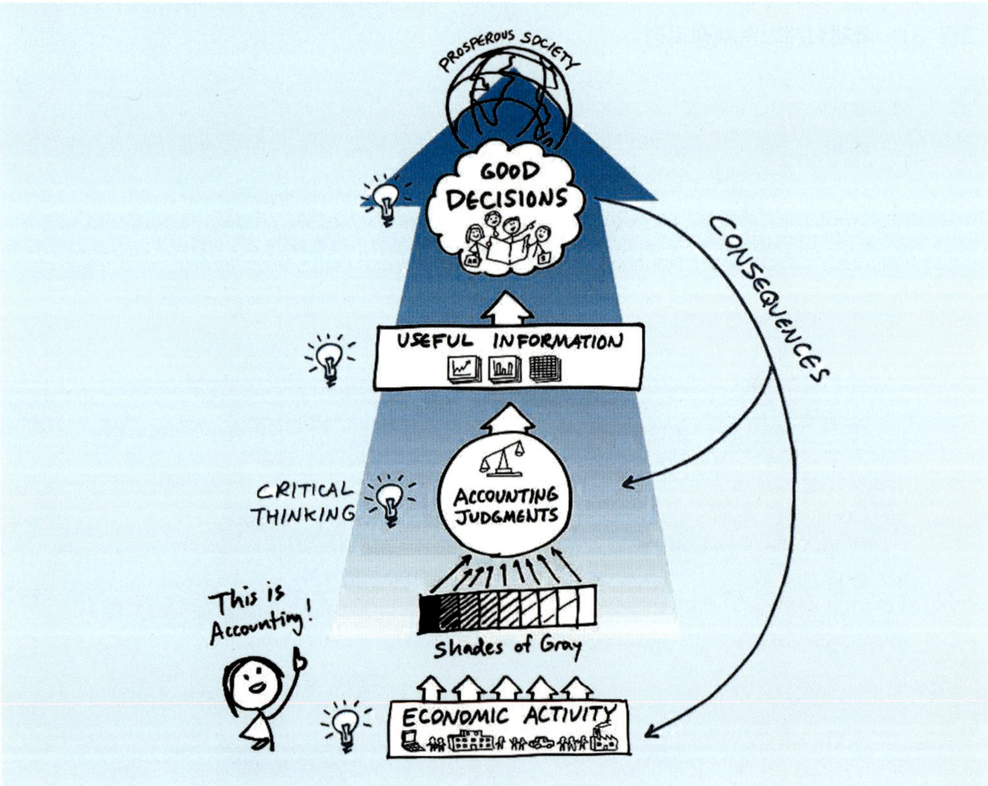

(주) 이 그림은 Pathway Commission이 작성한 것임

면 리스거래가 감소한다거나 하는 등을 들 수 있다([그림 4] 참조).

회계기준의 제정 및 개정으로 직접적인 영향을 받는 기업이나 집단이 불리한(유리한) 경제적 영향을 가져올 회계기준의 제정 및 개정을 반대(찬성)하기 위하여 힘을 규합하여 회계기준제정기관에 압력을 가하거나 로비를 하는 경우가 있다. 이와 같이 회계기준의 설정과정에 이해관계자집단이 개입하는 것을 정치적 과정(political process)이라고 부른다. 예를 들면, 천연자원 탐사활동 지출에 대한 회계처리로서 전부원가법(full cost method)은 허용하지 않고 성공원가법(successful cost method)을 강제화하려고 하자 이에 대해 강력한 반대를 피력하여 전부원가법도 허용해 달라고 정치적 압력을 행사하도록 의회까지 동원한 사례라든가, 외화차입금에 대한 환산손실을 당기손익에 반영하지 않고 자본조정계정이나 이연자산으로 처리하도록 실력을 행사한 것들이 정치적 과정의 예라고 할 수 있다.

회계기준 설정에 작용하는 정치적 과정은 긍정적인 면과 부정적인 면이 있다. 긍정적인 면으로는 첫째, 회계기준은 직·간접적으로 영향을 받는 집단들에 의한 회계기준의 수용을 전제로 한다. 따라서 회계기준은 단순히 기술적 또는 이론적 측면만을 고려하여 제정 또는 개정될 수는 없으며, 실무에 미치는 영향도 고려해야 한다. 정치적 과정은 회계기준의 설정에 있어서 수용성을 고려해야 한다는 것을 상기시켜 준다.

둘째, 특정 회계기준이 이해관계자에게 미치는 영향은 다양할 수 있다. 맞고 틀리냐의 문제가 아니라 회계기준은 사회적 선택(social choice)의 산물이므로 여기에는 필연적으로 가치판단의 문제가 개입된다. 따라서 부작용을 최소화하기 위해서는 정치적 과정이 회계기준의 설정에 필요악이라고 할 수 있다. 회계기준 설정에 따르도록 되어 있는 적법한 절차는 사회적 선택을 통한 기준의 설정이라는 측면을 고려한 절차라고 할 수 있다.

한편, 부정적인 면으로는 첫째, 회계는 상당부분이 기술적인 문제이기 때문에 타협의 대상이 되어서는 안 된다. 예컨대 이익의 결정, 자산과 부채의 평가 등은 독립적이고 공정한 입장에 서 있는 연구자들의 광범위하고 전문적인 연구결과에 근거해 결정해야 한다.

둘째, 회계처리에 있어서 단일의 최적 해결책은 없다 할지라도 이해관계자들의 이기적인 힘의 논리에 의하여 해결책을 마련하는 것보다 독립적인 위치에 있으면서 전문적 지식과 식견을 갖춘 집단에 의해 합리적으로 해결되는 것이 바람직하다. 회계기준의 제정 및 개정에 있어서 타협이나 합의로 기준을 결정하면 회계의 전문성이 약화될 것이다.

회계기준은 자연과학이나 수학 등의 법칙처럼 불변의 진리도 발견의 대상도 아닌 약속에 불과하며 상황에 따라 언제든지 변화할 수 있다. 또한, 회계기준은 객관적으로 또는 실험에 의하여 그 정당성 또는 합리성을 증명하기가 곤란하다. 따라서 이에 근거하여 산출될 회계정보의 유용성(목적적합성, 표현충실성 등)이라는 기준에 의하여 평가해야만 한다.

회계기준은 실무에서 수용이 되어야만 기준으로서의 효력을 갖는다. 이러한 이유로 회계기준은 '일반적으로 인정된 회계원칙(GAAP, Generally Accepted Accounting Principles)' 또는 '다수의 (실질적인) 권위 있는 지지를 받는 원칙'이라고 한다. 즉, 회계기준은 감독기관 및 실무계의 적법한 지원 및 수용에 의하여 입지가 확보된다.

2 개념체계의 목적, 효용과 위상

앞에서 언급한 회계기준의 특성 때문에 회계기준의 근본골격, 즉 재무보고의 기초가 되는 개념체계를 마련할 필요가 있다. 재무보고를 위한 개념체계(conceptual framework for financial reporting, 이하 개념체계)는 다음과 같은 목적을 가지고 제정되었다.

① 회계기준제정기구가 일관된 개념에 기반을 두어 회계기준을 제·개정하는 데 도움을 준다.

② 특정 거래나 다른 사건에 적용할 회계기준이 없거나 회계기준에서 회계정책을 선택하는 것을 허용하는 경우 재무제표작성

자가 일관된 회계정책을 선택하는 데 도움을 준다.

③ 모든 이해관계자가 회계기준을 이해하고 해석하는 데 도움을 준다.

개념체계의 명시적 목적

개념체계의 주된 목적으로 회계기준제정기구를 돕는 것이라고 기술하여 개념체계의 명시적인 목적에 초점을 맞추는 방법도 있다. 그러나 개념체계가 다른 이해관계자들에게 도움을 줄 수 있다고 인정한다고 해서 회계기준제정에 도움이 되는 집중되고 일관된 개념을 개발하는 것을 방해하지 않는다고 본다.

재무제표작성자들이 특정 거래나 다른 사건에 적용할 기준이 없거나 기준서에서 회계정책을 선택하는 것을 허용하는 경우에 개념체계를 적용할 수 있을 것이다.

개념체계는 개별 회계기준들의 뼈대 또는 근간을 제공하는 역할을 하므로 모든 법률의 근간역할을 하는 헌법과 같은 것으로 이해할 수 있다. 따라서 개념체계에 기반을 두어 회계기준을 제정하면 다음과 같은 이점이 있다.

① 재무정보의 비교가능성과 정보의 질을 향상시킴으로써 투자자와 그 밖의 시장참여자가 정보에 입각한 경제적 의사결정을 내릴 수 있도록 한다.
② 자본 위탁자와 수탁자 간의 정보비대칭을 감소시켜 수탁자인 경영자의 회계책임성(accountability)을 강화한다. 이는 또한 경영진의 수탁책임(stewardship) 평가에 필요한 정보를 제공하며, 규제기관에게도 중요하다.
③ 투자자가 투자기회와 위험을 파악하는 데 도움을 주어 자본배분을 향상시킴으로써 경제적 효율성에 기여한다. 또한 개념체계에 기반을 둔 신뢰성 있는 회계기준으로 자본비용이 낮아질 것이다.

개념체계의 효용

재무보고 개념체계로 인해 회계기준제정기관이 가장 큰 혜택을 볼 것이다. 왜냐하면 회계기준제정기관은 회계기준을 제정할 때 이를 뒷받침하는 기본개념을 필요로 하기 때문이다. 회계기준제정기관만큼은 아니어도 다른 관계자들에게도 개념체계는 실질적으로 도움이 된다.

개념체계는 내적 일관성이 있고 적절한 회계기준을 만드는 데 도움을 주어 기업회계정보의 신뢰성을 증진시킨다. 개념체계에서 제시된 회계의 목적과 개념은 회계정보작성자와 감사인이 적절한 회계기준이 없는 회계문제를 풀어나가는 데 참고가 된다. 따라서 개념체계는 매우 구체적인 특정 회계기준을 제정해야 할 필요성을 감소시킨다. 또한 개념체계는 회계정보이용자들이 재무정보의 목적, 내용, 특징 및 한계점을 보다 잘 이해하는 데 도움이 된다.

개념의 영향이 매우 오래 지속되고 그 범위도 넓기 때문에 회계기준제정기관은 개념체계를 제정하는 데 심혈을 기울여 왔다. 그러나 개념체계는 모든 회계문제에 대해 해결책을 제시하지 않는다. 또한 개념은 해석을 전제로 하기 때문에 때로는 상황변화에 따라 개념체계가 바뀌어 나갈 것이다.

개념체계에서 제시된 핵심개념은 회계기준을 제정하고 실제 회계문제를 해결하는 데 있어서 방향을 제시한다. 또한 개념체계는 회계판단을 할 때 개인적 편견과 정치적 압력의 영향을 줄인다. 이것이 아마도 개념체계의 가장 중요한 장기적 효용일 것이다. 그러나 모든 이론에 애매한 부분이 있듯이 개념체계도 예외는 아니다. 개념체계에서 제시된 개념들이 실제 회계문제를 적절히 풀어내지 못한다면 그 효용에 의문이 제기될 것이다.

개념체계는 회계의 근간이 되는 기초개념을 정립하는 것이지 그 자체가 회계기준은 아니다. 따라서 개념체계는 구체적인 회계처리방법이나 공시에 관한 기준을 정하는 것을 목적으로 삼지 않는다. 만약 특정 회계기준의 내용이 개념체계와 상충되는 경우에는 구체적인 회계처리를 규정하는 회계기준이 개념체계에 우선한다. 특히 예외적인 상황에서는 재무보고의 목적을 달성하기 위해 특정 회계기준에서 개념체계의 관점에서 벗어난 요구사항을 정하는 경우도 있을 수 있다. 만약 그러한 사항을 정한다면, 해당 회계기준에 그러한 일탈에 대해 설명해야 할 것이다.

개념체계는 환경의 변화에 따라 관련 업무를 통해 축적한 경험을 토대로 언제든지 개정될 수 있다. 개념체계가 개정되었다고 회계기준이 자동으로 개정되는 것은 아니다. 회계기준을 개정하려면 적법한 절차(due process)에 따라 의제에 프로젝트를 추가하고 해당 회계기준에 대한 개정안을 개발해야 한다.

개념체계의 위상

개념체계는 회계기준이 아니며 어떠한 회계기준보다도 우선하지 않는다고 명시적으로 언급하였다. 그렇다면 개념체계에서 벗어나는 회계기준을 개발할 수 있을까? 일부 상황에서는 회계기준이 개념체계의 관점에서 벗어날 필요가 있을 수 있다. 개념체계에서 이를 인정하고, 일반목적재무보고의 목적을 달성하는 데 필요한 경우 그러한 일탈이 타당하다고 명시하였다. 이는 개념적 사고나 경제환경이 변할 수 있고, 새롭게 제정되거나 개정된 회계기준에 이러한 변화를 반영해야 하기 때문이다.

회계기준의 개정은 개념체계 개정의 자동적인 결과로서가 아니고, 재무보고의 결함을 다루기 위하여 이루어져야 한다. 물론 개념체계의 개념과 일치하지 않는 회계기준은 앞으로 회계기준제정계획을 수립할 때 우선적으로 검토해야 할 것이다.

개념체계의 개정은 대부분의 재무제표에 즉각적인 영향이 없을 것이다. 다만, 재무제표작성자들이 특정 거래나 사건에 적용할 기준이 없거나 기준에서 회계정책의 선택을 허용하여 회계정책의 선택에 개념체계를 이용해야 하는 경우에만 영향을 받을 수 있다.[4)]

4) 기업이 새로운 개념체계를 적용할 수 있도록 2018년에 '개념체계의 참조에 대한 개정'이 발표되었다.

만약 어떤 거래, 다른 사건 또는 조건에 적용할 수 있는 개별 기준서가 없다면, K-IFRS 제1008호(회계정책, 회계추정의 변경과 오류수정)에서는 그러한 거래에 대한 회계정책을 개발하고 적용할 때 개념체계를 고려해야 한다. 만약 특정 기준서가 회계정책의 선택을 허용한다면, '기업은 재무제표가 기업의 재무상태와 재무성과에 대하여 공정한 표시를 제공하여야 한다'는 K-IFRS 제1001호(재무제표 표시)에 따른 포괄적인 요구사항에 따라 회계정책을 선택해야 한다.

3 개념체계의 발달

미국의 재무회계기준위원회(FASB, Financial Accounting Standards Board)는 1973년 출범 직후부터 개념체계의 필요성을 절감하고 작업에 착수한 후, 1978년부터 최근까지 기업재무보고와 관련된 일련의 재무회계개념보고서(SFAC, Statements of Financial Accounting Concepts)를 발간하였다.[5] FASB의 개념체계는 재무회계분야에 미치는 영향이 지대했으며, 현대 재무회계의 이론을 구성하는 근간이 되어 왔다. FASB의 개념체계는 회계의 목적을 명확하게 하였음은 물론이고, 회계정보가 유용하기 위하여 가져야 할 질적특성을 정리하고 있으며, 재무제표의 요소에 대한 정의를 명확하게 하여 재무제표에 대한 이해를 제고할 수 있도록 도와주고 있고, 구체적인 인식 및 측정의 기본이 되는 원칙을 정리해 주고 있다.

IASB는 2001년에 "재무제표의 작성 및 표시에 관한 체계(Framework for the Preparation and Presentation of Financial Statements)"를 마련했다. 그 이후 FASB와 공동노력을 통하여 개념체계를 정비해왔다. 2010년에는 재무보고를 위한 개념체계(The Conceptual Framework for Financial Reporting)를 발표하였는데, 종전의 '재무제표' 개념체계에서 '재무보고' 개념체계로 바꾸었다는 특징을 갖는다. 그런데 이 개념체계는 완성된 보고서가 아니고 개념체계 중에서 재무보고의 목적과 질적특성(objectives and qualitative characteristics) 부분만 제시하였다. 그 후 2018년에는 기존의 개념체계를 거의 완전히 보완하고 정비하여 포괄적인 개념체계를 공표하였다.

5) 현재까지 FASB가 제공한 개념보고서는 모두 8개이다. 이는 제1호 기업재무보고의 목적, 제2호 회계정보의 질적특성, 제3호 기업재무제표의 요소, 제4호 비영리조직 재무보고의 목적, 제5호 기업재무제표의 인식 및 측정, 제6호 재무제표의 요소(제3호를 대체), 제7호 회계측정에 있어서 현금흐름정보와 현재가치의 이용, 제8호 재무보고의 개념체계(제1호와 제2호를 대체)로 구성되어 있다. 따라서 현재 효력이 있는 개념보고서는 4, 5, 6, 7 및 8호이며, 이 중에서 기업과 관련된 것들은 5, 6, 7, 8호이다.

IASB의 개념체계 프로젝트 경과

2018년 개념체계가 완성되기까지 IASB에 의해 진행된 프로젝트의 경과는 다음과 같다.

① 1989년 : IASB의 전신인 IASC(International Accounting Standards Committee)는 '재무제표의 작성과 표시에 대한 체계'를 제정하였다.

② 2004년 : FASB와 개념체계 개정을 위한 공동프로젝트에 착수하였다. 본 프로젝트의 첫 번째 단계는 일반목적재무제표의 목적과 유용한 재무정보의 질적특성을 기술하는 개념체계의 첫 두 개의 장(章)을 마련하는 것이었다. 이를 위해 2006년에 토론서를, 그리고 2008년에 공개초안을 발표하였다.

③ 2010년 : 의견수렴의 절차를 거쳐 개념체계를 발표하였는데, 두 장을 제외하고 나머지 부분은 수정 없이 그대로 반영되었다.

이 외에도 수행된 작업은 다음과 같다.

- 보고기업(reporting entity)의 개념에 대한 토론서와 공개초안의 발표
- 재무제표요소(elements of financial statements)들에 대한 정의 논의
- 측정(measurements)에 대한 논의와 공개 토론회의 개최

그러나 이러한 작업은 IASB와 FASB가 다른 프로젝트에 집중하기 위해 개념체계에 대한 작업을 연기하기로 함에 따라 개정으로 이어지지는 못했다.

④ 2011년 : 안건선정협의(public consultation)를 수행하였는데, 개념체계가 여러 프로젝트 중 우선순위가 높았다.

⑤ 2012년 : 개념체계 프로젝트를 다시 시작하면서 단계별 접근방법보다는 개념체계 전체를 개발하기로 결정하였다. 전체 개념체계를 개발함으로써 개념체계의 여러 특성들 사이의 관계를 보다 명확하게 볼 수 있게 되었다. 그러나 FASB와 공동작업을 하지는 않았다.

⑥ 2013년에 토론서를, 그리고 2015년에 공개초안을 발표하여 의견을 수렴하였다.

⑦ 2018년 : '재무보고를 위한 개념체계'를 발표하여 개념체계 프로젝트를 완료하였다.6)

6) 2018년에 완성된 개념체계에서는 일반목적재무보고의 목적과 유용한 재무정보의 질적특성에 대한 부분이 제한적으로 수정되었다. 한편, FASB는 이에 상응하는 변경을 '재무회계의 개념서(Statements of Financial Accounting Concepts)'에 반영하지 않았다.

4 재무보고 개념체계의 접근방법

개념체계에서는 높은 수준의 개념을 제공하는 것과 충분하게 세부내용을 전달하는 것 사이의 균형을 추구한다. 개념체계가 단지 회계기준의 제정과정에서 판단에 고려해야 할 요소들을 서술하고 있다는 견해도 있다. 이들은 개념체계가 근본개념을 검토하지 못했고, 충분한 설득력이 있지 않다고 주장하였다. 그러한 견해는 타당치 않은데, 이는 개념체계가 회계기준의 개발에 도움이 되는 준거의 틀을 제공하는 실용성을 갖기 때문이다. 개념을 적용하여 단일의 답이 도출되지 않거나 답들이 상충될 때 판단과정에서 고려해야 할 필요가 있는 요소들을 설명하지 않고서 단순히 개념만 서술한다면 개념체계가 이러한 역할을 하지 못하게 된다.

개념체계가 최근 회계기준의 제정과정에서 개발된 일부 개념을 받아들이고 있다. 이는 회계기준제정 결정 또는 현행 실무를 정당화하려는 것이 아니라, 개념체계의 목표가 가장 발전된 생각을 반영해야 하기 때문이다.

개념체계의 범위

이번에 개정된 개념체계에서는 자본과 부채의 특성이 모두 있는 금융상품의 분류를 다루지 않는데, 이는 더 필요한 다른 부분들의 개선을 지연시키지 않기 위해서이다. '자본의 특성이 있는 금융상품' 프로젝트에서 자본과 부채의 구별을 모색하고 있다.[7)]

자본과 자본유지에 대한 논의는 변하지 않았다. 또한 지분법, 외화표시 금액의 환산 또는 초인플레이션하에서 측정단위의 재작성을 다루지 않았다. 이러한 주제는 관련 회계기준의 개정을 검토하는 프로젝트에서 취급하는 것이 적절할 것이다.

---

7) 2018년 1월에 '자본의 특성이 있는 금융상품'에 대한 토론서가 발표되었다. 여기에서 금융상품이 다음을 포함하고 있으면 금융부채로 분류(나머지는 자본으로 분류)하는 것을 제안하고 있다.

① 청산이 아닌 특정 시점에 현금 또는 다른 금융상품을 이전할 회피불능 계약상 의무. 그리고/또한

② 기업이 이용가능한 경제적자원과 독립적인 금액을 이전해야 하는 회피불능 계약상 의무

사업활동

기업의 사업활동(business activities)의 성격이 일부 유형의 재무정보의 목적적합성에 영향을 미칠 수 있다. 따라서 회계기준을 제정하거나 개정할 때 이를 고려할 필요가 있다.

사업활동의 성격을 고려하게 되면, 필연적으로 주관성을 유발하여 재무제표의 비교가능성을 훼손할까? 그렇지 않다. 기업의 사업활동은 사실상 대부분의 경우 객관적으로 결정될 수 있다. 따라서 기업들이 동일한 유형의 사업활동을 수행한다면, 그러한 활동은 해당 기업들의 재무제표에 유사한 방식으로 반영될 것이기 때문이다.

사업활동의 성격이 개념체계에 중요 개념으로 포함되어야 하는가? 기업의 사업활동 성격이 재무보고의 모든 영역에서 동일한 방식으로 동등하게 영향을 미치지는 않으므로 중요 개념으로 포함되어서는 안 된다. 따라서 개념체계는 기업의 사업활동이 재무보고 결정에 어떻게 영향을 미치는지에 대한 일반적인 논의를 하는 대신, 몇 부분(예를 들면, 회계단위의 선택, 측정기준의 선택 등)에서 그 요소를 기술한다.

개념체계에서는 회계기준의 개발에 도움을 주고자 사업활동 개념을 논의하지만 특정 회계기준에서는 이를 더 자세히 개발할 수 있다. 예를 들면, K-IFRS 제1109호(금융상품)의 사업모형에 대한 논의는 사업활동의 개념이 어떻게 적용되고 있는지를 보여준다.

장기투자의 시사점

장기투자에 대한 주제는 각국 정부와 그 밖의 이해관계자들로부터 대단한 관심을 받았다. 각국 정부는 장기투자를 장려하는 것이 경제성장을 촉진하는 중요 수단이라고 보았다. 개념체계에서 장기투자 증진에 대한 회계기준의 역할을 고려하였으며, 다음과 같이 언급하였다.

> "투명한 재무보고는 시장참여자들이 보다 효율적이고 정보에 기반을 두어 자원을 배분하며 그 밖의 경제적 의사결정을 할 수 있도록 유도하여 자본제공자(투자자 및 채권자)의 투자를 보다 매력적으로 만든다. 그러나 특정 유형의 투자를 장려하거나 저지하는 것은 회계기준의 역할이 아니다."

개념체계에서는 회계기준을 개발하면서 ① 장기투자의 사업활동과 ② 장기투자자의 정보수요가 검토될 수 있도록 충분하고 적절한 수단을 제공할 것인지 여부를 고려하였다.

1) 사업활동으로서의 장기투자

장기투자를 특정 유형의 사업활동으로 식별하고, 그러한 사업활동을 수행하는 기업을 위하여 구체적인 측정, 표시, 공시 요구사항을 개발해야 할까?[8] 사업활동의 성격은 자산이나 부채가 미래현금흐름에 기여하는 방법에 영향을 미친다. 따라서 사업활동의 성격은 자산과 부채, 이와 관련한 수익과 비용의 측정기준을 선택하는 데 고려된다. 또한, 사업활동의 특성을 고려하여 수익과 비용 항목 중 일부를 기타포괄손익에 분류하도록 할 수도 있다.

그러나 개념체계에 장기투자 사업활동을 명시적으로 언급해서는 안 된다고 보는 이유는 다음과 같다.

① 특정 사업활동을 명시하여 언급하는 것은 개념체계에 세부적인 것을 과도하게 포함하도록 한다.
② 개념체계는 다른 어떤 사업활동도 언급하고 있지 않다.

2) 장기투자자들의 정보수요

개념체계가 장기투자자의 정보수요를 강조하고, 그 수요는 단기투자자들의 정보수요와 다를 것이라고 언급해야 할까?[9] 그렇지 않다. 그 이유는 다음과 같다.

① 장기투자자와 단기투자자들 모두 재무제표의 주요이용자라고 생각한다. 또한, 장기투자자에게 필요하지 않은 정보를 단기투자자가 필요로 할 이유가 없다.
② 현행가치 측정기준을 요구하거나 허용함은 단기투자자를 고려한 것이라고 본다. 그러나 이는 모든 재무제표의 주요이용자들에게 유용한 정보를 평가함에서 비롯되었다.

개념체계에서 장기투자자의 정보수요를 적절하게 다루기 위해 주요이용자들과 그들의 정보수요, 일반목적재무보고의 목적에 대한 충분하고 적절한 논의를 담고 있다. 아마도, 장기투자자는 단기투자자가 필요로 하지 않는 정보를 제공받기를 원할 수도 있다. 예를 들면, 장기투자자들은 경영진의 활동에 투표하거나 그 밖의 방법으로 영향을 미칠 수 있는 결정을 뒷받침하는 정보를 보다 광범위하게 요구할 수 있다. 그러나 특정 회계기준에서 기업이 제공해야 하는 정보를 식별하는 데 도움을 주기 위해서 개념체계에서 장기투자자의 수요를 구체적으로 언급할 필요는 없다.

---

8) 그렇다고 보는 입장에서 다음을 제안하였다.
① 기업은 장기투자와 관련 부채에 현행가치 측정기준을 사용해서는 안 된다.
② 만약 현행가치 측정기준을 이러한 투자와 부채에 사용한다면, 재측정으로 인한 수익과 비용은 손익계산서가 아닌 기타포괄손익에 포함되어야 한다.

9) 그렇다고 보는 입장에서는 개념체계에 대한 다음과 같은 비판이 포함되어 있다.
① 단기투자자들의 수요에 너무 많이 집중하고 있다.
② 공정가치와 같이 특히 시장참여자의 가정을 반영하는 현행가치 측정기준을 지나치게 많이 사용하며, 이러한 측정기준은 장기적 가치창조에 관심이 있는 투자자들보다 단기투자자들에게 보다 목적적합한 정보를 제공한다.

5 재무보고 개념체계의 구성

K-IFRS 개념체계는 단일의 개념체계로서 다음과 같이 총 8장으로 구성되어 있다.

제1장 일반목적재무보고의 목적
제2장 유용한 재무정보의 질적특성
제3장 재무제표와 보고기업
제4장 재무제표요소
제5장 인식과 제거
제6장 측정
제7장 표시와 공시
제8장 자본 및 자본유지의 개념

재무보고 개념체계의 각 요소간의 연관관계를 [그림 5]에서 보여주고 있다.

[그림 5] 재무보고 개념체계의 구성

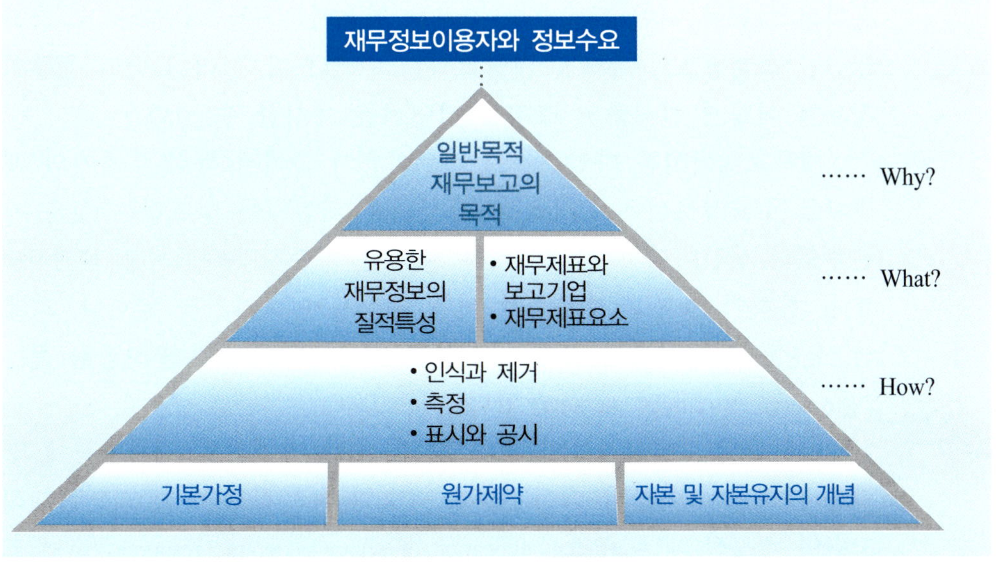

개념체계의 상층(제1단계)은 일반목적재무보고의 목적으로서 왜(why) 재무보고를 해야 하는가를 다루는데, 개념체계의 다른 구성요소와의 관계를 설정하는 데 방향을 제시한다는 점에서 개념체계의 출발점이라고 할 수 있다.

중층(제2단계)은 재무정보의 질적특성, 재무제표와 보고기업 및 재무제표의 요소가 위치하는데, 이는 재무보고 목적을 구체적인 인식, 측정 및 보고와 연결시키는 허리 역할을 하며 누가 무엇(what)을 보고할 것인가를 제시한다. 재무제표와 보고기업은 누가 무엇을 보고해야 하는지 제시하고, 질적특성은 회계정보가 유용한 정보의 제공이라는 재무보고의 목적을 달성하기 위해 갖추어야 할 특성을 의미하며, 재무제표의 요소는 재무제표에 어떤 요소들을 보고할 것인가를 정의를 통해 규정한다. 이들 모두 회계기준을 설정하는 데 필요한 기초를 제공한다.

하층(제3단계)은 재무제표요소를 어떻게(how) 인식하고, 측정할 것인가에 대한 기본개념을 다룬다. 재무제표요소는 기본가정과 자본유지의 개념에 근거하여 인식하고 측정하는데, 여기에는 근본적으로 제약요인이 있을 수밖에 없다.

재무정보를 왜 제공하는가? 이에 대한 기본적인 질문에 답하기 위해서는 재무정보이용자를 명확히 규정할 필요가 있다. 재무정보이용자와 그들이 어떤 목적으로 정보를 활용하는지를 개념적으로 정리해야만 회계정보의 목적을 개념화시킬 수 있으며, 나아가 어떤 종류의 정보를 어떻게 인식하고 측정할 것인가를 제시할 수 있다.

재무보고에서는 다양한 재무정보이용자 중에서 특히 투자자와 채권자를 주요정보이용자로 본다. 투자자와 채권자를 강조하는 것은 자본주의의 산물이라고 할 수 있다. 이들은 자본시장(주식시장, 채권시장 등)을 통하여 자본을 투자하여 이를 증식시켜 나가기를 원한다. 회계의 역할은 자본시장에 유용한 정보를 제공함으로써 자본시장을 돕는 데(to serve the capital markets) 있다.

이러한 정보이용자들의 의사결정은 사회 전체적인 자원배분에 영향을 미치므로 이들의 의사결정에 유용한 재무정보는 희소한 경제적 자원의 효율적 배분(efficient allocation of scarce economic resources)을 제고하는 데 기여하게 된다. 즉 회계정보는 사회 전체적인 차원에서 자원이 효율적으로 배분되도록 하는 기능을 담당했을 때 더욱 가치가 있다.

재무보고를 위한 개념체계에서 발췌되거나 파생된 용어들은 본장 마지막 '용어의 정의'에 정리되어 제시되고 있다.

6 국제회계기준의 특징과 개념체계의 적용

(1) 국제회계기준의 특징

우리나라에서 2011년부터 채택하고 있는 국제회계기준(IFRS)의 특징을 살펴보면 다음과 같다.

첫째, IFRS는 원칙중심 회계기준이다.[10] 원칙중심(principles-based) 회계기준은 개념체계(conceptual frameworks)에 근거한 일반원칙을 강조하는 접근법을 따른다. 따라서 회계처리에 대한 구체적인 실무적용지침을 제공하기보다는 전문가의 판단을 중시하는 접근법을 따르고 있다. 예컨대 원칙중심 감가상각방법은 "자산의 소비형태를 가장 잘 나타내는 방법"을 선택하면 된다. 이런 정신에 따라 원칙중심 회계기준에서는 가능한 한 해석을 제시하지 않는다. 환언하면 원칙중심 회계기준은 '목적적합하고 표현충실한' 재무제표의 표시라는 대원칙에 근거하고 있다.

둘째, IFRS는 연결재무제표(consolidated financial statements) 중심의 회계기준이다. 따라서 모든 기준서는 연결실체에 대한 재무제표를 작성하는 것을 전제로 한다. 지배기업이 종속기업을 통제만 할 수 있다면 100% 소유하지 않아도 연결재무제표를 작성하게 된다. 따라서 연결재무제표에는 지배기업 소유주의 몫과 비지배지분의 몫을 구분하여 공시하도록 요구하고 있다. 예컨대, 재무성과표에 당기손익과 기타포

10) 한편, 미국식 접근법은 규칙중심(rules-based)이라고 할 수 있다. 규칙주의는 개별 상황에 맞게 가능한 한 구체적인 규칙을 제정하는 것이다. 즉 미국의 FASB는 상대적으로 계량적인 지침을 제공한다거나, 많은 해석서를 발표하고 있다.

괄손익 각각에 대해 지배기업 소유주의 몫과 비지배지분의 몫으로 구분하여 공시해야 한다.

셋째, IFRS는 공시(disclosures)를 강조한다.[11] 이는 기업의 경제적 환경이 복잡해지고 거래행위도 미묘한 경우가 많아 거래나 사건을 측정하여 재무제표에 인식하기가 불가능한 경우가 있어 이를 공시를 통해 해결하고자 하는 의도가 있다. 또한 개별 국가의 법률 및 제도에 따른 차이와 기업의 상황을 반영할 수 있도록 IFRS의 적용에 어느 정도 유연성을 주되 공시를 강화하여 정보이용자를 보호하고자 하는 취지이다.[12]

넷째, 예전 회계기준은 역사적원가가 주요 원칙이었다면, IFRS는 공정가치(fair value) 중심의 현행원가를 확대 적용하고 있다. 이에 따라 금융상품의 경우 공정가치 회계가 원칙이고, 유형자산에 대해서는 원가와 공정가치 중에서 선택할 수 있도록 하고 있으며, 모든 자산(특히 영업권 및 비한정내용연수를 갖는 무형자산)에 대하여 자산손상회계를 강조하고 있다.

위와 같은 IFRS의 특성을 고려하면 새롭게 개발된 재무보고 개념체계의 역할이 명확히 부각되고 있다. 현행의 개념체계는 앞으로 다양한 회계기준을 제정하고 개정하는 데 방향타가 될 것이다. 특히 재무정보를 생산하고 이용하는 입장에서 IFRS를 충분히 이해하고 적절히 적용해 나가는 데 있어서 중요한 준거의 틀을 제공할 것이다.

---

11) 특히 IFRS는 재무제표에 표시할 최소항목규정을 두고 있기 때문에 재무제표가 매우 간단하여 축약된 형태의 보고서가 될 수 있다. 이에 따라 재무제표의 주석에 더 많은 공시를 할 것을 요구하고 있다.

12) 그러나 유연성이 폭넓게 허용되는 것은 아니다. 오히려 재무제표에 IFRS를 그대로 준수하지 않은 경우 IFRS를 사용하고 있다고 인정하지 않고 있다. 즉 원칙의 해석에는 어느 정도 유연성을 가지지만 원칙 자체를 이탈하면 IFRS를 사용한 것으로 인정하지 않고 있다.

또한 원칙중심 회계기준에서 재량을 대폭 허용하는 것으로 오해해서도 안 된다. 원칙중심 회계기준은 회계기준이 특정한 회사나 거래에 적용될 때 회사의 경영자 또는 회계담당자가 해당 회사 또는 거래의 성격을 가장 잘 알기 때문에 원칙에 충실하여 회계처리를 하도록 허용한다는 의미로 받아들여야 한다. 예컨대 거래의 결과 발생가능한 효과에 대해 일정한 범위와 각각의 확률이 주어질 때 대체적으로 기대가치법(expected value approach) 또는 최고확률금액법(most likely amount approach)을 사용하는 것은 공정한 회계처리로 보지만, 자의적으로 어느 극단치를 선택하는 것은 허용되지 않는다고 본다.

(2) 원칙중심 회계기준

원칙중심 회계기준에 대한 논의는 FASB와 IASB가 전 세계적 통일성을 위하여 회계기준의 통합을 추구하면서 촉발되었다. 특히 21세기 초에 미국에서 다양한 회계분식 문제가 불거지자 규칙중심 회계기준에서 원칙중심 회계기준으로 이전하는 것을 고려하기 시작했다. 당시의 IFRS는 원칙중심 회계기준에 가까웠고, 미국의 회계기준(U.S. GAAP)은 규칙중심 회계기준에 가까웠다. 미국에서는 회계담당자에게 규칙을 글자 그대로 따르도록 권장하는 규칙중심 회계기준의 문제점이 제기되었는데, 이는 다음과 같다.

① 모든 경우의 사례에 대해 규칙을 정하다 보니 회계기준(예외, 해석 등을 포함)의 분량이 너무 많아지므로 복잡성이 증대되어 실무에서 적용하는 데 있어서 어려움이 많았다.

② 경영자들은 원하는 목표 값을 얻어내기 위하여 복잡한 회계기준을 우회하도록 거래를 구조화(이를 financial engineering이라고 부름)하였다. 이로써 기업은 그들에게 실제로 도움이 되는 합리적인 거래나 의사결정을 하지 못하게 되었다.

③ 새로운 금융상품의 출현과 발전해 나가는 거래의 형태에 회계기준이 적응해야 하는데, 세부적인 회계기준을 제시하려다 보니 적시에 제공하지 못하는 상황이 발생했다.

④ 회계기준을 제정하는 목적이 비교가능성을 확보하려는 것인데, 이는 유사한 거래에 대해서 동일한 회계처리를 유도하여 달성된다는 믿음에 근거하고 있다. 그러나 유사한 거래나 사건이더라도 상황과 경제적 실질에 따라 다를 수 있어 이를 동일하게 회계처리함으로써 오히려 비교가능성이 떨어지는 현상이 나타나기도 하였다.

반면, 원칙중심 회계기준은 여러 가지 장점을 지니고 있다. 첫째, 원칙중심 회계기준은 좀 더 유연성을 가진다. 원칙을 따르게 되면 유사한 사건이나 거래라고 하더라도 상황에 맞게 회계처리하도록 유도함으로써 회계정보가 경제적 실질을 보다 잘 표현하도록 한다. 감사와 같은 회계서비스를 제공하는 회계법인도 특정 기업에 대해 정확한 방법으로 재단된 서비스를 제공할 수 있게 되고, 급격히 변화하는 회계환경에 보다 잘 대응할 수 있도록 할 것이다.

둘째, 기계적인 규칙중심 회계기준과는 달리 원칙중심 회계기준에서는 건전한 전문가적 판단을 권장하고 그들이 책임을 지도록 한다. 원칙중심 회계기준은 회계담당자들로 하여금 구체적인 회계규칙보다는 회계개념의 정신에 따르기를 권장한다. 즉 회계담당자들로 하여금 거래의 본질을 더 깊이 탐구하도록 권장하게 된다.

셋째, 원칙중심 회계기준에서는 회계기준제정기구들이 회계기준을 정하는 작업이 간단해진다. 단지 회계전문가들이 준수해야 할 일반원칙과 방향만을 제시하면 된다. 이는 거래와 회계를 더 투명하도록 할 것이다.

그러나 원칙중심 회계기준도 다음과 같은 한계점을 지니고 있다. 첫째, 상세한 규칙 대신에 원칙만을 사용하도록 하면, 원칙이 상대적으로 분명하지 않기 때문에 회계정보의 비교가능성이 감소하게 된다. 두 회계담당자가 동일한 자료를 보지만 그 자료가 무엇을 의미하는지에 대해 전혀 다른 결론에 도달할 수 있다. 이 경우 두 기업이 동일한 자산을 가졌더라도 재무상태표에 전혀 다르게 표시할 수 있다.[13)]

둘째, 원칙중심 회계기준은 이를 준수하는 것이 더 복잡해지고, 비용과 시간도 많이 소요될 것이다. 만일 기업들이 원칙을 일관성 있게 해석해야만 한다면, 그들은 상당한 경험을 지닌 회계인력과 회계개념을 이해하는 전문가를 필요로 할 것이다. 전에는 하위층의 회계담당자들이 수행했던 작업을 상위층의 회계전문가가 취급해야만 할 것이고, 결론에 이르기까지 더 많은 시간이 소요될 것이다.

셋째, 회계원칙에 대해서는 다양한 관점이 존재하기 때문에 원칙의 준수를 감독하는 것이 더 어렵게 된다.[14)] 또한 기업이나 회계법인들이 재무제표를 잘못 작성했다고 계속 도전을 받게 되지만 시행과정

---

13) IFRS는 구체적인 지침이 결여되어 있기 때문에 동일한 IFRS가 각국에서 적용될 때 나라마다 달리 적용되거나 또 심지어는 회사마다 달리 적용될 가능성이 있다. 따라서 적용상의 문제를 가질 수 있다. 즉, 각국은 문화, 법률, 제도 등이 상이하기 때문에 이를 수용하는 과정에서 나름대로 해석을 하여 적용할 가능성이 있다. 실제로 2005년부터 IFRS를 의무적용한 EU의 경우 나라마다 IFRS의 적용에 상당한 차이가 있는 것으로 파악되고 있다.

14) 참조 : Black, J. 2007, "Principles Based Regulation, Risks, Challenges and Opportunities."

에서 재무회계 경험이 없는 판사들로 하여금 회계원칙을 해석하도록 묻는 것은 아마도 바람직하지 않을 것이다. 법원이 분명한 회계규칙에 근거해 결론을 내리는 것도 어려운데, 회계원칙을 근거로 감독하는 것은 더욱 어려울 것이다.

또한 원칙중심 회계기준은 원칙에 근거한 전문가의 판단을 중시하기 때문에 회계의 공급 및 수요 시장에서 전문가가 충분히 발달되어 있지 않거나 성문법적 체제하에서 주어진 법률에 근거하여 의사결정을 주도해왔던 국가의 경우에는 이에 적응하기가 쉽지 않을 것이다.

미국 증권감독기구인 SEC(Securities and Exchange Commission)는 2003년 연구보고서[15]에서 회계기준의 설정에 다음과 같은 원칙중심 접근법(이를 목적중심 원칙(objective-oriented standards)이라고 부름)을 제안하였다. 즉, 회계기준을 설정할 때에는:

① 잘 정비되고 일관적으로 적용되어 온 개념체계에 근거하고,
② 해당 기준서의 회계목적을 명확하게 기술하고,
③ 내용과 구성을 충분히 상세하게 하여 해당 기준서가 일관성 있게 사용되고 적용될 수 있도록 해야 하며,
④ 예외규정을 최소화하고,
⑤ 회계기술자(financial engineer)들로 하여금 기준서의 취지를 회피하면서 기술적으로는 회계처리규정을 충족할 수 있는 명백한 기준에 따른 검증(bright-lines test)[16]을 회피해야 한다.

특히 여기에서 명확하고 일관성이 있으며 보다 완전한 개념체계의 중요성이 부각되고 있다. 본 보고서는 그동안 여러 가지 개념체계가 제정되었는데, 유용한 회계정보의 특징간의 상충관계, 이익결정에서 자산-부채법의 역할, 그리고 적절한 측정기준의 결정 등의 문제를

15) 참조 : SEC Report, 2003, “Study Pursuant to Section 108(d) at the Sarbanes-Oxley Act of 2002 on the Adoption by the United States Financial Reporting System of a Principle-Based Accounting System.”

16) 예컨대 금융리스의 인식조건으로 리스기간이 내용연수의 75%를 bright-line으로 설정할 경우 리스기간을 기술적으로 내용연수의 75% 미만이 되도록 리스거래계약을 체결함으로써 리스회계의 취지를 무색하게 하는 관행을 없애기 위함이다.

더욱 깊이 검토해야 함을 건의하고 있다.

재무제표본질론

발생기준 회계를 적용하여 인식한 항목은 재무제표에 보고된다. 재무성과표에 수익 또는 비용을 인식하기 위해 기록한 거래는 반드시 재무상태표의 자산과 부채에 영향을 미치며, 재무상태표에 인식된 거래는 자본거래, 투자 및 차입거래 등을 제외하고는 재무성과표에 영향을 미치게 된다.

재무상태표와 재무성과표는 모두 중요한 재무제표이지만 어느 것을 더 중요하다고 보느냐에 따라 그중에 하나가 보다 유용한 정보를 제공하고 다른 하나의 유용성이 저해되는 상충관계(trade-off)가 존재한다. 역사적으로 볼 때 재무성과표가 중시되는 시기가 있었는가 하면 재무상태표가 중시되는 시기가 있었다. 이는 재무제표의 본질에 관한 이론 중 어느 것을 선택하느냐에 따라 달라진다. 재무제표본질론으로는 재무상태표접근법과 재무성과표접근법이 있다.

① 재무상태표접근법 : 이 접근법은 자산이나 부채가 그 정의를 충족시키지 못하면 즉시 수익이나 비용으로 처리해야 한다고 본다. 이를 자산-부채법이라고 한다.

자산-부채법에서 가장 중요한 회계문제는 자산과 부채의 적절한 평가이다. 자산과 부채가 먼저 측정되고 나면 이들의 변화로부터 손익을 측정할 수 있다고 보는 견해이다. 자산에서 부채를 차감한 부분이 순자산(자본)이기 때문에 순자산의 변화 중 자본거래(증자, 배당 등과 같은 소유주와의 거래)에 기인하지 않은 부분을 손익으로 보는 것이다. 따라서 이 방법에서는 '당기손익=기말순자산−기초순자산±자본거래'의 개념을 이용하여 먼저 순자산의 변화를 측정하고 여기에 기중에 발생한 자본거래를 조정하는 방식으로 손익을 측정한다.

② 재무성과표접근법 : 이 접근법에서 중심 회계문제는 손익의 적절한 측정이기에 재무성과표가 주연이 되며, 재무상태표는 조연에 불과하다. 따라서 재무성과표접근법을 수익-비용법이라고 할 수 있으며, 이 접근법과 일관성이 있는 손익측정방법은 거래접근법이다.

수익-비용법에서는 수익과 비용의 측정을 자산과 부채의 평가보다 우선 고려한다. 즉, 재무제표의 작성을 수익과 비용을 대응시키는 것에서부터 출발하는데, 지출 중 수익을 창출하는 데 기여했으면 지출의 효과가 소멸되어 당기의 비용이 되고, 지출의 효과가 미소멸된 부분은 이연시킨다. 따라서 재무상태표를 발생원가 중 당기에 소멸되지 않은 원가를 차기로 이월시키는 도구로 본다. 그 결과 모든 미소멸원가 또는 차기 이후의 기간에 비용처리하기 위하여 이연시키기 위한 것도 자산에 포함한다. 즉, 이연비용(이연자산이라고 부름)도 자산성은 없지만 차기 이후의 기간에 비용처리하기 위한 것이므로 자산으로 취급한다. 마찬가지로 경제적 채무가 아님에도 불구하고 장래의 수익으로 인식하는 것이 합리적으로 판단되는 항목은 이연부채로 기록한다.

오늘날 회계기준은 재무상태표접근법에 상당한 비중을 두고 있는데, 미국 FASB가 출범하고 난 1973년 이후부터 재무성과표접근법에서 재무상태표접근법으로 기조가 바뀌었다고 볼 수 있다. 예컨대 연구개발 지출이 미래경제적효익이 있다는 보장이 없기 때문에 자산으로 볼 수 없어서 발생한 시기의 비용으로 처리한 사례는 재무상태표접근법에 근거한 것이다.

(3) 개념체계기반 재무보고 의사결정과정

원칙중심 회계기준을 재무보고에 활용하기 위해서는 개념체계에 근거한 전문가적 판단이 요구된다. 개념체계에 근거한 재무보고 의사결정과정은 [그림 6]처럼 총 4그룹 8단계로 구성되어 있다.

[그룹 1] 경제적 현상과 유용한 정보

〈단계 1〉 경제적 현상과 유용한 정보(economic phenomenon and useful information)

재무보고는 '현재 및 잠재적 투자자, 대여자와 기타 채권자가 기업에 자원을 제공하는 것과 관련된 의사결정을 할 때 유용한 보고기업 재무정보를 제공하는 것'을 목적으로 한다. 유용한 정보는 두 가지 회계이슈와 관련되어 있다. 하나는 '특정한 경제적 현상(economic phenomenon)에 대한 유용한 정보(useful information)가 무엇인가'이고, 다른 하나는 '유용한 정보는 어떤 질적특성을 가져야 하는가'이다.

경제적 현상에 대한 정보란 보고기업의 경제적자원(자산)[17], 보고

17) 경제적자원은 기업이 기업활동을 영위하는 데 활용할 수 있는 자원을 의미한다. 자산은 경제적자원 중에서 재무상태표에 인식된 것을 의미하고, 경제적자원 중 재무상태표에 인식기준을 충족시키지 못하여 인식되지 못한 것도 있다. 인식요건을 충족하지 못하여 재무상태표에 미인식된 대표적인 자원들로서 인적자원, 내부창출무형자산 등을 들 수 있다. 따라서 재무상태표에 인식된 자원(recognized resources)은 자산으로 보고되고, 미인식된 자원은 재무상태표에 보고되지

기업에 대한 청구권(부채 및 자본)[18] 그리고 그 자원 및 청구권에 변동을 일으키는 거래, 사건 또는 상황(손익거래, 투자거래, 재무거래, 자본거래 등)[19]의 영향에 대한 정보를 말한다. 이러한 정보는 정보이용자가 기업의 재무상태와 재무성과를 평가하는 데 유용해야 한다. 즉, 기업의 미래현금흐름에 대한 전망(금액, 시기 및 불확실성)을 평가하는 데, 그리고 경영진의 수탁책임을 평가하는 데 유용해야 한다.

[그림 6] **개념체계기반 재무보고 의사결정과정**

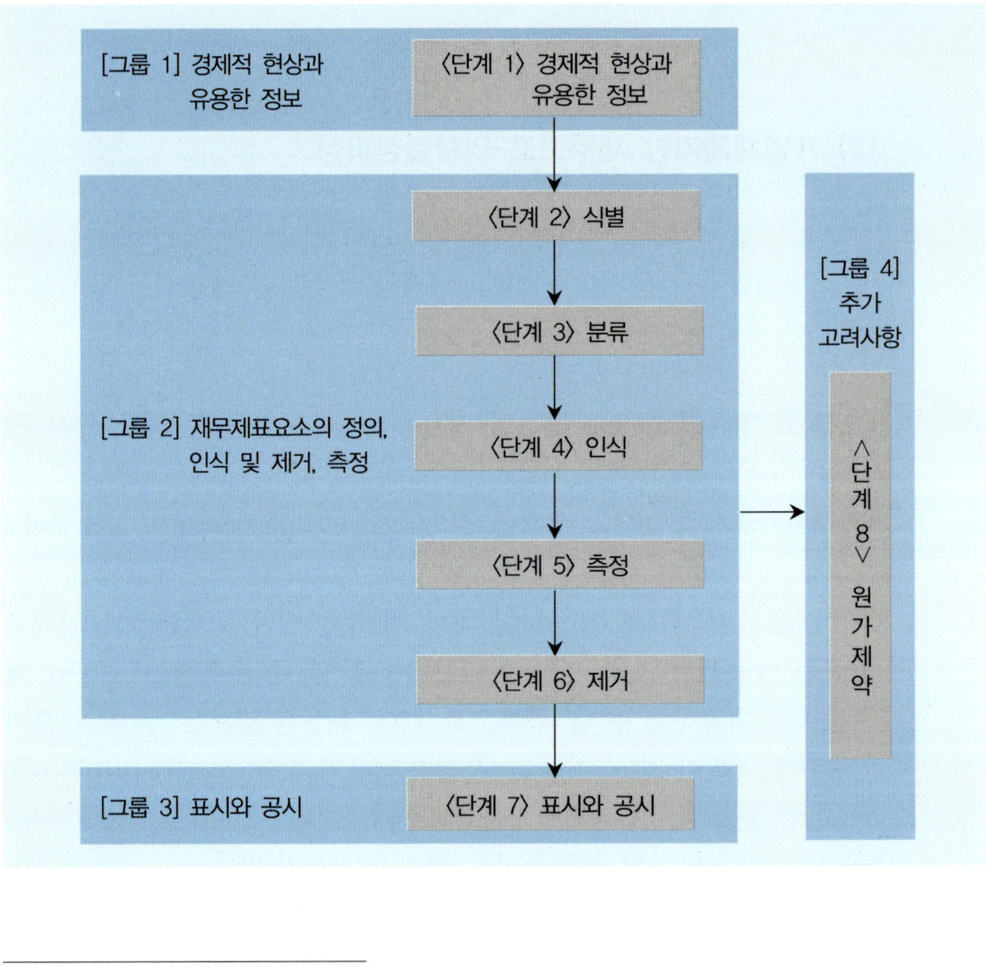

않는다.

18) 보고기업에 대한 청구권은 채권자청구권인 부채와 소유주청구권인 자본을 의미한다.

19) 기중에 발생한 손익거래, 투자거래, 재무거래, 자본거래 등은 재무상태의 변동을 초래하며, 이들은 손익보고서, 현금흐름표, 자본변동표 등의 변동보고서(change statements)에 보고된다. 한편, 경제적자원과 청구권은 재무상태표에 보고된다.

재무정보는 근본적 질적특성(목적적합성과 표현충실성)을 충족시켰을 때 유용하다고 보며, 보강적 질적특성(비교가능성, 검증가능성, 적시성, 이해가능성)을 가졌을 때 정보의 유용성이 더욱 증강된다고 본다.

[그룹 2] 재무제표요소의 정의, 인식 및 제거, 측정

보고기업이 그들의 경제적 현상에 유용한 정보를 재무제표에 포함하기 위해서는 ① 재무제표요소의 정의에 부합하고, ② 인식기준을 충족하며, ③ 목적적합하고 표현충실한 정보를 산출할 수 있어야 한다.

인식 및 측정과 관련하여 회계단위를 식별해야 한다. 회계단위(unit of account)는 권리(또는 권리의 집합), 의무(또는 의무의 집합), 또는 권리와 의무의 집합을 의미한다. 성격 또는 금액의 중요성으로 인하여 하나의 자산 또는 부채를 개별적으로 보고하는 경우 각각이 회계단위가 되는 것이다. 그러나 공구, 소액비품 등과 같이 개별적으로 경미한 항목은 통합하여 그 전체를 하나의 회계단위로 보는 것이 적절할 수 있기 때문에 권리의 집합 개념을 적용한 회계단위이다.

〈단계 2〉 식별(identification)

개념체계는 재무제표의 요소로 자산, 부채, 자본, 수익 및 비용을 제시하고 있다. 재무제표의 요소에 영향을 미치는 거래와 항목만이 재무제표에 표시된다.

식별은 경제적 현상이 재무제표의 요소 중 어느 것에 해당하고, 해당 재무제표요소의 정의에 부합하는 것인지에 대하여 판단하는 과정이다. 예컨대, 어느 경제현상 또는 거래가 자산의 정의(과거사건의 결과로 기업이 통제하고 있는 현재 경제적자원이고, 경제적자원은 경제적효익을 창출할 수 있는 잠재력을 지닌 권리를 말함)에 부합하는지를 결정해야 한다.

〈단계 3〉 분류(classification)

분류는 재무제표의 요소를 재무제표에 어떻게 표시할 것인가를 다루고 있다. 개념체계에서 제시하고 있는 재무제표의 요소는 재무제표의 대분류에 따른 것이다. 예를 들면, 자산을 표시할 때에는 보유기간에 따라 유동자산과 비유동자산으로 분류하며, 보유목적에 따라 추가적으로 분류한다. 예컨대, 겉모습으로는 동일한 토지라도 판매목적으로 소유하면 재고자산으로, 장기간의 사용을 목적으로 소유하면 유형자산으로, 시세차익을 목적으로 소유하면 투자부동산으로 분류한다. 또한 성격에 따라 자산은 유형자산, 무형자산, 생물자산 등으로 분류한다.

분류는 해당 항목에 적용해야 할 기준서의 결정과 관련되어 있다. 재고자산으로 분류한다면 K-IFRS 제1002호, 유형자산으로 분류한다면 K-IFRS 제1016호, 투자부동산으로 분류한다면 K-IFRS 제1040호가 해당된다.

〈단계 4〉 인식(recognition)

인식은 재무제표요소(예를 들면, 자산)의 정의에 충족하는 항목을 재무상태표나 재무성과표에 포함하기 위하여 기록하는 과정을 말한다. 즉 인식은 분개(journalizing)를 하는 것을 의미한다. 이 과정은 해당 항목을 서술하는 계정명칭과 화폐금액으로 기술하고 그 금액을 재무상태표 또는 재무성과표에 산입하는 것을 포함한다.

개념체계는 구체적인 인식기준을 제시하고 있다. 개념체계는 특정 항목이 항목의 정의에 부합(단계 1)하고 인식기준(목적적합하고 표현충실한 정보를 산출)을 충족(단계 2)한다면 재무제표에 인식해야 한다.

〈단계 5〉 측정(measurement)

측정은 재무제표요소를 화폐단위로 수량화하는 과정이다. 재무제표요소로 측정할 때에는 정보의 유용성을 제고시키는 적절한 측정기준을 사용해야 한다. 대표적인 측정기준으로는 역사적원가, 현행가치(공정가치, 자산의 사용가치 및 부채의 이행원가, 현행원가)가 있다. 현금흐름기준 측정은 측정기준이 아니라 측정기준을 적용하는 데 사용하는 측정기법이다.

각 측정기준이 제공하는 정보가 다르므로 자산이나 부채, 이와 관련된 수익과 비용의 측정기준을 선택할 때 그 측정기준으로 재무상태표와 재무성과표에서 산출할 정보의 성격뿐만 아니라 그 밖의 요인을 고려할 필요가 있다. 일반적으로 복합적인 요인을 종합적으로 고려하여 특정 측정기준을 선택한다. 각 요인의 상대적 중요성은 사실과 상황에 따라 달라지며, 측정기준에 의해 제공되는 정보는 유용해야 한다는 것이 측정기준의 선택기준이 된다. 즉, 정보가 목적적합해야 하고 나타내고자 하는 바를 충실하게 표현해야 한다. 또한, 제공되는 정보는 가능한 한 비교가능하고 검증가능하며 적시성이 있고 이해할 수 있어야 한다.

측정은 사실의 정확한 서술보다는 상당부분 추정, 판단 및 모형에 근거한다. 그러나 측정의 불확실성이 회계정보가 유용하지 않다는 것을 의미하는 것은 아니다.

〈단계 6〉 제거(derecognition)

제거는 기업의 재무상태표에서 인식된 자산이나 부채의 전부 또는 일부를 삭제하는 것이다. 제거는 일반적으로 해당 항목이 더 이상 자산 또는 부채의 정의를 충족하지 못할 때 발생한다. 일반적으로 자산은 기업이 인식한 자산에 대한 통제를 상실하였을 때 제거하고, 부채는 기업이 인식한 부채에 대한 현재의무를 더 이상 부담하지 않을 때 제거한다.

[그룹 3] 표시와 공시

보고기업은 재무제표에 정보를 표시하고 공시함으로써 기업의 자산, 부채, 자본, 수익 및 비용에 관한 정보를 전달한다. 재무제표의 정보가 효과적으로 전달되면, 그 정보를 보다 목적적합하게 하고 기업의 자산, 부채, 자본, 수익 및 비용을 충실하게 표현하는 데 기여한다. 또한 이는 재무제표의 정보에 대한 이해가능성, 검증가능성과 비교가능성을 향상시킨다.

〈단계 7〉 표시와 공시(presentation and disclosure)

재무제표가 유용한 정보를 제공할 수 있도록 회계항목들이 측정・인식되었더라도, 표시 및 공시 방법에 따라 정보의 유용성이 영향을 받는다. 재무제표의 정보가 쉽고 효과적으로 소통되기 위해 회계기준의 표시와 공시 요구사항을 제정할 때 다음 두 항목간의 균형이 필요하다.

① 기업의 자산, 부채, 자본, 수익 및 비용을 충실히 표현하는 목적적합한 정보를 제공할 수 있도록 기업에 융통성을 부여한다.

② 한 보고기업의 기간간 그리고 같은 보고기간의 기업간 비교가능한 정보를 요구한다.

표시와 관련된 기준은 주로 재무제표항목의 분류 및 장부금액의 표시에 관한 것으로서 재무제표의 본체에 재무제표요소를 보고하는 것과 관련되어 있다. 공시와 관련된 기준은 재무제표 주석과 관련된 것으로서 구체적인 회계정책, 추정에 대한 가정과 불확실성에 대한 정보, 재무제표에 인식되는 금액에 유의적인 영향을 미친 경영진의 판단, 재무제표에 별도로 표시되지 않는 정보 등에 관한 것이다.

[그룹 4] 추가 고려사항

〈단계 8〉 원가제약(cost constraint)

재무보고의 효익이 재무보고에 소요되는 원가를 초월해야만 회계정보가 경제재로서 정당화될 수 있다. 따라서 재무보고의 원가제약은 정보에 대한 포괄적 제약요인이다. 재무보고에 대한 원가제약을 고려할 때 보고기업이 부담하는 원가만을 고려할 것이 아니라 다양한 이해관계자가 재무정보로부터 얻게 되는 효익을 고려하는 거시적 판단이 필요하다.

원가제약은 〈단계 1〉부터 〈단계 7〉까지의 전 단계에서 고려해야 한다. 그러나 원가제약이 많이 적용되는 단계는 측정(단계 5)이다. K-IFRS에서는 원가제약을 고려하여 특히 각 종류의 자산에 대한 후속측정에 대해 다른 측정방식을 제시한다. 주요 자산의 후속측정에 사용하는 측정기준의 예를 들면 다음과 같다.

- 금융자산 : 공정가치 또는 상각후원가
- 재고자산 : 취득원가와 순실현가능가치 중 낮은 금액
- 관계기업투자 : 지분법 측정 금액
- 무형자산과 유형자산 : 원가모형 또는 재평가모형
- 투자부동산 : 원가모형 또는 공정가치모형
- 생물자산 : 순공정가치
- 매각예정비유동자산 : 순공정가치와 장부금액 중 저가

용어의 정의

결과불확실성	자산이나 부채에서 발생할 경제적효익의 유입이나 유출의 금액 또는 시기에 대한 불확실성
결합재무제표	지배-종속관계로 모두 연결되어 있지는 않은 둘 이상의 실체들로 구성된 보고실체의 재무제표
경제적자원	경제적효익을 창출할 잠재력을 지닌 권리
경제적자원의 통제	경제적자원의 사용을 지시하고 그로부터 유입될 수 있는 경제적효익을 얻을 수 있는 현재의 능력
경제적 현상에 대한 정보	보고기업의 경제적자원, 보고기업에 대한 청구권 그리고 그 자원 및 청구권에 변동을 일으키는 거래, 사건 및 상황의 영향에 대한 정보
경제적효익을 창출할 잠재력	경제적자원 내에 이미 존재하고 적어도 하나의 상황에서 그 실체를 위해 다른 모든 당사자들이 이용가능한 경제적효익을 초과하는 경제적효익을 창출할 수 있는 특성
근본적 질적특성	일반목적재무보고서의 주요이용자들에게 유용하기 위하여 재무정보가 지녀야 하는 질적특성 : 목적적합성과 표현충실성
(정보)목적적합성	의사결정을 함에 있어서 정보를 갖게 되면 정보가 없는 경우와 비교하여 차이를 낼 수 있음
미이행계약	계약당사자 모두가 자신의 의무를 전혀 수행하지 않았거나 계약당사자 모두가 동일한 정도로 자신의 의무를 부분적으로 수행한 계약이나 계약의 일부
보강적 질적특성	유용한 정보를 더욱 유용하게 만드는 질적특성 : 비교가능성, 검증가능성, 적시성 및 이해가능성
보고실체	일반목적재무제표를 작성해야 하거나 작성하기로 선택한 실체
부 채	과거사건의 결과로 실체의 경제적자원을 이전해야 하는 현재의무
분 류	표시와 공시를 위해 자산, 부채, 자본, 수익과 비용을 공유되는 특성에 따라 구분하는 것
비연결재무제표	보고실체가 지배기업 단독인 경우 그 보고실체의 재무제표
비 용	자본의 감소를 가져오는 자산의 감소 또는 부채의 증가로서, 자본청구권 보유자에 대한 분배와 관련된 것을 제외
상 계	자산과 부채를 별도의 회계단위로 인식하고 측정하지만 재무상태표에서 단일의 순액으로 합산하는 것
수 익	자본의 증가를 가져오는 자산의 증가 또는 부채의 감소로서, 자본청구권 보유자의 출자와 관련된 것을 제외
수탁책임	자신에게 위탁된 것을 신중하고 책임 있게 관리
신중성	불확실한 상황에서 판단을 할 때 주의를 기울이는 것. 신중을 기한다는 것은 자산과 수익이 과대평가되지 않고 부채와 비용이 과소평가되지 않는 것을 의미. 마찬가지로, 신중을 기한다는 것은 자산이나 수익의 과소평가나 부채나 자본의 과대평가를 허용하지 않음
연결재무제표	지배기업과 그 종속기업으로 구성된 보고실체의 재무제표

유용한 재무정보	일반목적재무보고서의 주요이용자들이 보고실체에 자원을 제공하는 것에 대한 의사결정을 할 때 유용한 재무정보. 재무정보가 유용하기 위해서는 목적적합해야 하고 나타내고자 하는 바를 충실하게 표현해야 함
인 식	자산, 부채, 자본, 수익 또는 비용과 같은 재무제표의 구성요소 중 하나의 정의를 충족하는 항목을 재무상태표나 재무성과표에 포함하기 위하여 포착하는 과정. 인식은 그러한 재무제표 중 하나에 어떤 항목(단독으로 또는 다른 항목과 통합하여)을 계정명칭 또는 화폐금액으로 나타내고, 해당 재무제표의 하나 이상의 합계에 포함시키는 것과 관련됨
일반목적 재무보고서	보고실체의 주요이용자들이 실체에 자원을 제공하는 것과 관련된 의사결정을 할 때 유용한 보고실체의 경제적자원, 그 실체에 대한 청구권 및 그러한 경제적자원과 청구권의 변동에 대한 재무정보를 제공하는 보고서
일반목적 재무제표	보고실체의 자산, 부채, 자본, 수익과 비용에 관한 정보를 제공하는 특정 형태의 일반목적재무보고서
(일반목적재무보고서의) 이용자	'(일반목적재무보고서의) 주요이용자' 참고
자 본	실체의 자산에서 모든 부채를 차감한 후의 잔여지분
자본청구권	실체의 자산에서 모든 부채를 차감한 후의 잔여지분에 대한 청구권
자 산	과거사건의 결과로 실체가 통제하는 현재의 경제적자원
장부금액	재무상태표에 인식된 자산, 부채 또는 자본의 금액
제 거	인식된 자산이나 부채의 전부 또는 일부를 실체의 재무상태표에서 삭제하는 것
존재불확실성	자산이나 부채의 존재 여부에 대한 불확실성
(일반목적재무보고서의) 주요이용자	현재 및 잠재적 투자자, 대여자와 기타 채권자
중요한 정보	정보가 누락되거나 잘못 기재된 경우 특정 보고실체의 재무정보를 제공하는 일반목적재무보고서에 근거하여 이루어지는 주요이용자들의 의사결정에 영향을 줄 수 있는 정보
측정기준	측정대상 항목에 대해 식별된 속성(역사적원가, 공정가치, 사용가치 또는 이행가치, 현행원가 등)
측정불확실성	재무보고서의 화폐금액을 직접 관측할 수 없어 추정해야만 하는 경우에 발생하는 불확실성
측정치	자산, 부채, 관련 수익과 비용에 측정기준을 적용하여 산출한 결과
통 합	특성을 공유하고 동일한 분류에 속하는 자산, 부채, 자본, 수익, 또는 비용을 합하는 것
(정보)표현충실성	정보가 나타내고자 하거나 나타낼 것으로 기대되는 거래나 사건을 충실하게 표현하는 것. 즉 표현충실성은 측정대상인 속성과 측정치의 일치
회계단위	인식기준과 측정개념이 적용되는 권리(권리의 집합), 의무(의무의 집합) 또는 권리와 의무의 집합

CHAPTER 1

일반목적재무보고의 목적

1. 일반목적재무보고의 목적, 유용성 및 한계
2. 보고기업의 경제적자원, 청구권, 자원 및 청구권의 변동에 관한 정보
   (1) 경제적자원 및 청구권
   (2) 경제적자원 및 청구권의 변동
   (3) 발생기준 회계가 반영된 재무성과
   (4) 과거 현금흐름이 반영된 재무성과
   (5) 재무성과와 무관한 경제적자원 및 청구권의 변동
3. 기업의 경제적자원 사용에 관한 정보

1 일반목적재무보고의 목적, 유용성 및 한계

일반목적재무보고(general purpose financial reporting)의 목적은 개념체계의 기초를 형성한다. 개념체계의 다른 측면－유용한 재무정보의 질적특성과 원가제약, 보고기업 개념, 재무제표의 요소, 인식과 제거, 측정, 표시와 공시－은 그 목적에서 논리적으로 전개된다.

일반목적재무보고[1]의 목적은 현재 및 잠재적 투자자, 대여자와 기타 채권자(이하 재무정보의 주요이용자)가 기업에 자원을 제공하는 것과 관련된 의사결정을 할 때 합리적인 의사결정을 할 수 있도록 유용한 보고기업의 재무정보를 제공하는 것이다.

재무보고의 목적을 찾아서!

1960년대 후반부터 재무보고이용자가 재무정보를 이용하는 목적이 회계에서 핵심 역할을 하고 있다. 사실상 현재는 이용자의 필요와 목적이 회계기준의 이론적 기반으로 자리 잡고 있다. 이전에는 가정과 원칙에 근거해서 회계기준을 정립하려 했고, 일반적으로 재무보고이용자의 목적을 크게 고려하지 않았었다.

회계가 재무보고이용자 중심으로 바뀌기까지 두 가지, 즉 이용자의 목적과 이용자의 다양성이 쟁점이 되었다. 재무정보이용자의 범위는 매우 넓고 다양함에는 의심의 여지가 없다. 따라서 그들의 요구가 일반목적재무보고에 의해 충족될 수 있을지 분명치 않다. 그럼에도 불구하고 결론은 재무보고는 이용자들의 의사결정에 목적적합해야 한다는 것이다. 또한 비록 이용자집단이 다양하고 각 집단 내에서도 각양각색이지만 그들이 필요로 하는 정보에서는 상당히 공통부분이 존재한다는 것이다.

---

1) 개념체계에서 별도로 언급하지 않는 한
   ① '재무보고서' 및 '재무보고'는 각각 일반목적재무보고서 및 일반목적재무보고를 말한다.
   ② '기업'이라는 용어는 보고기업을 말한다.
   ③ '경영진'이라는 용어는 기업의 경영진 및 이사회를 말한다.
   ④ '주요이용자' 및 '이용자'라는 용어는 필요한 재무정보의 많은 부분을 일반목적재무제표에 의존해야 하는 현재 및 잠재적 투자자, 대여자와 기타 채권자를 말한다.

일반목적재무보고

기술발전이 일반목적재무보고[2]를 쓸모없게 만들 수 있다는 의견도 있다. 예를 들면, XBRL(eXtensible Business Reporting Language)과 같은 새로운 기술은 보고기업이 다양한 이용자들의 개별적 정보수요를 충족시킬 수 있는 재무보고서를 만드는 데 이용될 수도 있을 것이다. 그러나 다양한 이용자 각자가 그 자신에 맞는 보고서를 만드는 데 필요한 정보를 제공하려면 비용이 많이 들 것이다. 또한 그렇게 하기 위해서는 대부분의 이용자들은 회계에 대해 더 높은 수준의 이해를 필요로 하기 때문에 그들에게 스스로 보고서를 만들도록 요구하는 것은 합리적이지 않다. 그렇다고 다양한 이용자들에게 그들의 필요에 따라 각기 다른 보고서를 제공하는 것도 어렵다. 따라서 당분간은 일반목적재무보고가 다양한 이용자들의 정보수요를 충족할 수 있는 가장 효율적이고 효과적인 방법일 것이다.

개념체계는 '재무제표'만이 아닌 보다 광범위한 '재무보고'의 목적을 정한다. 그러나 재무제표는 재무보고의 핵심적인 부분이며, 회계기준에서 다루는 대부분의 주제들은 재무제표와 관련된다.

의사결정에 유용한 정보

재무보고의 근본적 목적은 경제적 의사결정에 유용한 정보를 제공하는 것이다. 경제적 의사결정에는 재무정보의 도움을 받아 수행하는 자원배분 의사결정뿐만 아니라 다른 의사결정들도 포함한다. 예를 들면, 경영진을 유임할 것인지 교체할 것인지 그리고 그들에게 어떤 보수를 지급할 것인지 등에 대해 의결권을 행사하는 주주는 의사결정에 근거가 되는 정보가 필요하다. 주주의 의사결정과정은 기업의 경영진이 비슷한 상황에서 경쟁기업에 비해 어떤 성과를 올리는지 평가하는 것을 포함한다.

대부분의 경우 자원배분 의사결정을 위해 만들어진 정보는 경영진의 성과를 평가하는 데에도 유용할 것이다. 미래현금흐름의 전망을 평가하는 것은 기업에 대한 자원제공 의사결정을 위해 중요하고, 수탁책임의 질에 대한 정보도 경영진 행위에 대해 의결권의 행사 등으로 영향을 미칠 수 있는 자원제공자에게 중요하다.

위에 기술된 의사결정은 현재 및 잠재적 투자자, 대여자와 기타 채권자가 기대하는 수익인 배당, 원금 및 이자의 지급 또는 시장가격

2) 경영진과 같은 내부이용자들을 일반목적재무보고의 수혜자로 보지 않겠다는 의미를 전달하기 위해서 '일반목적 외부 재무보고'라는 용어를 사용할 수도 있을 것이다.

의 상승에 의존한다. 재무정보 주요이용자의 수익에 대한 기대는 기업에 유입될 미래순현금유입의 금액, 시기 및 불확실성 및 위탁된 경제적자원에 대한 경영진의 수탁책임(stewardship)[3]을 어떻게 평가하는가에 달려 있다. 재무정보의 주요이용자는 그러한 평가에 도움을 주는 정보를 필요로 한다.

수탁책임

개념체계에서는 기업의 미래순현금유입 가능성을 평가하는 데 필요한 정보와 경영진의 수탁책임을 평가하는 데 필요한 정보를 가급적 분리하여 식별한다. 그러나 두 유형의 정보 모두 재무보고의 전반적인 목적, 즉 기업에 자원제공과 관련된 의사결정에 유용한 정보를 제공하는 것(자원배분 의사결정)을 달성하기 위하여 필요하다.

일반목적재무보고의 목적을 서술하는 과정에서 기업의 경제적자원에 대한 경영진의 수탁책임을 평가하는 데 필요한 정보를 제공하는 것이 중요하다고 부각시키고 있다. 그러나 경영진의 수탁책임을 평가하는 데 필요한 정보의 제공을 재무보고의 주요 목적으로 제시하지는 않는다. 그 이유는 경영진의 수탁책임을 평가하는 것은 그 자체로 목적이 아니고 자원배분 의사결정에 고려될 요소이기 때문이다. 예를 들면, 경영진의 수탁책임이 만족스럽지 않으면 미래수익률을 높이기 위하여 경영진을 교체하는 의사결정으로 이어질 수도 있다.

개념체계에서 경영진의 수탁책임에 대한 평가가 자원배분 의사결정에 어떻게 기여할 수 있는지를 명시하고, 자원배분 의사결정은 좁게 해석해서는 아니 됨을 강조한다. 자원배분 의사결정은 다음 결정을 모두 포함한다.

① 지분상품 및 채무상품의 매수, 매도 또는 보유
② 대여 및 기타 형태의 신용 제공 또는 결제
③ 기업의 경제적자원 사용에 영향을 미치는 경영진의 행위에 대한 의결권 행사 또는 영향력을 미치는 권리 행사

재무제표이용자는 위와 같은 의사결정을 하기 위하여 미래순현금유입의 금액, 시기, 불확실성에 대한 평가와 기업의 경제적자원에 대한 경영진의 수탁책임을 평가할 필요가 있다.

---

3) 경영진의 수탁책임에 대한 평가는 기업의 경영진과 이사회가 기업의 경제적자원 사용에 대한 그들의 책임을 얼마나 효율적이고 효과적으로 이행했는지를 평가하는 것을 포함한다. 이러한 평가를 통해 경영진이 자신의 활동에 책임지도록 한다. 개념체계에서는 '수탁책임'이라는 용어를 이 용어의 일반적 의미(자신에게 위탁된 것을 신중하고 책임 있게 관리)와 일관되게 사용하고 있다(참조 : Merriam-Webster online dictionary(https://www.merriam-webster.com/dictionary/stewardship)).

기업의 경제적자원의 사용에 영향을 미치는 경영진 의사결정의 한 가지 예로는 이사회 구성의 투표에 대한 결정이 있다. 이 투표는 기업의 경제적자원의 사용에 영향을 미치는 이사회의 후속 행위에 궁극적으로 영향을 미칠 것이다. 그러나 재무보고는 경영진의 다른 행위(예, 기업의 경제적자원의 사용에 직접적으로 영향을 미치지 않는 공공정책의 발표에 관한 성명서의 개발)에 대하여 주요이용자들이 의결권을 행사하는 데 도움을 주기 위한 정보를 제공하기 위한 것은 아니다.

경영진의 수탁책임을 평가하기 위하여 필요한 정보는 기업의 미래순현금유입에 대한 예상을 평가하기 위하여 필요한 정보와 다른 경우가 있을 수 있다는 의견이 있다. 특히, 이러한 의견은 다음과 같이 측정기준의 선택에 초점을 두었다.

> "일부 의견은 역사적원가 측정치는 검증가능성이 높고 경영진의 실제 거래에 보다 직접 연관되므로 수탁책임의 평가에 유용하다고 본다. 반면, 다른 의견은 현행가치 측정치가 경영진이 가능한 모든 방법을 적절히 활용하여 성과를 내었는지에 대한 정보를 제공하므로 수탁책임의 평가에 보다 유용한 정보를 제공할 수 있다고 본다."

개념체계에서 재무보고의 목적을 서술할 때 수탁책임의 중요성을 부각시켰지만 특정 측정기준에 대한 선호를 제시하지 않았다. 측정기준을 선택할 때 고려해야 할 요소는 뒤의 "측정" 부분(제6장)에서 논의하고자 한다.

이러한 평가를 하기 위하여 재무정보의 주요이용자는 다음의 정보를 필요로 한다.

① 기업의 경제적자원, 기업에 대한 청구권 및 그러한 자원과 청구권의 변동
② 기업의 경영진과 이사회가 기업의 경제적자원 사용에 대한 그들의 책임을 얼마나 효율적이고 효과적으로 이행했는지 여부

많은 재무정보의 주요이용자는 정보를 제공하도록 보고기업에 직접 요구할 수 없고, 그들이 필요로 하는 재무정보의 많은 부분을 일반목적재무보고에 의존해야만 한다. 따라서 그들이 일반목적재무보고의 대상이 되는 주요이용자이다.

주요이용자

재무보고의 목적에서는 주요이용자로 현재 및 잠재적 투자자, 대여자와 기타 채권자를 제시하고 있다. 또한 이러한 주요이용자는 보고기업에게 그들이 필요한 정보를 제공하도록 직접 요구할 수 없음도 언급하고 있다.

규제기관 그리고 일반대중이 일반목적재무보고서의 정보를 유용하다고 볼 수 있지만 그들은 일반목적재무보고서가 주요 대상으로 한 집단은 아니라는 점을 강조하고 있다. 이 밖에도 종업원, 공급자, 자문가, 고객, 증권분석가, 정부와 감독기구를 포함한 유관기관, 투자자와 채권자의 이해를 조언하거나 대변하거나 투자자 및 채권자가 어떻게 처리하는지에 관심이 있는 자, 그리고 일반대중과 같은 다른 잠재적 이용자들도 주요이용자에 포함할 수 있겠다. 그러나 이들은 주요이용자라기보다는 재무보고서에 관심이 있을 수 있는 자들이다. 현재의 개념체계에서는 이용자들의 자원제공 의사결정에 초점을 맞춤으로써 주요이용자를 현재 및 잠재적 투자자, 대여자와 기타 채권자(그러나 자문가를 제외하는 것은 아님)로 보게 된다.

1) 주요이용자 집단이 있어야 하는가?

개념체계에서는 재무보고서의 주요이용자 집단을 식별하고 있다. 이 밖에도 기업에 자원을 제공한 적이 없고 제공을 고려하지도 않는 그 밖의 이용자들이 다양한 이유로 재무보고서를 이용할 수는 있다. 그러나 주요이용자 집단이 정의되지 않고는 개념체계가 지나치게 추상적이거나 모호할 위험에 처할 수 있다고 본다.

2) 주요이용자 집단

주요이용자 집단에 대하여 다양한 견해가 존재한다.

① 일부 견해는 주요이용자 집단을 좀 더 넓게 정의해야 한다고 본다. 즉 종업원, 고객, 공급자, 규제기관 등을 포함할 수 있도록 확장되어야 한다고 주장한다.

② 다른 견해는 주요이용자 집단을 좀 더 좁게 정의해야 한다고 본다. 그들은 주요이용자 집단을 기업에 대한 지분청구권 소유자(또는 기업에 대한 잔여 지분청구권 소유자)로 한정해야 한다고 본다. 지분청구권 소유자가 더 광범위한 위험에 노출되어 있기 때문에 다른 자본제공자들과 다른(그리고 아마도 더 넓은) 정보수요가 있다고 주장한다.

개념체계에서는 주요이용자 집단을 보고기업의 현재 및 잠재적 투자자, 대여자와 기타 채권자로 보는 것이 타당하다고 본다. 그러나 주요이용자 집단의 일반적인 정보수요에 초점을 맞추는 것이 특정 집단에 보다 유용한 추가 정보를 제공하는 것을 막지 않는다.

3) 왜 현재 및 잠재적 투자자, 대여자와 기타 채권자를 주요이용자로 보아야 하는가?

개념체계에서 주요이용자 집단을 보고기업의 현재 및 잠재적 투자자, 대여자와 기타 채권자로 본 이유는 다음과 같다.

① 현재 및 잠재적 투자자, 대여자와 기타 채권자는 재무보고서의 정보에 대해 가장 중요하고 즉각적인 수요가 있으나 그들 대부분이 그들에게 직접 정보를 제공하도록 기업에 요구할 수 없다.
② 회계기준은 현재의 투자자뿐만 아니라 잠재적 투자자와 현재 및 잠재적 대여자와 기타 채권자를 포함한 자본시장참여자의 수요에 초점을 맞출 책임이 있다.
③ 이러한 주요이용자의 수요를 충족하는 정보는 주주의 측면으로 정의된 기업지배모형이 있는 국가와 모든 유형의 이해관계자 측면으로 정의된 기업지배모형이 있는 국가 모두에서 정보이용자의 수요를 충족할 것이다.

주요이용자 집단이 너무 광범위하여 재무보고서에 지나치게 많은 정보를 포함하는 결과를 초래할 수 있다. 그러나 재무보고의 목적을 충족하는 회계기준을 제정하는 데 있어서 지나치게 많은 정보의 제공을 방지하기 위한 방편으로 유용한 정보의 질적특성과 원가제약요인을 사용할 수 있겠다.

4) 이용자들의 서열이 있어야 하는가?

재무정보의 주요이용자들은 정보수요가 다르기 때문에 그들간에 서열을 정할 수도 있겠다. 그러나 이용자 개인들의 정보수요 및 욕구는 보고기업에 대해 같은 유형의 이해관계에 있는 기타 정보이용자와 다르거나 심지어 상충될 수도 있다. 일반목적재무보고는 주요이용자들에게 공통적인 정보를 제공하는 것을 목적으로 하며, 모든 정보요구에 맞출 수는 없다. 따라서 원가-효익 관점에서 최대 다수의 이용자 수요를 충족하고자 하는 정보를 추구해야 할 것이다.

5) 주요이용자 집단에 포함되지 않은 기타 이용자들의 정보수요

① 경영진의 정보수요

주요이용자를 대상으로 한 정보의 일부는 경영진의 수요의 전부는 아니나 일부를 충족할 수 있을 것이다. 그러나 경영진은 추가 재무정보에 접근할 수 있으므로 일반목적재무보고서는 명시적으로 경영진을 대상으로 할 필요는 없다.

② 규제기관의 정보수요

자본시장에서 금융안정성(financial stability)의 유지(한 국가나 지역의 경제 또는 금융제도의 안정성)가 재무보고의 목적이 되어야 한다는 의견도 있다. 이에 따르면 재무보고는 금융안정성 유지를 책임지고 있는 규제기관 및 재정정책 의사결정자의 수요에 초점을 맞추어야 한다고 본다.

한편, 금융안정성 유지를 목적으로 정하는 것에 반대하는 의견도 있다. 그들은 재무제표는 중립적인 입장에서 보고기업의 경제적 현실을 있는 그대로 표시해야 하며, 이는 금융안정성 유지와 모순되지 않는다고 본다. 경제적 현실을 있는 그대로 표시함으로써 재무제표는 더 충분한 정보에 근거한 의사결정을 유도할 수 있고, 이는 또한 금융안정성에 기여할 수 있다고 본다.4)

주요정보이용자들의 관심사가 규제기관의 관심사와 공통되는 경우가 많음을 인정하더라도 금융안정성 유지를 포함하기 위하여 재무보고의 목적을 확장하는 것은 때로는 목적간의 상충을 일으킬 수 있을 것이다. 예를 들면, 어떤 이들은 금융안정성을 유지하기 위한 최선의 방법은 기업이 자산이나 부채 가치의 일부 변동을 보고하지 않도록 하거나 보고를 지연시키는 것이라는 견해를 가질 수 있다. 그러한 요구사항은 주요정보이용자들이 필요로 하는 정보를 제공하지 않는 결과를 초래할 가능성이 크다.

이러한 상충을 피하는 유일한 방법은 주요정보이용자에게 정보를 제공한다는 현재 목적을 삭제하거나 덜 강조하는 것이 될 것이다. 그러나 그 목적을 삭제하는 것은 자본시장참여자의 정보수요에 부응한다는 기본적인 임무와 일치하지 않게 된다. 개념체계는 목적적합하고 나타내고자 하는 바가 충실하게 표현된 재무정보를 제공하는 것이 이용자들의 정보에 대한 신뢰를 향상시켜서 금융안정성을 증진하는 데 기여할 것임을 강조한다.

일반목적재무보고서는 재무정보의 주요이용자가 필요로 하는 모든 정보를 제공하지는 않으며 제공할 수도 없다. 그 이용자들은 예를 들어, 일반 경제 상황 및 기대, 정치적 사건과 환경, 산업 및 기업 전망과 같은 다른 원천에서 입수한 관련 정보를 고려할 필요가 있다.

일반목적재무보고서는 보고기업의 가치를 보여주기 위해 고안된 것이 아니다. 그러나 그것은 재무정보의 주요이용자가 보고기업의 가치를 추정하는 데 도움이 되는 정보를 제공한다.

각 주요이용자의 정보수요 및 욕구는 다르고 상충되기도 한다. 회계기준제정기구는 회계기준을 제정할 때 최대 다수의 주요이용자 수요를 충족하는 정보를 제공하기 위해 노력할 것이다. 그러나 공통된 정보수요에 초점을 맞춘다고 해서 보고기업으로 하여금 주요이용자의

4) 이러한 의견을 표명한 집단은 Financial Crisis Advisory Group(FCAG)이다. FCAG는 국제 금융시장과 관련하여 광범위한 경험이 있는 고위 지도자 약 20명으로 구성되어 있으며 재무보고 정보의 투명성에 관심이 있다. FCAG는 2009년에 결성되어 IASB와 FASB에 금융위기 및 전 세계적 규제 환경의 잠재적 변화가 기준 제정에 주는 의미에 대해 조언하고 있다. FCAG는 2008년 국제 금융위기의 원인 중에 하나로 회계가 제대로 역할을 하지 못했다는 일부 견해를 가지고 있으며, 회계가 금융안정에 보다 적극적인 역할을 해주기를 주문하기도 하였다.

특정 일부집단에게 가장 유용한 추가 정보를 포함하지 못하게 하는 것은 아니다.

보고기업의 경영진도 해당 기업에 대한 재무정보에 관심이 있다. 그러나 경영진은 필요로 하는 재무정보를 내부에서 구할 수 있기 때문에 일반목적재무보고서에 의존할 필요가 없다. 그 밖의 당사자들, 예를 들어 규제기관 그리고 (재무정보의 주요이용자가 아닌) 일반대중도 일반목적재무보고서가 유용하다고 여길 수 있다. 그렇지만 일반목적재무보고서는 이러한 집단을 주요 대상으로 하지 않는다.

재무보고서는 정확한 서술보다는 상당부분 추정, 판단 및 모형에 근거한다. 개념체계는 그 추정, 판단 및 모형의 기초가 되는 개념을 정한다. 이 개념은 회계기준제정기구와 재무보고서의 작성자가 노력을 기울이는 목표이다. 대부분의 목표가 그러하듯 이상적 재무보고에 대한 개념체계의 비전은 적어도 단기간 내에 완전히 달성될 가능성은 낮다. 거래와 그 밖의 사건을 분석하는 새로운 방식을 이해하고, 수용하며, 그리고 실행하는 데 시간이 걸릴 것이기 때문이다. 그러나 재무보고가 그 유용성을 개선하기 위해 발전하기 위해서는 반드시 지향할 목표를 수립해야 한다.

보고기업과 지분투자자

보고기업이 그 기업의 지분투자자들과 분리되어 있지 않다는 견해도 있다. 이 견해는 대부분의 사업이 개인기업, 무한책임이 있는 소유주들이 경영하는 파트너십이었던 시절에 근원을 두고 있다. 세월이 경과하면서 소유와 경영의 분리가 확대되어 왔다. 오늘날 대부분의 사업은 소유주로부터 분리되는 법적 실질을 가지고 있다. 법적으로 유한책임을 지는 수많은 투자자로서는 소유주와는 구분된 전문경영인에 의해 사업이 경영되는 것이 일반적이다. 따라서 재무보고는 보고기업의 주요이용자들과 그들의 이해관계가 아니고 기업(그리고 기업의 경제적자원 및 청구권) 자체에 대해 회계처리함으로써 소유와 경영의 분리가 반영되도록 해야 한다.

다른 형태의 기업에 대한 재무보고 목적

일반목적재무보고의 목적이 기업의 형태에 따라 다르게 적용되어야 하는가? 가능한 경우는 다음과 같다.

① 소기업과 대기업
② 상장기업과 비상장기업
③ 소유권이 집중된 기업과 분산된 기업

재무보고의 외부 이용자들은 그들이 투자하는 기업의 유형과 관계없이 비슷한 목적을 갖고 있다. 따라서 일반목적재무보고서의 목적은 모든 기업에 동일할 것이다. 그러나 원가제약요인과 기업들간의 활동 차이 때문에 때로는 다른 유형의 기업에게 보고의 차이를 허용하거나 요구하도록 할 수 있을 것이다.

2 보고기업의 경제적자원, 청구권, 자원 및 청구권의 변동에 관한 정보

일반목적재무보고는 보고기업의 재무상태에 관한 정보, 즉 기업의 경제적자원 및 보고기업에 대한 청구권에 관한 정보를 제공한다. 재무보고는 보고기업의 경제적자원과 청구권을 변동시키는 거래 및 사건의 영향에 대한 정보도 제공한다. 이 두 유형의 정보는 기업에 대한 자원제공 관련 의사결정에 정보를 제공한다.

(1) 경제적자원 및 청구권

보고기업의 경제적자원 및 청구권의 성격 및 금액에 대한 정보는 보고기업의 재무적 강점과 약점을 식별하는 데 도움을 줄 수 있다. 이 정보는 보고기업의 유동성과 지급능력, 추가적인 자금조달의 필요성 및 그 자금조달이 얼마나 성공적일지를 평가하는 데 도움을 줄 것이다. 또한 기업의 경제적자원에 대한 경영진의 수탁책임을 평가하는 데에도 도움이 될 수 있다. 현재 청구권에 대한 우선순위와 지급 요구사항에 대한 정보는 기업에 대한 청구권이 있는 자들에게 미래현금흐름이 어떻게 분배될 것인지를 예측하는 데 도움이 된다.

상이한 유형의 경제적자원은 미래현금흐름에 대한 보고기업의 전망에 관한 평가에 다르게 영향을 미친다. 어떤 미래현금흐름은 수취채권과 같은 현재의 경제적자원에서 직접 발생한다. 또한 현금흐름은 재화나 용역을 생산하고 고객에게 판매하기 위해 여러 가지 자원을 결합하여 사용하는 데에서 발생하기도 한다. 비록 그 현금흐름을 개별적인 경제적자원(또는 청구권)과 관련지을 수 없더라도 보고기업의 영업에 이용가능한 자원의 성격과 금액을 알 필요가 있다.

(2) 경제적자원 및 청구권의 변동

보고기업의 경제적자원 및 청구권의 변동은 그 기업의 재무성과, 투자나 재무 활동(채무상품이나 지분상품의 발행과 같은 거래), 자산과 부채 가치의 변동 등에서 발생한다. 보고기업의 미래순현금유입액에 대한 전망과 기업의 경제적자원에 대한 경영진의 수탁책임을 올바르게 평가하기 위하여 정보이용자는 이 두 가지 변동을 구별할 수 있는 능력이 필요하다.

보고기업의 재무성과에 대한 정보는 그 기업의 경제적자원에서 해당 기업이 창출한 수익을 이해하는 데 도움을 준다. 기업이 창출한 수익에 대한 정보는 기업의 경제적자원에 대한 경영진의 수탁책임을 평가하는 데 도움을 줄 수 있다. 특히 미래현금흐름의 불확실성을 평가하는 데 있어서는 그 수익의 변동성 및 구성요소에 대한 정보도 역시 중요하다. 보고기업의 과거 재무성과와 그 경영진이 수탁책임을 어떻게 이행했는지에 대한 정보는 일반적으로 기업의 경제적자원에서 발생하는 미래수익을 예측하는 데 도움이 된다.

재무성과에 대한 정보의 중요성

보고기업의 재무성과(포괄손익)가 가장 중요한 정보라는 것이 많은 이해관계자의 오래된 주장이다. 종전의 개념체계(개념보고서 제1호)에는 다음과 같이 기술되어 있다.

> "재무보고의 주요 초점은 포괄손익과 그 구성요소의 측정으로 제공되는 기업의 성과에 대한 정보이다. 투자자, 채권자 및 기업의 순현금유입에 대한 전망을 평가하는 데 관심이 있는 자들은 그 정보에 특히 관심이 있다."

그러나 최근에는 보고기업의 재무상태와 재무성과에 대한 정보를 동등한 수준으로 중요하게 보고 있다. 의사결정에 유용하기 위하여 재무보고서는 보고기업의 경제적자원과 청구권(재무상태) 그리고 어느 한 기간의 경제적자원 및 청구권의 변동(재무성과)에 관한 정보를 제공해야 한다. 보고기업은 경제적자원과 청구권을 식별하고 측정하지 않으면, 그 재무성과에 대하여 충분한 정보를 제공하지 못한다. 따라서 특정 유형의 정보를 재무보고의 주요 초점으로 지정하는 것은 적절하지 않을 수 있다.

기업의 재무상태를 논의하는 과정에서 '보고기업의 경제적자원과 보고기업에 대한 청구권'이라는 문구를 사용하고 있다. 그 이유는 기업에 대한 청구권은 많은 경우에 특정 자원에 대한 청구권이 아니기 때문이다. 게다가 많은 청구권은 미래순현금유입의 창출능력을 가진 자원을 사용하여 충족될 수 있을 것이다. 이와 같이 모든 청구권은 기업에 대한 청구권이며, 기업의 개별자원과 관련하여 식별되는 청구권은 아니다.

재무상태와 지급능력

재무상태표의 주된 목적은 보고기업의 지급능력 평가에 도움이 되는 정보를 제공하는 것이어야 한다는 주장도 있다. 지급능력의 평가는 재무정보의 주요이용자의 관심사이며, 일반목적재무보고의 목적은 그들이 의사결정하는 데 유용한 정보를 제공하는 것이다.

그러나 재무상태표가 투자자와 기타 이용자들에게는 피해를 줄 수 있더라도 대여자와 기타 채권자 및 규제기관의 정보수요를 지향하는 것이어야 한다는 제안도 있었다. 그렇게 하면 주요이용자 집단의 공통된 정보수요에 부응한다는 목적과는 일관되지 않을 수 있다. 따라서 개념체계에서는 재무상태표(또는 기타 특정 재무제표)가 이용자들 중 특정한 일부의 수요를 지향한다는 개념을 받아들이지 않고 있다.

(3) 발생기준 회계가 반영된 재무성과

발생기준 회계는 거래와 기타 사건 및 상황이 보고기업의 경제적자원 및 청구권에 미치는 영향을, 비록 그 결과로 발생하는 현금의 수취와 지급이 다른 기간에 이루어지더라도, 그 영향이 발생한 기간에 보여준다. 이것이 중요한 이유는 보고기업의 경제적자원과 청구권 그리고 기간 중 변동에 관한 정보는 그 기간의 현금 수취와 지급만의 정보보다 기업의 과거 및 미래 재무성과를 평가하는 데 더 나은 근거를 제공하기 때문이다.

한 기간의 보고기업의 재무성과에 대한 정보는 기업의 과거 및 미래 순현금유입 창출능력을 평가하는 데 유용하다. 이 정보는 보고기업이 이용가능한 경제적자원을 증가시켜온 정도, 그리고 그 결과로 재무활동(투자자와 채권자에게서 직접 추가 자원을 획득)이 아닌 영업활동을 통하여 순현금유입을 창출할 수 있는 능력을 증가시켜온 정도를 보여준다. 또한 이 정보는 기업의 경제적자원에 대한 경영진의 수탁책임을 평가하는 데에도 도움을 주며, 시장가격 또는 이자율의 변동과 같은 사건이 기업의 경제적자원 및 청구권을 증감시켜 기업의 순현금유입 창출능력에 영향을 미친 정도도 보여줄 수 있다.

(4) 과거 현금흐름이 반영된 재무성과

한 기간의 보고기업의 현금흐름에 대한 정보는 이용자들이 기업의 미래순현금유입 창출능력을 평가하고 기업의 경제적자원에 대한 경영진의 수탁책임을 평가하는 데에도 도움이 된다. 이 정보는 채무의 차입과 상환, 현금배당 등 투자자에 대한 현금 분배, 기업의 유동성이나 지급능력에 영향을 미치는 그 밖의 요인에 대한 정보를 포함하여, 보고기업이 어떻게 현금을 획득하고 사용하는지 보여준다. 또한 이 정보는 이용자들이 보고기업의 영업활동, 재무활동과 투자활동을 평가하고, 유동성과 지급능력을 평가하며, 재무성과에 대한 기타 정보를 해석하는 데 도움이 된다.

(5) 재무성과와 무관한 경제적자원 및 청구권의 변동

보고기업의 경제적자원 및 청구권은 채무상품이나 지분상품의 발행과 같이 재무성과와 관련이 없는 사유로도 변동될 수 있다. 이러한 유형의 변동에 관한 정보는 보고기업의 경제적자원 및 청구권이 변동된 이유와 그 변동이 미래 재무성과에 주는 의미를 이용자들이 완전히 이해하는 데 필요하다.

3 기업의 경제적자원 사용에 관한 정보

보고기업의 경영진이 기업의 경제적자원을 얼마나 효율적이고 효과적으로 사용하는 책임을 이행하고 있는지에 대한 정보는 이용자들이 해당 자원에 대한 경영진의 수탁책임을 평가하는 데 유용하다. 그러한 정보는 미래에 얼마나 효율적이고 효과적으로 경영진이 기업의 경제적자원을 사용할 것인지를 예측하는 데에도 유용하다. 따라서 그러한 정보는 미래순현금유입에 대한 기업의 전망을 평가하는 데 유용할 수 있다.

기업의 경제적자원 사용에 대한 경영진의 책임의 예로는 가격 및 기술 변화와 같은 경제적 요인들의 불리한 영향으로부터 해당 자원을 보호하고, 기업이 적용해야 하는 법률, 규제, 계약조항 등을 준수하는 것을 들 수 있다.

CHAPTER 2

유용한 재무정보의 질적특성

재무보고의 목적이 달성되기 위해서는 재무정보가 정보이용자의 의사결정에 유용해야 한다. 재무정보의 질적특성(qualitative characteristics)이란 재무정보가 유용하기 위해 갖추어야 할 주요 질적특성을 말하며, 재무정보의 유용성을 판단하는 기준이 된다. 즉, 유용한 재무정보의 질적특성은 재무보고서에 포함된 정보(재무정보)에 근거하여 보고기업에 대한 의사결정을 할 때 재무정보의 주요이용자에게 가장 유용할 정보의 유형을 식별하는 데 사용된다.[1)]

재무보고는 보고기업의 경제적자원, 보고기업에 대한 청구권 그리고 그 자원 및 청구권에 변동을 일으키는 거래와 그 밖의 사건 및 상황의 영향에 대한 정보를 제공한다(개념체계에서는 이러한 정보를 '경제적 현상에 대한 정보'라 함). 일부 재무보고는 보고기업에 대한 경영진의 기대 및 전략과 기타 형태의 미래전망 정보에 대한 설명 자료도 포함하고 있다.

유용한 재무정보의 질적특성은 재무제표에서 제공되는 재무정보뿐만 아니라 그 밖의 방법으로 제공되는 재무정보에도 적용된다. 보고기업의 재무정보 제공에 대한 포괄적 제약요인인 정보원가도 이와 마찬가지로 적용된다. 그러나 질적특성과 원가제약 적용시의 고려사항은 정보의 유형별로 달라질 수 있다. 예를 들면, 미래전망 정보에 이를 적용하는 것은 현재의 경제적자원 및 청구권에 관한 정보와 그 자원 및 청구권의 변동에 적용하는 것과 다를 수 있다.

재무보고의 목적과 유용한 재무정보의 질적특성

인식 및 제거, 분류, 측정 그리고 표시와 공시를 포함한 재무보고의 모든 측면에서 대안이 존재한다. 회계기준을 제정할 때 재무보고의 목적을 가장 잘 달성할 수 있는 대안을 선택해야 한다. 재무정보작성자들도 적용할 기준이 없거나 특정 기준을 적용하기 위해 판단이나 선택을 해야 하는 경우에는 재무보고의 목적을 달성할 수 있는 방식으로 대안을 선택해야 할 것이다.

일반목적재무보고의 목적에서 초점을 맞추는 의사결정자는 현재 및 잠재적 투자자,

1) 이러한 질적특성은 회계기준제정기구가 회계기준을 설정할 때 대체적 회계처리방법들을 비교평가할 수 있는 판단기준이 된다. 또한 이는 경영자와 감사인이 회계정책을 선택 또는 평가하거나, 정보이용자가 기업에서 사용한 회계처리방법의 적절성을 평가할 때 판단기준을 제공한다.

대여자와 기타 채권자이다. 그러나 그 목적 자체는 많은 판단의 여지를 남기는데, 판단하는 방법에 대한 지침은 거의 제공하지 않았다. 본장에서는 그 목적을 적용하는데 필요한 판단의 첫 단계를 기술한다. 즉, 재무보고의 목적을 충족하기 위해 재무정보가 갖추어야 할 질적특성을 식별하고 기술한다. 또한 정보원가, 즉 재무보고의 포괄적 제약요인에 대하여도 논의한다.

이후의 장에서 인식, 측정 및 재무보고의 다른 측면에 대해 살펴보는데, 여기에서 논의된 질적특성을 사용한다.

1 유용한 재무정보의 질적특성의 구별

재무정보가 유용하기 위해서는 목적적합해야 하고 나타내고자 하는 바를 충실하게 표현해야 한다. 재무정보가 비교가능하고, 검증가능하며, 적시성 있고, 이해가능한 경우 그 재무정보의 유용성은 보강된다.

[그림 2-1]은 회계정보의 질적특성에 대한 개념체계를 요약하여

[그림 2-1] 회계정보의 질적특성

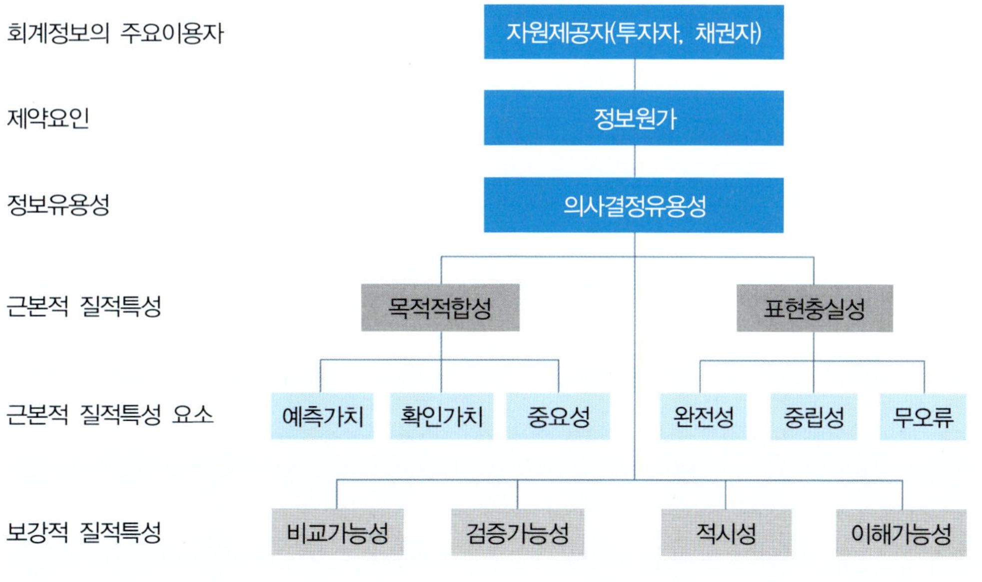

보여주고 있다.[2)]

근본적 질적특성(fundamental qualitative characteristics)은 목적적합성과 표현충실성이다. 즉, 목적적합하지 않거나 충실하게 표현되지 못한 정보는 유용성이 심각하게 저해되거나 상실된다는 것을 시사한다.

한편, 비교가능성, 검증가능성, 적시성 및 이해가능성은 목적적합성과 표현충실성 모두를 충족하는 정보의 유용성을 보강시키는 질적특성이다.[3)] 보강적 질적특성(enhancing qualitative characteristics)은 어떤 두 가지 방법이 현상을 동일하게 목적적합하고 충실하게 표현할 수 있다면 이 두 가지 방법 가운데 어느 방법을 선택해야 할지를 결정하는 데에 도움을 줄 수 있다. 환언하면, 보강적 질적특성은 그 자체로서 유용성을 가진다고 볼 수는 없으나 근본적 질적특성을 보강시켜주는 역할을 한다.

근본적 질적특성과 보강적 질적특성

개념체계는 가장 중요한 근본적 질적특성에 비하여 덜 중요하지만 여전히 매우 가치 있는 보강적 질적특성을 구별하고 있다. 그러나 모든 질적특성을 동등하게 보아야 하는 것 아닌가? 또 근본적 질적특성과 보강적 질적특성 간의 구별은 자의적인가? 또한 가장 중요한 질적특성은 상황에 따라 다르므로 질적특성을 구별하는 것은 부적절하지 않은가?

---

2) 회계기준위원회에서는 이 그림을 제시하지 않고 있는데, 독자들의 이해를 돕기 위하여 저자가 구성한 그림이다.

3) [포함되지 않은 질적특성] 투명성(transparency), 고품질(high quality), 내부적 일관성(internal consistency), 진실하고 공정한 견해(true and fair view) 또는 공정한 표시(fair presentation) 및 신뢰성(reliability)은 재무정보의 바람직한 질적특성으로 제안되어 왔다. 그러나 투명성, 고품질, 내부적 일관성, 진실하고 공정한 견해 또는 공정한 표시는 비교가능성, 검증가능성, 적시성 및 이해가능성으로 인해 보강된 목적적합성과 표현의 충실성이란 질적특성을 가지는 정보를 기술하는 다른 단어이다. 신뢰성은 이와 유사하지만 보고기업 경영진에 대한 신뢰도를 의미한다.

때로는 단순성(simplicity), 운영가능성(operationality), 실무적 적용가능성(practicability) 또는 실용성(practicality)과 수용가능성(acceptability)이 추가적인 질적특성으로 제시되고 있다. 그러나 이러한 항목은 질적특성이 아니다. 대신, 유용한 재무정보 제공의 효익 및 원가에 대해 전반적으로 가늠해 보는 것의 일환이 된다. 예를 들면, 더 단순한 회계처리방법은 더 복잡한 방법보다 적용원가가 낮을 것이다. 어떤 상황에서는 더 단순한 회계처리방법이 더 복잡한 회계처리방법에 따라 산출된 정보보다 다소 덜 정확하지만 사실상 같은 정보를 산출할 수 있다. 그 경우 회계기준을 제정할 때 표현충실성의 감소와 시행원가의 절감을 원가 대비 효익을 가늠하는 데 고려해야 할 것이다.

구별이 자의적이지는 않다. 왜냐하면 목적적합성과 표현충실성이라는 두 근본적 질적특성이 없는 재무정보는 유용하지 않기 때문이다. 더 비교가능하거나, 검증가능하거나, 적시성이 있거나, 이해가능하더라도 근본적 질적특성이 충족되지 않는 재무정보는 유용하지 않다. 그러나 목적적합하고 표현충실한 재무정보는 보강적 질적특성이 없더라도 여전히 유용할 수 있다.

2 근본적 질적특성

재무보고서는 경제적 현상을 글과 숫자로 나타내는 것이다. 재무보고서가 제공하는 재무정보가 유용하기 위한 근본적 질적특성으로는 목적적합성과 표현충실성이 있다. 이러한 질적특성이 없으면 정보의 유용성이 심각하게 훼손되거나 상실되므로 모든 회계정보는 정도의 차이는 있을지라도 근본적 질적특성을 갖도록 작성되고 전달되어야 한다.

(1) 목적적합성

목적적합성(relevance)은 의사결정을 함에 있어서 정보를 갖게 되면 정보가 없는 경우와 비교하여 '차이를 낼 수 있음(capable of making a difference)'을 의미한다. 정보는 일부 이용자들이 이를 이용하지 않기로 선택하거나 다른 원천을 통하여 이미 이를 알고 있다고 할지라도 의사결정에 차이가 나도록 할 수 있을 것이다.

의사결정에 차이가 나게 하는 재무정보

재무정보는 의사결정에 차이가 나도록 할 수 있는 경우에만 의사결정에 유용하다는 것은 자명하다. 개념체계에서 목적적합성은 그러한 능력을 기술할 때 사용되는 용어이다.

공개초안 및 그 밖의 적법한 절차(due process)에 따른 문서를 발표하는 주요 목적 가운데 하나는 제안된 회계기준이 요구하는 정보가 이용자들의 의사결정에 차이가 나도록 할 수 있는지에 대하여 정보이용자들의 의견을 구하기 위해서이다. 또한 회계기준제정기구는 제안된 회계기준, 향후 안건의 결정, 최근에 시행된 회계기준을 적용하여 보고된 정보의 영향 및 기타 사항을 논의하기 위하여 이용자들과 만나 목적적합성을 평가하고 있다.

재무정보에 예측가치나 확인가치가 있다면, 그 재무정보는 의사결정에 차이가 나도록 할 수 있다. 이용자들이 미래결과를 예측하기 위해 사용하는 절차의 투입요소로 재무정보가 사용될 수 있다면, 그 재무정보는 예측가치(predictive value)를 갖는다. 재무상태와 과거 재무성과에 대한 정보는 통상적으로 미래의 성과, 배당과 급여의 지급능력, 주가변동, 기업의 의무이행능력과 같이 정보이용자와 직접적 이해관계가 있는 사안을 예측하는 기초자료로 이용된다.

그러나 정보가 예측능력을 지니기 위하여 반드시 미래에 대한 예측정보 그 자체를 제고할 필요는 없다. 과거 사건도 그 표시방법에 따라 정보의 예측능력을 향상시킬 수 있다. 예를 들면, 재무성과표에서 기타포괄손익을 당기손익과 구분하여 표시할 경우 재무성과표의 예측가치가 향상될 수 있다고 본다.

한편, 재무정보가 과거 평가에 대해 피드백을 제공한다면, 즉 과거 평가를 확인하거나 변경시킨다면 확인가치(confirmatory value)를 갖는다.

재무정보의 예측가치와 확인가치는 상호 연관되어 있다. 예측가치를 갖는 정보는 확인가치도 갖는 경우가 많다. 예를 들면, 미래연도 수익의 예측 근거로 사용될 수 있는 당해 연도 수익 정보를 과거연도에 행한 당해 연도 수익 예측치와 비교할 수 있다. 그 비교 결과는 이용자가 그 과거 예측에 사용한 절차를 수정하고 개선하는 데 도움을 줄 수 있다.

예측가치와 확인가치(피드백가치)

재무정보의 주요이용자가 하는 많은 의사결정은 지분 투자나 대여 또는 다른 채무상품에서 발생하는 수익의 금액과 그 시기에 대한 묵시적 또는 명시적인 예측에 근거한다. 따라서 정보는 이용자들이 새로운 예측을 하거나, 기존 예측을 확인하거나 수정하는 데 도움이 되는 경우에만 의사결정을 하는 데 차이가 나도록 할 수 있다.

예측가치는 통계에서 사용되는 예측가능성(predictability) 및 지속성(persistence)과 같지 않다. 정보는 과거 또는 현재 사건의 궁극적 결과에 대한 예측에 사용될 수 있는 경우에 예측가치를 가진다. 한편, 통계에서는 연속선상에 있는 다음 숫자의 예상이 가능한 정확성을 말하기 위해 예측가능성을 사용하고, 연속되는 숫자가 과거에 변해왔던 것처럼 지속적으로 변하려는 경향을 말하기 위해 지속성을 사용한다.

정보의 목적적합성과 의사결정의 구체적인 형태인 행동은 별개의 문제이다. 예컨대 어느 회사의 주주가 재무정보에 근거하여 그 주식을 계속 보유하기로 했다면, 그것은 외관상 행동의 변화는 없으나 계속 보유하는 것이 유리하다고 판단한 의사결정이다. 새로운 정보가 이미 결정한 의사결정의 결과에 대한 불확실성을 감소시키면 목적적합한 것이며, 반드시 선택을 수정해야만 한다는 것은 아니다.

정보가 누락되거나 잘못 기재된 경우 특정 보고기업의 재무정보를 제공하는 "일반목적재무보고서에 근거하여 이루어지는 주요이용자들의 의사결정에 영향을 줄 수 있다면" 그 정보는 중요한 것이다. 즉, 중요성(materiality)은 개별 기업 재무보고서 관점에서 해당 정보와 관련된 항목의 성격이나 규모 또는 이 둘 모두에 근거하여 기업에 특유한(firm-specific) 측면의 목적적합성을 의미한다. 따라서 회계기준에서 중요성에 대한 획일적인 계량 임계치를 정하거나 특정한 상황에서 무엇이 중요한 것인지를 미리 결정할 수 없다.4)

중요성

중요성을 질적특성, 특히 목적적합성 및 표현충실성과 함께하는 경우에만 고려할 수 있는 재무보고의 제약요인으로 기술할 수도 있을 것이다. 또는 중요성이 모든 질적특성과 관련되므로 재무보고의 포괄적 제약요인일 수도 있다.

그러나 중요성이 포괄적이라 하더라도, 정보를 보고하는 보고기업의 능력에 대한 제약요인은 아니다. 오히려 중요하지 않은 정보는 이용자의 의사결정에 영향을 미치

4) IASB는 IFRS 실무서 제2호로 "중요성에 대한 판단(Making Materiality Judgement)"을 제시하였다. 이에 대해서는 [보론]에서 상세히 언급될 것이다.

지 않기 때문에 중요성은 목적적합성의 한 측면이라고 보는 것이 적합할 것이다. 더욱이 중요성은 기업 특유의 고려사항이므로 회계기준을 제정할 때 이를 고려하지 않을 것이다. 즉 중요성은 개별 기업 수준에서 적용하는 목적적합성의 한 측면이라고 보는 것이 타당할 것이다.

또한 중요성은 인식을 위한 최소요건(threshold for recognition)이라고 부르기도 한다. 왜냐하면 중요성은 재무제표의 표시와 관련된 임계치나 판단기준으로서 회계항목을 재무제표에 구분하여 표시하기 위한 요건이기 때문이다.

중요성은 정보가 제공하는 금액의 크기(magnitude)뿐만 아니라 정보의 성격(nature)에 의해 결정된다. 만약 어떤 재무제표항목의 금액이 중요하면 정상적인 회계측정 및 공시기준에 따라 회계처리 및 공시를 해야 한다. 그러나 금액이 사소한 경우에는 과목을 통합하거나 또는 별도의 공시를 생략하는 등의 방도를 마련하는 것이 적절하다고 볼 수 있다. 그러나 이 경우에도 금액이 적다고 해서 인식할 필요가 없다는 것은 아니며 단지 과목통합 등이 보다 합리적일 수 있다는 것을 의미한다.

정보의 성격에 따른 중요성의 예로서 신규사업부문에 관한 보고를 들 수 있는데, 신규사업부문 영업성과는 금액의 중요성과 관계없이 기업이 직면하고 있는 위험과 기회를 평가하는 데 영향을 미칠 수 있다. 다른 예로서 연간 100억원을 매출하는 회사의 매출원가가 1,000만원이 추가로 발생한 경우에는 이를 별도로 공시할 필요가 없지만, 동일한 금액이더라도 독과점법 위반으로 인하여 벌금으로 지급해야 한다면 이는 별도로 공시해야 하는 항목이다. 그러나 대부분의 경우에는 정보의 성격과 금액의 상대적 크기와 함께 고려되어야 한다.

(2) 표현충실성

재무보고서는 경제적 현상을 글과 숫자로 나타내는 것이다. 재무정보가 유용하기 위해서는 목적적합한 현상을 표현하는 것뿐만 아니라 나타내고자 하는 현상의 실질을 충실하게 표현해야 한다. 표현충실성

(faithful representation)은 그 정보가 나타내고자 하거나 나타낼 것으로 기대되는 거래나 사건을 충실하게 표현해야 한다는 것을 의미한다. 즉 표현충실성은 측정대상인 속성과 측정치의 일치도(correspondence between measurement and its attribute)를 의미한다. 예를 들면, 어느 사람의 키를 측정한 결과 178cm(측정치)이었고 그의 실제 키(속성)도 178cm라면 측정치와 그 속성이 일치한 충실한 표현이며, 만약 실제 키가 177.6cm라면 0.4cm의 오차를 갖는 표현이 된다. 마찬가지로 측정속성이 회사의 이익이라면, 회계측정절차에 따라 측정한 당기순이익이 이익을 충실하게 나타낼 때 표현충실성이 달성될 것이다.

많은 경우 경제적 현상의 실질과 그 법적 형식은 같다. 만약 같지 않다면, 법적 형식에 따른 정보만 제공해서는 경제적 현상을 충실하게 표현할 수 없을 것이다.

형식보다 실질의 우선

'형식보다 실질의 우선(substance over form)'을 표현충실성의 별개 구성요소로 보지 않고 있다. 왜냐하면 그렇게 하면 중복(redundant)되기 때문이다. 표현충실성은 재무정보가 단지 법적 형식만을 표현하는 것이 아닌 경제적 현상의 실질을 표현하는 것을 의미한다. 근원이 되는 경제적 현상의 실질과 다른 법적 형식을 표현하는 것은 충실한 표현이 될 수 없다.

한편, 이를 별도로 언급하지 않으면 회계기준에서 경제적 현상의 실질을 반영하는 것을 추구하지 않는 것으로 여길 수도 있다. 따라서 경제적 현상의 실질을 충실하게 표현해야 할 필요성을 명시적으로 언급하고 있다. 회계단위를 언급할 때에도 계약적 권리와 계약적 의무의 실질을 어떻게 충실하게 표현할 것인지도 설명하고 있다.

회계정보의 표현충실성은 항상 확보할 수는 없으나 가능한 한 충실한 표현을 제공했을 때 회계정보의 유용성이 제고된다. 회계정보는 나타내고자 하는 속성을 충실하게 표현하지 못할 위험이 있다. 이는 측정에 따른 오류가 있어서가 아니라 측정하고자 하는 거래나 사건을 식별하는 데 어려움이 있거나 거래나 사건에 부합하는 정보를 전달하기 위한 측정 및 표시방법을 고안하고 적용하는 데 본질적인 어려움이 있을 수 있기 때문이다.

경우에 따라서는 특정 항목의 재무적 영향에 대한 측정이 매우 불확실하기 때문에 기업이 일반적으로 그 항목을 재무제표에 인식하지 않을 수도 있다. 예를 들면, 내부적으로 창출된 영업권은 일반적으로 신뢰성 있게 식별하거나 측정하기 어렵다. 어떤 경우에는 특정 사항의 측정이 어렵더라도 일단 재무제표에 인식하고 인식 및 측정이 잘못되었을 가능성에 대해 공시하는 것이 보다 적절할 수 있다. 다른 예로서 무상으로 유형자산을 취득한 경우 자산을 ₩0으로 측정한다면 충실한 표현이라고 주장할 수 있지만 정보의 유용성은 높지 않을 것이다. 즉 충실한 표현이라도 목적적합성은 결여될 수 있어서 종합적으로 정보의 유용성이 낮을 수 있다. 이런 경우에는 무상으로 취득한 유형자산을 공정가치로 측정한다면, 표현충실성을 확보하면서 목적적합성이 충족되어 유용성이 높은 정보가 될 수 있다.

완벽한 표현충실성을 위해서는 재무정보 표시에 세 가지의 특성이 있어야 한다. 즉 재무정보는 완전하고, 중립적이며, 오류가 없어야 한다. 물론 완벽은 이루기 매우 어렵지만 회계기준을 제정할 때 가능한 한 이러한 특성을 극대화해야 한다.

완전한 서술(complete depiction)이란 필요한 기술과 설명을 포함하여 이용자가 서술되는 현상을 이해하는 데 필요한 모든 정보를 포함하는 것이다. 예를 들면, 자산 집합의 완전한 서술은 적어도 집합 내 자산의 특성에 대한 기술과 집합 내 모든 자산의 수량적 서술, 그러한 수량적 서술이 표현하고 있는 기술 내용(예를 들면, 역사적원가 또는 공정가치)을 포함한다. 일부 항목의 경우 완전한 서술은 항목의 질 및 성격, 그 항목의 질 및 성격에 영향을 줄 수 있는 요인과 상황, 그리고 수량적 서술을 결정하는 데 사용된 절차에 대한 유의적인 사실의 설명을 수반할 수도 있다.

중립적 서술(neutral depiction)이란 재무정보의 선택이나 표시에 편의(bias)가 없음을 나타낸다. 중립적 서술이 되려면 이용자들이 재무정보를 유리하게 또는 불리하게 받아들일 가능성을 높이기 위해 편파적이 되거나, 편중되거나, 강조되거나, 경시되거나 그 밖의 방식으로 조작해서는 안 된다. 그렇다고 중립적 정보가 목적이 없거나 행동에 대한 영향력이 없는 정보를 의미하지 않는다. 오히려 목적적합한 재무정보는 정의상 이용자들의 의사결정에 차이가 나도록 할 수 있는 정보이다.

중립성은 신중성에 기반을 두어야 한다. 신중성(prudence)은 불확실한 상황에서 판단할 때 주의를 기울이는 것이다. 즉, 자산과 수익이 과대평가(overstate)되지 않고 부채와 비용이 과소평가(understate)되지 않는 것을 의미한다. 마찬가지로, 신중을 기한다는 것은 자산이나 수익의 과소평가나 부채나 비용의 과대평가를 허용하지 않는다. 그릇된 평가(misstatements)는 미래기간의 수익이나 비용의 과대평가나 과소평가로 이어질 수 있다.

신중을 기하는 것이 비대칭의 필요성(예를 들면, 자산이나 수익을 인식하기 위해서는 부채나 비용을 인식할 때보다 더욱 설득력 있는 증거가 뒷받침되어야 한다는 구조적인 필요성)을 내포하는 것은 아니다. 그러한 비대칭은 유용한 재무정보의 질적특성이 아니다. 그럼에도 불구하고, 나타내고자 하는 바를 충실하게 표현하는 가장 목적적합한 정보를 선택하려는 결정의 결과가 비대칭성이라면, 특정 회계기준에서 비대칭적인 요구사항을 포함할 수도 있다. 우발손실은 조건이 충족되면 인식하지만 우발이익은 확정되기까지 인식하지 않는 경우가 그 예에 해당된다고 본다.

신중성의 의미와 사용

'신중성'이라는 용어는 다음과 같이 서로 다른 의미로 사용된다.

① **주의를 기울이는 신중성(cautious prudence)**: 불확실한 상황에서 판단할 때 주의를 기울여야 한다(비용이나 부채보다 수익이나 자산에 관련된 판단을 수행할 때 더 주의를 기울이는 것은 아님)는 의미로 사용한다.

② **비대칭적 신중성(asymmetric prudence)**[5]: 불확실한 수익보다 비용이 조기에 인식되어야 한다는 체계적인 비대칭(systematic asymmetry)의 적용을 의미하기 위해 사용한다. 그러한 비대칭성을 어떻게 달성할 수 있는지, 어느 정도까지 달성해야 하는지와 관련하여 다양한 견해가 있다. 예를 들어, 일부 이해관계자들은 신중성을 다음 중 하나와 같은 개념으로 사용하는 것을 지지하였다.

(가) 비용이나 부채의 인식보다 수익이나 자산의 인식을 위해 더 설득력 있는

5) 비대칭적 신중성은 흔히 보수주의(conservatism)로 더 잘 알려져 있는데, 개념체계에서는 보수주의라는 용어를 사용하지 않고 있다.

증거를 요구하는 신중성

(나) 이익보다 손실을 조기에 인식하는 측정기준의 선택을 요구하는 신중성

신중성을 이해하는 것은 '중립성'이라는 용어를 이해하는 것과 연관된다. 중립성은 두 가지 측면이 있다.

① **회계정책의 중립적 적용** : 선택한 회계정책을 중립적인, 즉 편의가 없는 방식으로 적용하는 것을 의미한다.

② **중립적인 회계정책의 선택** : 목적적합하고 나타내고자 하는 바를 충실하게 표현하는 정보를 제공하기 위해 회계정책을 선택하는 것을 의미한다. 충실한 표현은 서술이 중립적일 것을 요구한다.

이용자들이 재무정보를 유리하게 또는 불리하게 받아들일 가능성을 높이기 위해, 재무정보가 편파적이거나, 편중되거나, 강조되거나, 경시되거나 그 밖의 방식으로 조작되지 않는다면 그 정보는 중립적이다.

〈주의를 기울이는 신중성(cautious prudence)〉

이러한 신중성이 회계정책을 적용할 때 중립성을 달성하는 데 도움이 될 수 있다. 따라서 이러한 신중성은 자산, 부채, 자본, 수익 및 비용을 충실하게 표현할 수 있도록 도와준다. 이러한 의미를 명확하게 함으로써 다음과 같은 효과를 기대할 수 있다.

① 경영진이 자연스럽게 가질 수 있는 낙관성(optimism)에 작성자, 감사인, 규제기관이 대응할 수 있도록 도와준다. 예를 들면, 직접 관측할 수 없는 측정치를 추정하는 데 사용되는 투입변수를 선택할 때 주의를 기울일 필요가 있음을 강조한다.

② 보고기업이 회계정책을 적용하는 데 경영진의 편의가 개입될 위험을 줄일 수 있는 엄격한(rigorous) 회계기준을 개발할 수 있도록 도와준다.

개념체계에서 '신중성'이라는 용어를 사용하지 않으면, 일부 이해관계자들은 회계기준을 사용하여 작성한 재무정보가 중립적이지 않으며, 신중하지 못한(imprudent) 정보라고 여길 수도 있다. 따라서 자산과 부채 모두 과대평가되지도 과소평가되지도 않도록 양방향으로 주의를 기울여야 한다는 명확한 설명과 함께 '신중성'이란 용어를 불확실한 상황에서 판단할 때 주의를 기울이는 것으로 정의하고 있다.

〈비대칭적 신중성〉

'비대칭적 신중성'을 유용한 재무정보의 필수적인 질적특성으로 식별해야 한다고 보는 견해도 있는데, 그들이 제시하는 이유는 다음과 같다.

① 비대칭적 신중성은 투자자들이 상승잠재력(upside potential)보다는 하방위험(downside risk)에 더 관심을 가진다는 견해를 반영한다.

② 비대칭적 신중성은 회계기준에 이미 많이 포함되어 있으며, 이러한 사실을 개

념체계에서 인정해 주어야 회계기준을 개발할 때 비대칭적 신중성이 일관되게 적용될 수 있다.

③ 비대칭적 신중성은 주주에 대한 분배를 제한함으로써 미래 주주의 희생으로 현재 주주가 효익을 얻게 될 위험을 최소화한다.

④ 비대칭적 신중성은 경영진에 대한 보상을 제한함으로써 경영진의 기회주의(opportunism)를 감소시키고 장기적인 성장을 장려한다.

그러나 비대칭적 신중성이 개념체계에 반영되지 않았는데, 그 이유는 비대칭을 체계적으로 요구하는 것은 재무정보가 목적적합하고 충실하게 표현되어야 할 필요성과 상충될 수 있기 때문이다. 비대칭적 신중성을 모든 상황에 적용하도록 요구할 경우, 그 성격에 따라 다음과 같은 상황을 초래할 수도 있다.

① 모든 미실현이익의 인식을 금지한다. 일부 상황에서는, 예를 들면 많은 금융상품의 측정에 있어서 오히려 미실현이익을 인식하는 것이 재무보고서의 이용자들에게 목적적합한 정보를 제공하는 데 필수적이다.

② 관측가능한 시장가격에 근거하지 않는 모든 미실현이익의 인식을 금지한다. 일부 상황에서는 오히려 자산이나 부채를 현행가치(current value)로 측정하는 것(동시에 미실현이익을 인식함)이, 비록 그 현행가치가 활성시장에서 관측가능한 가격에 따라 직접적으로 결정된 것이 아닐지라도, 목적적합한 정보를 제공한다.

③ 어떤 자산에 대해 선택된 측정기준을 사용한 불편추정치(unbiased estimate)보다 낮은 금액으로 그 자산을 측정하거나, 부채를 그런 추정치보다 높은 금액으로 측정하는 것을 허용한다. 이 방식으로는 목적적합한 정보도, 충실하게 표현된 정보도 제공할 수 없다.

비록 체계적인 비대칭을 요구하지는 않았지만 모든 비대칭이 중립성과 상충되는 것은 아니다. 중립적인 회계정책의 선택이란 이용자들이 재무정보를 유리하게 또는 불리하게 받아들일 가능성을 높이려 하지 않는 방식으로 회계정책을 선택하는 것을 의미한다. 중립적인 회계정책의 선택은 다음과 같은 특성을 갖는다.

① 재무상태표에 기업의 가치를 인식할 것을 요구하지 않는다. 일반목적재무보고서는 보고기업의 가치를 보여주기 위해 고안된 것이 아니다.

② 모든 자산과 부채를 인식할 것을 요구하지 않는다. 개념체계에서는 인식기준에 대해 별도로 논의하고 있다.

③ 모든 자산과 부채를 현행가치로 측정할 것을 요구하지 않는다. 개념체계의 '측정' 부분에서는 측정기준을 선택할 때 고려해야 할 요소들을 논의하고 있다. 그러한 요소들에 대한 고려가 모든 자산과 부채를 현행가치로 측정하도록 하는 것은 아니다.

④ 역사적원가로 측정된 자산의 손상검사를 금지하지 않는다. 역사적원가(손상검사 포함)는 그 측정기준이 편의 없이 선택되었다면 중립성과 일관된다. 편의가 없다는 것은 이용자들이 재무정보를 유리하게 또는 불리하게 받아들일 가능성을 높이기 위해 정보가 편파적이거나, 편중되거나, 강조되거나, 경시되거나 그 밖의 방식으로 조작되지 않도록 측정기준을 선택하는 것을 의미한다.

따라서 회계기준에 비대칭적 요구사항이 포함되어 있을 수 있다. 그러나 이는 비대칭적 신중성을 적용한 결과라기보다는, 나타내고자 하는 바를 충실하게 표현하는 목적적합한 정보의 생산을 요구하기 위한 결정에 따른 결과이다. 그러한 결정은 이전에 개발되었던 여러 회계기준에 반영되어 있다. 예를 들어, K-IFRS 제1037호(충당부채, 우발부채, 우발자산)에서는 우발부채와 우발자산에 대하여 서로 다른 '인식임계치(recognition threshold)'를 요구한다.

보수주의(그리고 신중성)에 대한 견해

회계에서 보수주의(conservatism)나 신중성(prudence)을 적용하면 나쁜 소식에 비해 좋은 소식을 인식할 때 더 신중하게 된다. 이로써 손실은 이익보다 당기손익에 더 빨리 반영되고 순자산은 낮게 평가되게 된다.

보수주의는 표현충실성의 구성요소인 중립성(편의가 없음)과 배치된다. 그럼에도 불구하고 때로는 편의가 어떤 정보이용자에게는 더 유용한 정보를 산출할 수도 있기 때문에 편의를 항상 바람직하지 않은 것으로 가정해서는 안 된다는 견해도 있다. 즉 의도적으로 자산, 부채, 수익 및 비용 항목을 보수적으로 추정하는 것은 경영자가 과도하게 낙관적으로 추정하는 영향을 상쇄시키기 때문에 때로는 바람직하다는 것이다. 그러나 의도적인 왜곡뿐만 아니라 보수적인 회계처리도 편의를 유발할 가능성이 있다. 한 기간에 자산을 과소계상하거나 부채를 과대계상하게 되면, 당기의 재무성과는 낮아진다. 그러나 이후 기간 언젠가는 예전에 과소계상되었던 동일한 금액만큼 재무성과를 과대계상시키는 역전현상이 발생하게 되는데, 이는 보수적이지도 중립적이지도 않다.

중립성을 달성하기 어렵다는 주장도 있다. 그들은 목적적합한 정보는 목적을 가져야 하고 목적을 가진 정보는 중립적이지 않다고 주장한다. 다시 말하면 재무보고는 의사결정에 영향을 미치는 수단이기 때문에 중립적일 수 없다는 것이다. 그러나 보고된 재무정보가 정보이용자의 의사결정에 영향을 미칠 것으로 기대되고 또한 많은 정보이용자가 보고된 정보에 근거해서 유사한 행동을 취한다는 사실이 중립성의 부족을 의미하지는 않는다. 왜냐하면 정보이용자가 특정 행동을 취하도록 부추기거나 기대하지 않기 때문이다. 만일 사전에 정보이용자가 특정 행동을 취하거나 또는 취하지 않도록 부추긴다면 그 정보는 중립적이지 않다.

개념체계에서는 더 이상 보수주의를 회계정보를 유용하게 하는 질적특성으로 보지 않고 있다. 그럼에도 불구하고 일부 회계실무에서는 보수주의가 바람직한 것으로 받아들여지고 있다. 예를 들면, 기업은 재고자산의 가치하락으로 인한 손실을 인식하는 반면, 가치증가를 인식하는 것은 인정하지 않고 있다. 또한 우발이익을 인식하는 기준이 우발손실을 인식하는 기준보다 훨씬 더 까다롭다는 것이다. 이러한 실무를 정당화하는 한 이유는 투자자나 채권자가 투자손실이 발생했을 때 나쁜 소식을 강조하고 좋은 소식을 평가절하하면 소송위험에 말려들 가능성이 낮아진다는 것이다. 또 다른 이유는 보수적인 회계처리는 일반적으로 부채비율을 높이기 때문에 채권자들을 좋지 못한 경영으로부터 보호하는 차입조건을 작동하게 할 수 있다는 것이다. 따라서 개념체계에서는 보수주의에 대한 지지가 부족하지만 회계실무에서 그리고 몇 가지 회계기준을 적용하는 데 있어서 보수주의는 지속적으로 주요 고려사항이 될 가능성이 있다.

표현충실성은 모든 면에서 정확한 것을 의미하지는 않는다. 무오류(free from error)'란 현상의 기술에 오류나 누락이 없고, 정보를 생산하는 데 사용되는 절차의 선택과 적용에서 오류가 없음을 의미한다. 즉, 오류가 없다는 것은 모든 면에서 완벽하게 정확하다는 것을 의미하지는 않는다. 예를 들면, 관측가능하지 않은 가격이나 가치의 추정치는 정확한지 또는 부정확한지 결정할 수 없다. 그러나 추정치로서 금액을 명확하고 정확하게 기술하고, 추정절차의 성격과 한계를 설명하며 그 추정치를 도출하기 위한 적절한 절차를 선택하고 적용하는 데 오류가 없다면, 그 추정치의 표현은 충실하다고 할 수 있다.

재무보고서의 화폐금액을 직접 관측할 수 없어 추정해야만 하는 경우에는 측정불확실성(measurement uncertainty)이 발생한다. 합리적인 추정치의 사용은 재무정보의 작성에 필수적인 부분이며, 추정이 명확하고 정확하게 기술되고 설명되는 한 정보의 유용성을 저해하지 않는다. 측정불확실성이 높은 수준이더라도 그러한 추정이 무조건 유용한 재무정보를 제공하지 못하는 것은 아니다.

측정불확실성

표현충실성이라는 질적특성이 재무제표에 포함될 정보를 효과적으로 걸러내지 못할 수 있다는 우려가 있다. 즉, 개념체계가 높은 수준의 측정불확실성이 재무정보의 유용성을 저하시킬 수 있음을 반영하지 못할 수 있다. 개념체계에서 불확실성이 너무 큰 추정치는 유용한 정보를 제공하지 못할 수 있다는 의견을 다음과 같이 제시하고 있다.

> "표현충실성 그 자체가 반드시 유용한 정보를 만들어 내는 것은 아니다. 예를 들면, 보고기업은 정부보조금으로 유형자산을 받을 수 있다. 기업이 아무런 대가 없이 자산을 취득했다고 보고한다면 그 원가를 충실히 표현한 것은 분명하지만 그 정보는 아마도 매우 유용하지는 않을 것이다. 좀 더 미묘한 사례는 자산의 장부금액이 자산 가치의 손상을 반영하여 조정되어야 하는 금액의 추정치인 경우이다. 보고기업이 적절한 절차를 올바르게 적용하였고, 추정치를 올바로 기술했으며, 추정치에 유의적으로 영향을 미칠 수 있는 불확실성을 기술하였다면, 그 추정치는 표현충실성이 될 수 있다. 그러나 그러한 추정치에 불확실성의 수준이 충분히 크다면, 그 추정치가 별로 유용하지는 못할 것이다. 즉, 충실히 표현된 자산이라도 목적적합성이 의문스럽다는 것이다. 더 충실한 다른 표현을 할 수 없다면, 그 추정치가 최선의 이용가능한 정보를 제공하는 것일 수는 있다."

그럼에도 불구하고, 추정치의 불확실성 수준과 그 추정치의 유용성 간의 연결고리가 그렇게 뚜렷하지 않았다는 것만은 분명하고, 개념체계가 그러한 연결고리를 간과하는 것처럼 보인다. 이에 따라 앞의 본문에서 측정불확실성이 재무정보의 목적적합성에 어떤 영향을 미치는지를 검토하고 있다.

측정불확실성이 근본적 질적특성 중 목적적합성보다는 표현충실성의 한 측면이라고 보는데, 그 이유는 다음과 같다.

① 측정불확실성은 정보의 검증을 어렵게 한다. 검증가능성은 정보가 나타내고자 하는 바를 충실하게 표현하는지를 확인하는 데 도움을 준다. 측정불확실성 수준이 높을수록, 특정 추정치가 어떤 현상에 대한 충실한 표현을 제공한다는 데 대한 이용자들의 확신 수준이 낮아진다. 따라서 측정불확실성은 경제적 현상이 충실하게 표현될 수 있는지에 영향을 미친다.

② 근본적 질적특성을 적용하는 가장 효율적이고 효과적인 과정을 살펴보자. 목적적합성이라는 질적특성은 어떤 특정 정보가 유용할 수 있는지와 관련된다. 반면, 표현충실성이라는 질적특성은 그 정보가 충실한 표현을 제공하는지와 관련된다. 따라서 추정 과정과 관련된 측정불확실성은 목적적합성에 영향을 미치는 것이 아니라, 해당 추정치가 표현충실성을 달성하는 방식으로 제공될 수 있는지에 영향을 미친다.

③ 정보가 높은 수준의 측정불확실성을 내포하고 있더라도 목적적합할 수 있다. 예를 들면, 대상이 되는 현상(underlying phenomenon) 자체가 유의한 위험과 불확실성에 노출되어 있다면, 불확실성이 매우 높은 측정치만이 그 현상에 대하여 유일하게 목적적합한 정보를 제공할 수 있다.

따라서 개념체계에서는 측정불확실성을 표현충실성에 영향을 미치는 요소로 기술하고 있다. 또한, 측정불확실성을 표현충실성에서 다루는 것이 목적적합성과 표현충실성이라는 두 가지 근본적 질적특성 사이에 절충이 필요할 수 있다는 개념과도 일관성이 있다.

(3) 근본적 질적특성의 적용

정보가 유용하기 위해서는 목적적합하고 나타내고자 하는 바를 충실하게 표현해야 한다. 목적적합하지 않은 현상을 충실하게 표현하는 것이나 목적적합한 현상에 대한 충실하지 못한 표현 모두 이용자들이 좋은 결정을 내리는 데 도움이 되지 않는다.

근본적 질적특성을 가장 효율적이고 효과적으로 적용하기 위한 절차는 일반적으로 다음과 같다(보강적 특성과 원가제약요인의 영향을 받지만 여기에서는 고려하지 않았음).

〈첫째〉 보고기업의 재무정보이용자들에게 유용할 수 있는 정보의 대상이 되는 경제적 현상을 식별한다.

〈둘째〉 그 현상에 대한 가장 목적적합한 정보의 유형을 식별한다.

〈셋째〉 그 정보의 이용가능성과 경제적 현상의 표현충실성이 달성될 수 있는지 결정한다. 만약 그렇다면, 근본적 질적특성의 충족 절차는 그 시점에 끝난다. 만약 그렇지 않다면, 차선의 목적적합한 유형의 정보에 대해 동일한 절차를 반복한다.

경우에 따라 경제적 현상에 대한 유용한 정보를 제공한다는 재무보고의 목적을 달성하기 위해 근본적 질적특성간 절충(trade-off)이 필요할 수도 있다. 예를 들면, 어떤 현상에 대한 가장 목적적합한 정보가 매우 불확실한 추정치일 수 있다. 어떤 경우에는 추정치 산출에 포함된 측정불확실성의 수준이 너무 높아 그 추정치가 현상을 충분히 충실하게 표현할 수 있을지 의심스러울 수 있다. 그러한 경우에는 추정치에 대한 기술과 추정치에 영향을 미치는 불확실성에 대한 설명이 부연된다면, 매우 불확실한 추정치도 가장 유용한 정보가 될 수 있다. 그러나 그러한 정보가 현상을 충분히 충실하게 표현할 수 없는 경우에 가장 유용한 정보는 다소 목적적합성이 떨어지지만 측정불확실성이 더 낮은 다른 유형의 추정치가 될 수 있다. 때로는 유용한 정보를 제공하는 추정치가 없을 수도 있다. 이런 상황에서는 추정치가 아닌 정보를 제공해야 할 수 있다.

근본적 질적특성간의 절충

근본적 질적특성을 적용할 때 일부 상황에서 근본적 질적특성간 절충이 필요한가? 개념체계에서는 추정의 불확실성에 대한 목적적합성과 표현충실성 간 절충이 필요할 수 있음을 암시하고 있다. 즉 측정불확실성을 표현충실성에 영향을 미칠 수 있는 요소로 기술하고, 일부 상황에서는 목적적합성과 표현충실성 간 절충이 필요할 수 있다는 점을 명확히 하고 있다. 그러한 절충이 필요할 수 있는 경우는 높은 수준의 측정불확실성 때문에 어떤 추정치가 경제적 현상에 대하여 충분히 충실한 표현을 제공할 수 있는지 의문스러울 때이다.

목적적합성과 측정불확실성 간 절충이 필요할 수 있다는 점을 명시적으로 인정하면, 일부 경우(예를 들면, 매우 불확실한 추정치가 유일하게 목적적합한 정보인 경우) 추정치가 높은 수준의 측정불확실성을 지녔더라도 유용한 정보를 제공할 수 있는 이유를 설명하는 데 도움이 될 것이다.

표현충실성과 신뢰성

종전의 개념체계에서는 현재 표현충실성이라고 부르는 용어를 기술하기 위해 신뢰성(reliability)이라는 용어를 사용하였다. 예를 들면, 다음과 같이 설명하기도 하였다.

> "정보는 그 정보에 중요한 오류나 편의가 없고, 그 정보가 나타내고자 하거나 나타낼 것이 합리적으로 기대되는 대상을 "충실하게 표현하고 있다"고 이용자들이 믿을 수 있을 때 신뢰성을 가진다."

이러한 설명은 신뢰성의 의미를 명확히 전달하지 못했다고 본다. 신뢰성에 대해 공통된 이해가 부족했고, 때로는 신뢰성이 정확성을 의미한다고 생각하기도 했다. 이에 신뢰성이 의도한 의미를 더 명확히 전달할 수 있는 다른 용어, 즉 표현충실성이라는 용어가 제시되었다.

신뢰성을 표현충실성으로 대체하는 대신 신뢰성의 의미를 보다 잘 설명하는 것이 낫다는 의견도 있었다. 이들은 표현충실성이라는 질적특성에 대한 명칭(label)으로서 신뢰성이라는 용어를 사용해야 한다는 논거를 제시했는데, 이는 다음과 같다.

① 신뢰성이라는 용어가 표현충실성이라는 용어보다 더 명확하고 잘 이해된다.
② 종전 개념체계에 어떤 정보라도 설명만 충분하면 충실하게 표현될 수 있다는 점이 내포되어 있다. 표현충실성에 대한 이러한 해석은 신뢰성 있게 측정될 수 없는 항목의 인식을 허용할 것이다. 따라서 표현충실성이라는 질적특성은 재무제표에 포함시킬 정보의 유형을 효과적으로 걸러내지 못한다.
③ 종전의 개념체계는 목적적합성과 신뢰성이라는 질적특성간에 절충이 필요할 수 있음을 인정하였다. 더 목적적합하지만 덜 신뢰성 있는 정보, 더 신뢰성 있지만 덜 목적적합한 정보가 있을 수 있다. 이러한 절충관계가 '개념체계'에 빠지면 안 된다.
④ 재무제표가 믿을 만해야 한다는 생각은 '개념체계'에서 인정되어야 할 핵심개념이다. 그러한 개념을 보강적 질적특성(검증가능성) 정도로만 취급하는 것은 이 개념을 너무 경시하는 것이다.

위와 같은 의견들은 신뢰성을 본래의 의도와 다른 의미, 예를 들면 검증가능성의 개념을 의미하는 것으로 받아들이는 것이다. 따라서 이는 '신뢰성'이라는 용어를 '표현충실성'으로 대체하는 것이 타당함을 보여준다. 특히 회계기준에서 신뢰성이라는 개념이 다음과 같은 두 가지 방식으로 사용되고 있다.

① **측정불확실성 정도가 허용가능한 수준임을 의미하기 위해 사용 :** 이는 재무제표요소의 정의를 충족하는 항목은 경제적효익이 유입될 가능성이 높고 그 원가나 가치가 신뢰성 있게 측정될 수 있는 경우에 인식될 수 있다는 개념체계의 인식기준을 반영한다.
② **종전에는 '신뢰성'으로, 이제는 '표현충실성'으로 불리는 유용한 재무정보의 질적특성을 가리키기 위해 사용 :** 이러한 의미의 신뢰성은 회계기준에서 훨씬 덜 빈번하게 사용된다.

'신뢰성'이라는 용어를 '표현충실성'이라는 용어로 변경하기로 한 결정은 위에 기술된 '신뢰성'이라는 용어의 두 가지 용례와 관련된 혼란을 피하기 위한 것이었다. 많은 사람들이 여전히 '신뢰성'이라는 단어를 개념체계에 기술된 질적특성과 동일시하는 것이 아니라 측정불확실성의 허용가능한 수준과 동일시하는 경향이 있다. 따라서 현재 개념체계에서는 이전에 '신뢰성'이라고 불리던 질적특성에 대한 명칭 대신에 '표현충실성'이라는 용어를 사용하게 되었다.

개념체계가 재무보고에 있어서 측정불확실성의 역할을 적절하게 논의하지 못했다는 우려를 해소하기 위해 측정불확실성이 재무정보의 유용성에 어떻게 영향을 미치는지에 대한 논의를 포함하고 있다. 또한, 인식과 측정에서도 측정불확실성의 역할에 대해 논의하고 있다.

표현충실성은 실증적으로 측정될 수 있는가?

실증연구로 기업의 지분상품 또는 채무상품과 시장가격변동의 상관관계를 통해 목적적합하고 충실한 표현을 제공하는 재무정보를 지지하는 상당한 증거를 축적해 왔다. 그러나 그러한 연구는 목적적합성과는 별도로 표현충실성을 실증적으로 측정하기 위한 기법을 제공하지는 못하였다.

재무측정치가 충실하게 표현된 정도에 대한 통계정보를 제공하는 것이 바람직한 것일까? 통계정보를 제공하는 것이 전례가 없는 것은 아니다. 때로는 통계정보가 재무보고에 반영되기도 한다. 예를 들면, 일부 기업은 파생금융상품 및 이와 유사한 포지션의 손실예상액(value at risk)을 공시한다. 상황에 따라서는 재무보고를 위해 통계적 개념을 사용하는 것이 중요할 수 있겠지만 아직 재무보고에서 표현충실성을 계량화할 수 있는 방법을 찾지 못하였다.

3 보강적 질적특성

보강적 질적특성(enhancing qualitative characteristics)은 그 자체로서 유용성을 갖는 것은 아니지만 근본적 질적특성(목적적합성, 표현충실성)을 가진 정보의 유용성을 더욱 보강시켜주는 역할을 한다. 정보가 목적적합하지 않거나 표현충실하지 않으면, 보강적 질적특성으로는 개별적으로든 집단적으로든 그 정보를 유용하게 할 수는 없다. 그러나 목적적합하고 표현충실한 정보가 보강적 질적특성을 가지고 있으면 더욱 유용해진다.

보강적 질적특성은 만일 어떤 두 가지 방법이 모두 현상에 대하여 동일하게 목적적합한 정보이고 동일하게 충실한 표현을 제공하는 것이라면 이 두 가지 방법 가운데 어느 방법을 그 현상의 서술에 사용해야 할지를 결정하는 데에도 도움을 주는 재무정보의 특성이다.

(1) 비교가능성

재무정보의 주요이용자들의 의사결정은, 예를 들면 어느 기업에 투자할지를 선택하는 것과 같이 대안들 중에서 선택을 하는 것이다. 따라서 보고기업에 대한 정보가 다른 기업에 대한 유사한 정보 및 해당 기업에 대한 다른 기간이나 다른 일자의 유사한 정보와 비교될 수 있다면 더욱 유용하다. 비교가능성(comparability)은 이용자들이 항목간의 유사점과 차이점을 식별하고 이해할 수 있게 하는 질적특성이다. 다른 질적특성과 달리 비교가능성은 단 하나의 항목에 관련된 것이 아니다. 비교하려면 최소한 두 항목이 필요하다.

일관성은 비교가능성과 관련은 되어 있지만 동일하지는 않다. 일관성(consistency)은 한 보고기업 내에서 기간간 또는 같은 기간 동안에 기업간 동일한 항목에 대해 동일한 방법을 적용하는 것을 말한다. 비교가능성은 목표이고, 일관성은 그 목표를 달성하는 데 도움을 준다.

비교가능성은 통일성(uniformity, 혹은 획일성)을 의미하지 않는다. 정보가 비교가능하기 위해서는 비슷한 것은 비슷하게 보여야 하고 다른 것은 다르게 보여야 한다. 재무정보의 비교가능성은 비슷한 것을 달리 보이게 하여 보강되지 않는 것처럼, 비슷하지 않은 것을 비슷하게 보이게 한다고 해서 보강되지 않는다.

근본적 질적특성을 충족하면 어느 정도의 비교가능성은 달성될 수 있을 것이다. 목적적합한 경제적 현상에 대한 충실한 표현은 다른 보고기업의 유사한 목적적합한 경제적 현상에 대한 충실한 표현과 어느 정도의 비교가능성을 가져야 한다.

하나의 경제적 현상은 여러 가지 방법으로 충실하게 표현될 수 있으나, 동일한 경제적 현상에 대해 대체적인 회계처리방법을 허용하면 비교가능성이 감소한다.

비교가능성

충실한 표현을 제공하는 목적적합한 정보는 다른 기업이 보고한 유사한 정보 및 같은 기업이 다른 기간에 보고한 유사한 정보와 쉽게 비교될 수 있다면 가장 유용하다. 회계기준이 필요한 가장 중요한 이유 가운데 하나는 보고되는 정보의 비교가능성을 제고하기 위함이다.

보고된 재무정보가 비교가능하지 않더라도 목적적합하고 나타내고자 하는 바를 충실하게 표현하는 정보라면 여전히 유용하다. 그러나 비교가능한 정보라도 목적적합하지 않으면 유용하지 않으며, 나타내고자 하는 바를 충실하게 표현하지 않는 경우 오해를 일으킬 수 있다. 따라서 비교가능성은 근본적 질적특성 대신 보강적 질적특성으로 본다.

비교가능성과 통일

회계기준에서 특정 사건에 대한 회계처리방법을 제시하는 세 가지 접근법이 있는데, 이에는 엄격한 통일, 한정된 통일, 그리고 유연한 선택이 있다.

엄격한 통일(rigid uniformity)은 유사한 사건에 대해서는 단 한 가지 회계처리방법만으로 회계처리하도록 요구하는 접근법이다. 예를 들면, 미국의 GAAP에서 모든 연구개발비 지출을 비용으로 처리하도록 하는 것은 엄격한 통일의 적용이라고 볼 수 있겠다.

한정된 통일(finite uniformity)은 유사한 사건이라도 '관련 상황'에 따른 회계처리를 요구하는 접근법이다. 예를 들면, K-IFRS에서는 개발비지출의 자산성 여부에 따라 비용으로 처리하거나 자산화하도록 요구하고 있는데, 이것이 한정된 통일을 적용한 것이라고 본다.

이때 관련 상황(relevant circumstance)이란 상대적으로 유사한 사건간에도 경제적 차이가 존재하도록 유도하는 요인을 말한다. 예를 들면, 기업이 다른 기업의 주식을 소유하고 있는데, 지분의 크기에 따라 다른 기업에 유의한 영향력을 행사하거나 통제할 수도 있기 때문에 지분의 크기는 관련 상황이 된다. 이에 따라 한정된 통일의 접근법을 따른 현행의 회계기준은 투자주식의 지분율에 따라 공정가치 평가, 지분법 적용 또는 연결재무제표 작성을 요구하고 있다.

유연한 선택(flexibility)은 유사한 사건에 대해서도 다양한 회계처리방법을 선택할 수 있도록 허용하는 접근법을 말한다. 예를 들면, 유형자산의 감가상각에서 경영자가 큰 제한 없이 정액법이나 정률법을 선택하도록 한다든지 내용연수를 정하는 데 제한을 두지 않는 것이 유연한 선택이 된다.

회계정보는 비교가능성(comparability)이 있을 때 보다 유용하게 사용될 수 있을 것이다. 한편, 경영자들은 가능하다면 여러 가지 이유로 그들에게 유리한 회계처리방법을 선택할 가능성이 충분히 있다. 이러한 상황에서 어떤 접근법이 비교가능성을 높일 수 있을까? 회계처리 대상에 관련된 상황을 정확히 식별해 낼 수 있다면, 한정된 통일이 가장 적합할 것이다. 그러나 많은 사건의 경우 이에 관련된 상황을 식별하기가 어렵기 때문에 회계기준은 때로는 엄격한 통일이나 유연한 선택이라는 접근법을 채택할 수밖에 없기도 하다.

(2) 검증가능성

검증가능성은 정보가 나타내고자 하는 경제적 현상을 충실히 표현하는지를 이용자들이 확인하는 데 도움을 준다. 검증가능성(verifiability)은 합리적인 판단력이 있고 독립적인 서로 다른 관찰자가 어떤 측정대상에 대한 기술이 충실한 표현이라는 데에 대하여 의견을 같이할 수 있는 정도를 의미한다. 예를 들어 어떤 측정대상의 길이를 측정한 결과, 관찰자 A가 178cm로 측정했고, 다른 관찰자들도 178cm와 매우 가까운 측정을 했다면 해당 대상에 대한 측정의 검증가능성이 높은 것이다. 만약 다른 관찰자들의 측정치가 178cm와 매우 큰 차이를 보인다면, 이는 검증가능성이 낮은 것이다.

검증가능성은 합리적인 판단력이 있고 독립적인 서로 다른 관찰자가 어떤 서술이 표현충실성에 있어 비록 반드시 완전히 의견이 일치하지는 않더라도, 합의에 이를 수 있다는 것을 의미한다. 계량화된 정보가 검증가능하기 위해서 단일 점추정치(point estimate)이어야 할 필요는 없다. 가능한 금액의 범위(range) 및 관련된 확률(probability)도 검증될 수 있다.

검증은 직접적 또는 간접적으로 이루어질 수 있다. 직접 검증은, 예를 들면 현금을 세는 것과 같이 직접적인 관찰을 통하여 금액이나 기타 표현을 검증하는 것을 의미한다. 간접 검증은 모형, 공식 또는 기타 기법에 의해 투입요소를 확인하고 그 결과를 재계산하는 것을 의미한다. 예를 들면, 투입요소(수량과 원가)를 확인하고 같은 원가흐름 가정(예, 선입선출법)을 사용하여 기말 재고자산을 재계산하여 재고자산의 장부금액을 검증하는 것이다.

미래 일정기간 전까지는 어떤 설명과 미래전망 재무정보를 검증하는 것이 불가능할 수 있다. 이 경우 이용자들이 그 정보의 이용여부를 결정하는 데 도움을 주기 위해서는 일반적으로 기초가 된 가정, 정보의 작성방법과 정보를 뒷받침하는 기타 요인 및 상황을 공시하는 것이 필요하다.

검증가능성

보고된 재무정보에 중요한 오류와 편의가 없고 그 재무정보가 나타내고자 하는 바를 표현하고 있다고 이용자들이 믿을 수 있는 확신을 주기 위해서는 그 정보가 검증가능해야 한다.

검증가능성을 표현충실성의 한 측면으로 보면 쉽게 검증가능하지 않은 정보가 제외될 수 있다. 목적적합한 재무정보를 제공하는 데 매우 중요하다고 할 수 있는 다수의 미래전망치(예를 들면, 예상현금흐름, 내용연수 및 잔존가치)를 직접 검증할 수 없다. 그러나 이러한 추정치에 관련된 정보를 제외하는 것은 재무보고의 유용성을 떨어뜨릴 수 있다. 따라서 검증가능성을 매우 바람직하나 반드시 요구되는 것은 아닌 보강적 질적특성으로 구분한다.

(3) 적시성

적시성(timeliness)은 의사결정에 영향을 미칠 수 있도록 의사결정자가 정보를 제때에 이용가능하게 하는 것을 의미한다. 일반적으로 정보는 오래될수록 유용성이 낮아진다. 그러나 일부 정보는 보고기간말 후에도 오랫동안 적시성이 있을 수 있다. 예를 들면, 추세를 식별하고 평가하는 데 과거 정보를 필요로 할 수 있기 때문이다.

적시성

적시성을 목적적합성의 한 측면으로 기술할 수도 있다. 그러나 예측가치와 확인가치가 목적적합성의 일부라는 것과 같은 의미에서 적시성이 목적적합성의 일부가 되어서는 안 된다. 즉, 적시성은 목적적합성의 다른 구성요소와는 다르다.

적시성은 매우 바람직하지만, 목적적합성과 표현충실성만큼 중요하지는 않다. 적시성 있는 정보는 목적적합하고 나타내고자 하는 바를 충실하게 표현할 때만 유용하다. 이와는 반대로 나타내고자 하는 바를 충실하게 표현하는 목적적합한 정보는 바람직할 만큼 적시에 보고되지 않았더라도 (특별히 확인 목적으로는) 여전히 유용할 수 있다.

(4) 이해가능성

이해가능성(understandability)이란 정보가 명확하고 간결하게 분류되고, 특징지어지고, 표시되어 정보이용자가 이해할 수 있어야 한다는 것을 의미한다. 일부 현상은 본질적으로 복잡하여 이해하기 쉽지 않다. 이 경우 그 현상에 대한 정보를 재무보고에서 제외하면, 재무보고서의 정보를 더 이해하기 쉽게 할 수 있다. 그러나 그 보고서는 불완전하여 잠재적으로 오도할 수 있음에 유의해야 한다.

이해가능성은 두 가지 측면을 갖는데, 하나는 이해가능한 형태로 제공되어야 한다는 것이며, 또 하나는 정보이용자가 재무정보를 이해할 수 있는 능력을 갖도록 노력해야 한다는 것이다. 때로는 박식하고 부지런한 이용자들도 복잡한 경제적 현상에 대한 정보를 이해하기 위해서 자문가의 도움을 받는 것이 필요할 수 있다.

이해가능성

재무보고서를 이해해야 할 이용자들의 책임에 대한 오해가 있다. 예를 들면, 새로운 회계처리방법으로 인해 이용자들의 의사결정에 유용한 정보를 보고하게 되더라도 일부 이용자들이 그 회계처리방법을 이해하기 어렵다면 새로운 회계처리방법을 시행해서는 안 된다는 주장도 있다. 이는 이해가능성이 목적적합성보다 더 중요하다고 보기 때문이다.

오해되는 부분을 명확히 하기 위해, 개념체계에서는 이용자들은 보고된 재무정보를 분석하기 위한 합리적인 노력을 기울일 의지만을 가져야 하는 것이 아니라 그 정보를 분석하기 위하여 사실상 합리적인 노력을 기울일 책임이 있음을 명시하고 있다. 또한 이용자들은 특히 복잡한 경제적 현상을 이해하기 위해 전문가의 도움을 구할 필요가 있을 수도 있다.

이해가능성에 대한 고려가 핵심적인 것이라면 매우 복잡한 사항에 대한 정보는 그 정보가 목적적합하고 나타내고자 하는 바를 충실하게 표현하더라도 보고하지 않는 것이 적절할 수 있다. 이해가능성을 보강적 질적특성으로 분류한 것은 이해하기 어려운 정보가 가능한 한 명확히 표시되고 설명되어야 한다는 점을 나타낸 것이다.

(5) 보강적 질적특성의 적용

보강적 질적특성은 가능한 한 극대화되어야 한다. 그러나 보강적 질적특성은 정보가 목적적합하지 않거나 나타내고자 하는 바를 충실하게 표현하지 않으면, 개별적으로든 집단적으로든 그 정보를 유용하게 할 수 없다.

보강적 질적특성의 적용은 어떤 정해진 순서를 따르지 않는 반복적인 과정이다. 때로는 하나의 보강적 질적특성이 다른 질적특성의 극대화를 위해 희생되어야 할 수도 있다. 예를 들면, 새로운 회계기준의 전진 적용으로 인한 비교가능성의 일시적 감소는 장기적으로 목적적합성이나 표현충실성을 향상시키기 위해 감수될 수도 있다. 적절한 공시를 통해 비교가능성의 미비를 부분적으로 보완할 수 있다.

4 재무보고에 대한 원가제약

원가는 재무보고로 제공될 수 있는 정보에 대한 포괄적 제약요인(pervasive constrains)이다. 재무정보의 보고에는 원가가 소요되고, 해당 정보 보고의 효익이 그 원가를 정당화하는 것이 중요하다. 원가제약을 판단하기 위해서 몇 가지 유형의 원가와 효익을 고려해야 할 필요가 있다.

재무정보의 제공자에게는 재무정보의 수집, 처리, 검증 및 전달을 하기 위해 정보제공원가가 발생한다. 즉 회계처리원가와 감사수수료 등의 검증원가가 발생한다. 이러한 정보제공원가는 궁극적으로 수익 감소의 형태로 재무정보이용자들에게 전가된다. 재무정보이용자들에게도 제공된 정보를 분석하고 해석하는 데 원가가 발생한다. 필요한 정보가 제공되지 않으면, 그 정보를 다른 곳에서 얻거나 그것을 추정하기 위한 추가적인 원가가 이용자들에게 발생한다.

목적적합하고 표현충실한 재무정보를 보고하는 것은 이용자들이 더 확신을 가지고 의사결정을 하는 데 도움이 된다. 이것은 자본시장이 더 효율적으로 기능하도록 하고, 경제 전반적으로 자본비용을 감소시킨다. 재무정보의 주요이용자도 더 많은 정보에 근거한 의사결정을 함으로써 효익을 얻는다. 그러나 모든 이용자가 목적적합하다고 보는 모든 정보를 일반목적재무보고서에서 제공하는 것은 불가능하다.

원가제약(cost constraints)을 적용하기 위해서는 특정 정보를 보고하는 효익이 그 정보를 제공하고 사용하는 데 발생한 원가를 정당화할 수 있을 것인지를 평가해야 한다. 회계기준을 제정하는 과정에 원가제약의 개념을 적용할 때, 그 회계기준의 예상되는 효익과 원가의 성격 및 양에 대하여 재무정보의 제공자, 이용자, 외부감사인, 학계 등에서 정보를 구한다. 대부분의 경우 양적 및 질적 정보 모두에 근거하여 원가-효익을 평가한다.

개인들이 갖는 본질적인 주관성으로 인하여 특정 재무정보 항목을 보고하는 원가-효익에 대한 평가는 개인마다 달라진다. 따라서 단지 개별 보고기업과 관련된 원가와 효익에 국한하지 않고 일반적인 재무보고와 관련된 원가와 효익을 고려해야 한다. 그렇다고 원가-효익의 평가가 모든 기업에 대하여 동일한 보고 요구사항을 적용하라는 의미는 아니다. 기업규모의 차이, 자본조달방법(공모 또는 사모)의 차이, 이용자 요구의 차이, 기타 다른 요인에 따라 차이를 인정해 주는 것이 적절할 수 있다.

재무보고에 대한 원가제약

원가는 재무정보 제공자 및 이용자뿐만 아니라 회계기준을 제정할 때 가능한 새로운 재무보고 요구사항의 효익을 고려할 때 염두에 두어야 할 포괄적 제약요인이다. 원가는 정보의 질적특성이 아니다. 원가는 정보를 제공하는 데 사용되는 과정적 특성이다.

회계기준제정기구는 제안된 회계기준에 따라 기업이 제공해야 하는 정보의 수집 및 처리 원가에 대한 정보를 입수할 수 있는 체계적인 방법을 개발하기 위한 노력을 경주해오고 있다. 주로 사용되는 방법은 특정 제안에 대하여 때로는 공식적으로(현장조사 및 설문조사 등) 이해관계자에게 실행가능한 범위에서 계량화된 원가 및 효익 정보를 제출하도록 요구하는 것이다. 이러한 노력을 통해 유익한 정보를 얻고 관련 효익의 감소는 최소화시키면서 원가는 절감되는 방안을 강구하게 된다.

5 재무보고의 목적과 유용한 재무정보의 질적특성

인식, 제거, 측정, 분류, 표시와 공시를 포함한 재무보고의 모든 측면에서 대안들이 존재한다. 회계기준을 제정할 때 재무보고의 목적을 가장 잘 달성할 수 있는 대안을 선택하고자 한다. 재무정보작성자들도 적용가능한 기준이 없거나 특정 기준을 적용하기 위해 판단이나 선택을 해야 하는 경우에는, 재무보고의 목적을 달성할 수 있는 방식으로 이러한 대안들 중에서 선택해야 할 것이다.

일반목적재무보고의 목적에 대해서는 많은 판단의 여지를 주고 그 판단을 어떻게 하는지에 대한 지침은 거의 제공하지 않는다. 본장에서는 그 목적을 적용하는 데 필요한 판단의 첫 단계를 기술하였다. 즉, 재무보고의 목적을 충족하기 위해 재무정보가 갖추어야 할 질적특성을 식별하고 기술한다. 그리고 원가, 즉 재무보고의 포괄적 제약요인에 대하여도 논의하고 있다. 이러한 질적특성은 인식, 측정 및 재무보고의 다른 측면에 대한 선택을 하는 데 도움이 될 것이다.

보론 중요성에 대한 판단

IASB의 IFRS 실무서 제2호(중요성에 대한 판단, 이하 '실무서')는 기업이 K-IFRS에 따라 일반목적재무제표를 작성할 때의 중요성 판단에 대한 지침을 제공한다. 또한 이 지침은 재무보고에 관여하는 기타 당사자에게 기업이 재무제표를 작성할 때 중요성 판단방법을 이해하는 데에도 도움이 될 수 있다. 다만, 이 실무서는 비강제적 지침이므로, K-IFRS를 준수하였다고 언급하기 위해 이 실무서를 적용해야 하는 것은 아니다.

비강제적 지침

중요성 판단에 관한 지침을 비강제지침의 형태로 제공하기로 한 이유는 다음과 같다.

① 기준서 형태의 강제규정을 발행할 경우 지시적으로 보일 위험이 있고, 따라서 중요성 평가시 기업이 판단을 해야 한다는 강조사항이 퇴색될 수 있다.

② K-IFRS 제1001호와 같은 특정 기준서를 뒷받침하는 비강제적 적용지침이 아니라 별도의 비강제적 문서로서 지침을 발행하였다. 그 결과 중요성 개념이 모든 K-IFRS 기준서에 걸쳐 보편적으로 적용된다는 점을 강조하고 있다.

더욱이 기준서 형태로 강제규정을 추가할 경우 법률이나 규제 체계와 상충될 위험이 있을 수 있다. 그러나 비록 K-IFRS의 중요성 요구사항과 상호작용하는 법률이나 규제의 요구사항이 있더라도 그러한 요구사항이 기업으로 하여금 K-IFRS 요구사항을 적용하지 못하도록 막지 않는 한 실무서의 지침과 상충되지는 않을 것이다.

적용범위

실무서의 목적은 기업이 K-IFRS에 따라 일반목적재무제표를 작성할 때의 중요성 판단에 대한 지침을 제공하는 데 있다. 실무서에서 대상으로 하는 이용자는 재무제표 작성에 관여하는 당사자들만으로 한다. 그러나 이 실무서가 감사인, 재무제표이용자, 규제기관과 집행기관 등 기타 이해관계자들이 기업이 재무제표를 작성하면서 중요성 판단을 할 때 따르는 접근방법을 이해하는 데에도 도움을 줄 것이다. 한편, 이 실무서는 재무제표 작성 외의 목적으로 중요성을 평가하는 데에는 적용되지 않는다.

중요성은 재무보고뿐만 아니라 다른 목적을 위해 널리 사용되는 일반적 개념이다. 예를 들면, 감사인은 중요성 관점에서 재무제표가 적용가능한 재무보고체계에 따라 작성되었는지 의견을 표명하기 위해 수행되어야 할 업무의 성격, 시기 및 범위에 관해 판단을 할 때 일반적으로 중요성 평가를 한다. 재무제표작성자와 감사인 모두 재무제표이용자의 의사결정에 영향을 미칠 것이라고 합리적으로 예상되는 정보에 초점을 맞춘다.

1 중요성의 일반적 특성

(1) 중요성의 정의

재무보고를 위한 개념체계(이하 개념체계)에서는 중요성을 다음과 같이 정의하고 있다.

> "정보가 누락되거나 잘못 기재된 경우 특정 보고기업에 대한 재무정보를 제공하는 일반목적재무보고서에 정보를 누락하거나 잘못 기재하거나 불분명하게 하여 이를 기초로 내리는 주요이용자의 의사결정에 영향을 줄 것으로 합리적으로 예상할 수 있다면 그 정보는 중요한 것이다. 즉, 중요성은 개별 기업의 재무보고서 관점에서 해당 정보와 관련 항목의 성격이나 규모 또는 이 둘 모두에 근거하여 해당 기업에 특유한 측면의 목적적합성을 의미한다."

재무보고의 목적을 달성하기 위해 기업은 중요성 판단을 적절히 적용하여 필요한 정보를 식별한다. 중요성 판단은 재무보고의 주요이용자가 그 재무보고에 기초하여 의사결정을 할 때 정보가 주요이용자에게 합리적으로 어떻게 영향을 미칠 것인지 고려해야 한다.

(2) 중요성 판단의 보편성

중요성 판단은 재무제표를 작성할 때 보편적으로 필요하다. 즉, 인식, 측정, 표시 및 공시에 관한 의사결정을 할 때 중요성 판단을 한다. K-IFRS의 요구사항은 주요 재무제표와 주석을 포함한 전체 재무제표에 미치는 영향이 중요한 경우에만 적용할 필요가 있다. 그러나 기업의 재무상태와 재무성과를 특정한 의도대로 표시하기 위하여 K-IFRS에 위배된 회계정책을 적용하는 것은 그것이 중요하지 않더라도 적절하다고 할 수 없다.

1) 인식과 측정

K-IFRS는 보고 요구사항을 규정하여, 재무제표가 주요이용자에게 기업의 재무상태와 재무성과에 관한 유용한 정보를 제공할 수 있도록 한다. 기업은 적용 결과 그 영향이 중요할 때에만 인식과 측정 요구사항을 적용해야 한다.

사례 회계정책의 적용에 대한 중요성 판단

|배경| 기업은 특정 기준액을 초과하는 유형자산에 대한 지출을 자본화하고 그 기준액보다 작은 금액은 비용으로 인식하는 정책을 보유하고 있다.

|적용| K-IFRS 제1016호(유형자산)에서는 유형자산의 원가가 특정 기준을 충족할 경우 자산으로 인식하도록 요구한다. 기업은 특정 기준 이하의 지출을 비용처리하는 회계정책이 당기 재무제표 또는 미래 재무제표에 중요한 영향을 미치지 않을 것으로 평가했다. 왜냐하면 그러한 지출의 자본화와 상각을 반영한 정보가 그 기업 재무제표의 주요이용자의 의사결정에 영향을 미칠 것이라고 합리적으로 예상하지 않기 때문이다.

그러한 정책이 재무제표에 중요한 영향을 미치지 않고 기업의 재무상태 또는 재무성과를 특정한 의도대로 표시하기 위해 정해지지 않았다면, 그 기업의 재무제표는 K-IFRS 제1016호를 준수하여 작성된 것이다. 그러나 그러한 정책이 기업의 재무제표에 미치는 영향이 중요하지 않다는 것을 확실히 하기 위해서 그 정책을 매 보고기간마다 재평가한다.

2) 표시와 공시

K-IFRS에서 명시한 공시사항이라 하더라도 공시되는 정보가 중요하지 않다면 그 공시를 제공할 필요는 없다. 이는 기준에 '최소요구사항'으로 기술되어 있더라도 그러하다. 이와는 반대로, 주요이용자가 특정 거래, 사건 및 상황이 기업의 재무상태와 재무성과에 미치는 영향을 이해하는 데 필요하다면, K-IFRS에 명시되지 않은 정보라 하더라도 기업은 추가 공시 여부를 고려해야 한다.

사례 공시사항에 대한 중요성 판단

(1) K-IFRS에 명시된 공시사항에 대한 중요성 판단

|배경| 기업은 재무상태표에서 유형자산을 별도 항목으로 구분하여 표시한다.

|적용| K-IFRS 제1016호(유형자산)에서는 유형자산을 취득하기 위한 약정액을 포함하여 유형자산에 대한 구체적인 공시 요구사항을 정하고 있다.

재무제표를 작성하면서 기업은 K-IFRS 제1016호에 명시된 공시사항이 중요한 정보인지를 평가한다. 유형자산이 재무상태표에 별도 항목으로 구분되어 표시되더라도 명시된 모든 공시사항이 자동으로 요구되는 것은 아니다. 질적 고려사항이 없다고 가정할 경우, 유형자산을 취득하기 위한 약정액이 중요하지 않다면 기업은 해당 정보를 공시할 필요가 없다.

(2) 중요성 판단 결과 K-IFRS의 특정 공시 요구사항에 추가하여 정보를 공시하는 경우

|배경| 기업은 국제 협약의 일환으로 탄소 기반 에너지 사용을 줄이기 위한 규제의 도입을 확약한 국가에서 주된 영업활동을 하고 있다. 이 규제는 보고기간말 현재 아직 해당 국가의 법률로 제정되지 않았다.

기업은 해당 국가에서 석탄 화력발전소를 보유하고 있다. 보고기간에 석탄 화력발전소의 손상차손을 기록하고 장부금액을 회수가능액으로 감액하였다. 관련 현금창출단위에 영업권이나 내용연수가 비한정인 무형자산이 없다.

|적용| K-IFRS 제1036호(자산손상)에서는 관련 현금창출단위의 장부금액에 영업권이나 내용연수가 비한정인 무형자산이 없는 한, 유형자산의 회수가능액을 산정하기 위해 사용한 가정의 공시를 요구하고 있지 않다. 그러나 기업은 석탄 화력발전소의 회수가능액을 측정할 때 고려한 탄소 기반 에너지 사용을 줄이는 규제의 입법 계획 및 가능성에 대한 가정이 그 기업의 재무제표를 기초로 의사결정을 하는 주요이용자에게 영향을 미칠 것이 합리적으로 예상가능하다고 결론지었다. 따라서 그러한 가정에 관한 정보는 재무정보의 주요이용

자가 손상차손의 영향을 이해하는 데 필요하다.

K-IFRS 제1036호에서 명시적으로 요구하고 있지는 않지만, 기업은 탄소 기반 에너지의 사용을 줄이는 규제의 입법 계획 및 입법 가능성에 대한 가정이 중요한 정보라고 결정하고 재무제표에 그 가정을 공시한다.

3) 판 단

재무제표에서 정보의 중요성을 평가할 때, 기업은 재무제표에 기초한 주요이용자의 의사결정에 해당 정보가 영향을 미칠 것이라고 합리적으로 예상되는지를 판단해야 한다. 이러한 판단을 할 때, 구체적 상황과 제공된 정보가 주요이용자의 정보수요를 어떻게 충족시키는지를 모두 고려해야 한다. 또한 상황은 시간이 지남에 따라 변할 수 있기 때문에 각 보고일에 중요성 판단을 재평가해야 한다.

4) 주요이용자와 그들의 정보수요

중요성 판단을 할 때, 정보가 재무제표의 주요이용자에게 영향을 미칠 것이 합리적으로 예상되는지 고려해야 한다. 이러한 주요이용자는 기업에게 직접 정보를 제공하도록 요구할 수 없어 그들이 필요로 하는 재무정보의 많은 부분을 일반목적재무제표에 의존한다. 또한 기업은 주요이용자가 사업활동과 경제활동에 대해 합리적인 지식이 있고 재무제표에 포함된 정보에 대해 열심히 검토하고 분석할 것이라고 예상해야 한다.

:: 사례 현재 및 잠재적 투자자, 대여자와 기타 채권자

|배경| 지배기업이 100% 소유하고 있는 종속기업이 있다. 지배기업은 종속기업에게 반제품을 제공하고, 종속기업은 이를 조립하여 다시 지배기업에게 판매한다. 종속기업은 전적으로 지배기업에게서 자금을 조달받는다. 종속기업 재무제표의 현재 이용자는 지배기업과 채권자(주로 현지 공급업체)를 포함한다.

|적용| 중요성 판단을 할 때 종속기업은 지배기업이나 현재 채권자만이 관심을 갖는 정보만으로 공시사항을 축소하지 않고 잠재적 투자자, 대여자와 기타 채권자의 정보수요도 고려한다.

기업은 주요이용자들이 재무제표에 기초하여 어떤 유형의 의사결정을 하고, 그러한 의사결정을 하는 데 필요한 정보가 무엇인지를 고려할 필요가 있다. 중요성 판단을 할 때 정보가 주요이용자의 의사결정에 영향을 줄 것이라고 합리적으로 기대되는지를 평가해야 한다. 또한 일반목적재무제표는 주요이용자의 공통된 정보수요를 충족하는 데 목적을 두어야 한다.

주요이용자와 그들의 정보수요

실무서는 중요성 판단을 할 때에는 주요이용자를 고려해야 함을 강조한다. 그러나 기업으로 하여금 주요이용자 중 이질적 부분집합을 식별하도록 요구하거나, 그러한 이용자들이 가질 수도 있는 특별한 정보수요나 기대에 초점을 맞추면 일반목적재무제표의 정의를 확장시킬 수도 있다.

중요성 판단을 할 때 주요이용자가 필요로 하는 모든 정보를 제공하는 것은 일반목적재무제표의 목적이 아님에 유의해야 한다. 다시 말하면, 기업이 독특하고 개별적인 정보요구사항을 다루어야 하는 것은 아니고, 주요이용자의 공통된 정보수요를 충족하는 데 목적을 두어야 한다. 그러나 공통 정보수요는 주요이용자의 모든 범주에서 동시에 공유되는 정보수요에 한정되지 않는다.

사례 주요이용자의 독특하거나 개별적인 정보요구사항

|배경| 20명의 투자자가 기업의 의결권을 5%씩 가지고 있다. 이 중 한 투자자는 특정 지역에서 다른 사업을 영위하고 있으므로 그 지역에서의 기업 지출에 관한 정보에 특히 관심이 있다. 그러나 그러한 정보는 다른 주요이용자가 그 기업의 재무제표를 기초로 한 의사결정에 영향을 미칠 것이라고 합리적으로 예상할 수 없다.

|적용| 중요성 판단을 할 때 기업은 그 특정 지역에서의 기업 지출에 대한 정보가 주요이용자 전체 집단에게는 중요한 정보가 아니므로 재무제표에서 제공하지 않기로 결정한다.

재무제표의 주요이용자는 일반적으로 재무제표 이외의 출처에서 얻는 정보도 고려한다. 그러나 재무제표는 주요이용자가 기업에 자원

을 제공하는 의사결정을 할 때 유용한 재무상태와 재무성과에 대한 정보를 제공하는 포괄적인 문서이어야 한다. 따라서 기업은 정보가 재무제표에서 중요한지 평가할 때 그 정보가 다른 출처에서 공개적으로 이용가능한지 고려하지 않는다. 나아가서 공개적으로 이용가능한 정보가 있다고 해서 기업이 재무제표에서 중요한 정보를 제공할 의무가 면제되지 않는다.

:: **사례** 기업 보도자료가 중요성 판단에 미치는 영향

|배경| 기업은 보고기간에 사업결합을 하였다. 취득 결과, 주요 시장 중 한 곳에서 기업의 영업규모가 두 배로 신장되었다. 취득일에 기업은 보도자료를 발표하여 사업결합의 주된 이유에 대해 폭넓게 설명하고 취득과 관련된 기타 정보와 함께 취득사업에 대한 지배력 획득방법을 설명하였다.

|적용| 재무제표를 작성하면서 먼저 K-IFRS 제1103호(사업결합)의 공시 요구사항, 즉 보고기간에 일어나는 사업결합 각각에 대해 '사업결합의 주된 이유와 피취득자에 대한 취득자의 지배력 획득방법에 대한 설명'을 공시하도록 요구한다.

기업의 규모 대비 취득거래의 전체규모를 볼 때 기업은 사업결합에 관한 정보가 중요하다고 결론지었다. 이 경우 사업결합의 주된 이유와 지배력 획득방법 설명에 관한 정보가 이미 공개보고서에 포함되어 있더라도, 기업은 그 정보를 재무제표에 제공할 필요가 있다.

5) 법률 및 규제와의 상호작용

기업이 K-IFRS를 준수하였다고 언급하기 위해서는 기업의 재무제표가 K-IFRS의 요구사항을 준수해야 한다. 따라서 K-IFRS를 준수하였다고 언급하고자 하는 기업은, 법률과 규제에서 허용되더라도 K-IFRS에서 요구하는 것보다 더 적게 정보를 제공해서는 안 된다.

법률과 규제에서 재무제표에 어떤 정보가 제공되어야 하는지에 영향을 주는 요구사항을 정하는 수가 있다. 이 경우 K-IFRS는 중요하지 않은 정보일지라도, 법률과 규제의 요구사항을 충족시키기 위해 이러한 정보를 제공하는 것을 허용한다. 그러나 이 정보로 인해 K-IFRS에 따른 중요한 정보가 가려져서 불분명하게 되어서는 안 된다.

법률 및 규제와의 상충

실무서가 K-IFRS에 따른 재무제표 작성시의 중요성 판단에 관한 지침을 제공하고 있으나, 현지 법률이나 규제의 요구사항을 적용하는 방법에 관한 지침을 제공하고 있지 않다. 그러나 그러한 요구사항이 재무제표에 제공되는 정보에 영향을 줄 수도 있다. 이 경우 기업은 K-IFRS에 있는 중요성 요구사항을 준수해야 하지만, 중요하지 않더라도 법률이나 규제에서 요구하는 추가 정보를 공시하지 못하는 것은 아니다. 상충문제는 법률이나 규제가 K-IFRS 목적상 중요한 정보를 포함하지 못하도록 할 때에만 일어날 것이다.

K-IFRS에서 요구하는 것 외에 추가 정보를 재무제표에 제공할 때, K-IFRS 제1001호에서의 요구사항, 즉 중요한 정보가 가려져서 불분명해지지 않도록 유의해야 한다.

사례 법률규제 대비 K-IFRS

(1) 현지 법률과 규제에서 요구하지만 K-IFRS에 따르면 중요하지 않은 정보

|배경| 기업은 AB국에서 영업을 하고 있는 식품 소매업체이다. AB국에서 연구와 개발에 대한 투자는 그 규모가 제한적이다. 그러나 AB국의 정부는 모든 기업이 그 기간에 발생한 연구와 개발 지출 총액을 공시하도록 요구한다.

당기에 기업은 연구와 개발 활동에 대한 소액지출을 비용으로 인식하였다. 재무제표를 작성하면서 기업은 K-IFRS 목적상 해당 기간에 발생한 연구와 개발 지출에 대한 정보 공시가 중요하지 않다고 평가하였다.

|적용| 현지 규제를 준수하기 위해 기업은 해당 기간에 발생한 연구와 개발 지출에 대한 정보를 재무제표에 공시한다. K-IFRS에 따르면 기업이 재무제표에 그러한 정보를 공시하는 것이 허용되지만, 이로 인하여 중요한 정보가 가려져서 불분명하게 되지 않도록 잘 정돈된 방식으로 공시할 필요가 있다.

(2) 현지 법률과 규제에서 요구하지 않지만 K-IFRS에 따르면 중요한 정보

|배경| 기업은 처분하는 유형자산의 장부금액이 총자산의 일정 비율을 초과하는 경우에만 처분 내용을 공시하도록 정부가 요구하는 국가에서 영업을 한다.

당기 보고기간에 기업은 현지 규제에 명시된 기준액 이하로 유형자산을 처분하였다. 이는 특수관계자와의 거래로서 그 특수관계자는 기업에게 처분항목의 공정가치보다 적은 금액을 지급하였다. 재무제표를 작성하면서 기업이 판단을 한 결과, 거래의 조건과 특수관계자 거래라는 사실로 인해 유형자산 처분의 세부 내용에 대한 정보가 중요하다는 결론을 내렸다.

|적용| 기업은 K-IFRS를 준수하기 위해 유형자산 처분에 대한 세부 내용을 공시한다.

2 중요성 판단

기업이 재무제표를 작성하면서 중요성 판단을 할 때 체계적인 과정에 따르는 것이 도움이 될 수 있다. [그림 보-1]에서 보여준 4단계 과정('중요성 과정'이라고 칭함)이 그 예이다.

[그림 보-1] 4단계 중요성 과정

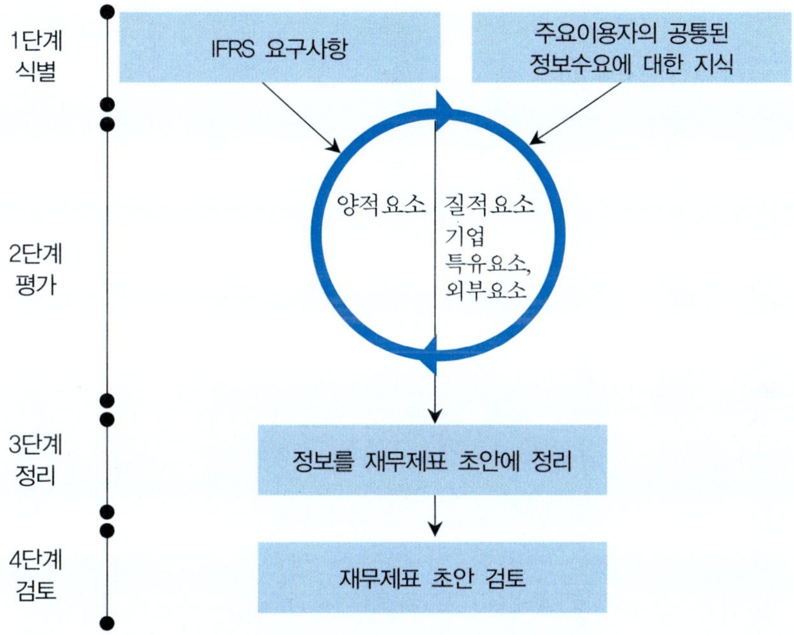

중요성 과정은 기업이 표시와 공시, 그리고 인식과 측정을 할 때 정보가 중요한지를 어떻게 평가할 것인지 설명한다. 중요성 과정은 정보가 잠재적으로 누락되는지, 왜곡표시되는지, 중요하지 않은 정보가 불필요하게 포함되는지, 그리고 중요하지 않은 정보에 의해 중요한 정보가 가려져서 불분명하게 되는지를 고려한다. 모든 경우에 기업은 정보가 재무제표 주요이용자의 의사결정에 얼마나 영향을 미칠 것으로 합리적으로 예상되는지에 초점을 맞출 필요가 있다.

재무제표를 작성하면서 중요성을 평가할 때 판단이 개입된다. 그 판단을 효율적이고 효과적으로 할 수 있도록 도움이 되는 실무지침으로서 중요성 과정이 마련되었다.

중요성 평가를 위한 접근방법으로 식별된 단계는 다음과 같이 요약된다.

〈1단계 : 식별〉 잠재적으로 중요한 정보를 식별
〈2단계 : 평가〉 〈1단계〉에서 식별한 정보가 실제로 중요한지 여부를 평가
〈3단계 : 정리〉 재무제표의 주요이용자에게 명확하고 간결하게 전달되는 방식으로 정보를 재무제표 초안에 정리
〈4단계 : 검토〉 전체 재무제표를 놓고 볼 때, 모든 중요한 정보가 식별되었는지 여부와 중요성이 넓은 시각에서 총체적으로 고려되었는지를 결정하기 위해 재무제표 초안을 검토

(1) 1단계 : 식별

기업은 주요이용자가 기업에 자원을 제공하는 의사결정을 위하여 이해할 필요가 있는 거래, 사건 및 상황에 대한 정보를 식별한다. 이러한 정보를 식별할 때, 기업은 거래, 사건 및 상황에 적용할 수 있는 K-IFRS 요구사항에서 출발한다. K-IFRS 요구사항이 출발점이 되는 이유는 회계기준을 개발할 때 다양한 상황에서 다양한 기업에 대해 광범위한 주요이용자의 요구사항을 충족시킬 것으로 예상되는 정보를 식별하기 때문이다.

회계기준을 개발할 때, 정보 제공으로 인한 효익과 기준의 요구사항을 준수하기 위하여 발생한 원가의 균형을 고려한다. 그러나 중요성 판단을 할 때 기준의 요구사항을 준수하기 위하여 발생한 원가는 고려요소가 아니다. 기준에서 명시적으로 허용하지 않는 한 K-IFRS 요구사항을 준수하기 위하여 발생한 원가를 고려해서는 안 된다.

기업은 K-IFRS에서 명시한 정보에 추가하여 주요이용자가 기업의 거래, 사건 및 상황이 재무상태와 재무성과에 미치는 영향을 이해할 수 있게 하는 데 필요한 정보를 식별하기 위해 주요이용자의 공통적

인 정보수요를 고려한다.

〈1단계 : 식별〉의 결과는 "잠재적으로 중요한 정보의 집합"이다.

(2) 2단계 : 평가

〈1단계〉에서 식별된 잠재적으로 중요한 정보가 실제로 중요한지를 평가한다. 기업은 재무제표의 주요이용자가 재무제표에 기초하여 기업에 자원을 제공하는 의사결정을 할 때 정보가 영향을 미칠 것이라고 합리적으로 예상되는지를 고려할 필요가 있다. 이 평가는 재무제표 전체의 맥락에서 수행한다.

기업이 어떤 정보 항목이 중요하다고 결론을 내릴 때에는 여러 가지 이유가 있을 수 있다. 이러한 이유에는 특정 상황과 관련하여 판단되는 항목의 성격이나 크기 또는 그 둘 모두가 포함된다. 그러므로 중요성 판단을 할 때에는 양적 고려와 질적 고려가 모두 이루어진다. 기업이 순전히 계량적인 지침에만 의존하거나 중요성에 대해 획일화된 양적 기준을 적용하는 것은 적절하지 않을 것이다.

이 단계에서는 정보 항목의 중요성을 식별할 때 도움을 얻기 위해 사용해야 하는 몇 가지 일반적인 '중요성 요소'에 대해 설명한다. 중요성 요소는 양적요소와 질적요소로 분류된다.

〈2단계〉의 결과는 "중요한 정보의 예비 집합"이다. 표시와 공시 측면에서는, 기업이 어떤 정보를 얼마나 상세하게(재무제표에서의 적절한 통합표시 수준을 식별하는 것을 포함) 재무제표에 제공할 필요가 있는지에 대한 의사결정이 포함된다. 인식과 측정 측면에서는, 인식되지 않거나 왜곡표시될 경우 주요이용자의 의사결정에 영향을 줄 것이라고 합리적으로 예상되는 정보를 식별하는 것이 포함된다.

1) 양적요소

기업은 일반적으로 거래, 사건 및 상황이 기업의 재무상태와 재무성과 측정치에 미치는 영향의 크기를 고려하여 정보가 양적으로 중요한지 평가한다. 기업은 주요 재무제표에 인식되는 영향의 크기뿐만 아니라 기업의 재무상태와 재무성과에 대한 주요이용자의 전반적인 인식에 궁극적으로 영향을 미칠 수 있는 미인식 항목(예를 들면, 우발부채나 우발자산)도 고려한다. 기업은 거래, 사건 및 상황에 관한 정보가 주요이용자의 자원 제공에 대한 의사결정에 영향을 줄 것이라고 합리적으로 예상될 정도로 영향이 큰지 평가할 필요가 있다.

기업이 이러한 양적 평가를 할 때 대비하는 측정치를 식별하는 것은 판단의 문제이다. 그 판단은 어떤 측정치가 기업 재무제표의 주요이용자에게 큰 관심사가 되는지에 좌우된다. 측정치의 예로는 기업의 수익성, 재무상태 비율 등이 있다.

2) 질적요소

질적요소는 그 존재로 인해 정보가 재무제표 주요이용자의 의사결정에 영향을 미칠 가능성을 더 높이는, 기업의 거래, 기타 사건이나 상황, 또는 그와 관련된 특성을 말한다. 단순히 질적요소가 존재한다고 해서 관련 정보가 반드시 중요한 것은 아니지만, 주요이용자에게 그 정보에 대한 관심을 제고할 가능성은 높다.

중요성 판단을 할 때, 기업은 기업 특유의 질적요소와 외부의 질적요소를 모두 고려해야 한다. 실무적으로 기업이 그 두 요소를 함께 고려할 필요가 있을 수 있다.

① 기업 특유 질적요소 : 기업의 거래, 사건이나 상황이다. 그 예는 다음과 같으며, 이에 한정되지 않는다.
- 기업의 특수관계자 관여도
- 거래, 사건이나 상황의 특징으로서 일반적이지 않거나 표준적이지 않은 것
- 예상치 못한 변화나 추세변동. 때로는 양적으로는 중요하지 않은 금액이라도 재무제표에 제공된 과거기간의 금액 대비 예상치 못한 변화 때문에 중요하다고 볼 수도 있다.

② 외부 질적요소 : 재무제표 주요이용자에게 정보가 목적적합한지는 기업이 영업을 하는 상황에 의해서도 영향을 받을 수 있다. 외부 질적요소는 그 존재로 인해 재무제표 주요이용자의 의사결정에 영향을 미칠 수 있는 정보를 제공하는 거래, 사건이나 조건이 발생하는 상황의 특성이다. 외부 질적요소를 나타낼 수 있는 기업 상황의 특성으로는 기업의 지리적 위치, 산업

부문, 기업이 영업을 하는 경제상태 등이 있으나 이에 한정되지는 않는다.

외부 질적요소의 성격상 동일한 상황에서 영업을 하는 기업들이 여러 가지 외부 질적요소를 공유할 수 있다. 또한, 외부 질적요소는 시간이 지나면서 일정하게 유지되거나 변화할 수 있다. 경우에 따라서 기업은 해당 산업의 다른 기업들이 노출되어 있는 위험에 노출되지 않을 수 있는데, 이 경우 그러한 사실이 주요이용자의 의사결정에 영향을 미칠 것이라고 합리적으로 예상할 수 있다.

3) 양적요소와 질적요소의 상호작용

기업은 하나 또는 그 이상의 중요성 요소에 근거하여 정보가 중요하다고 식별할 수 있다. 일반적으로 특정 항목에 더 많은 요소가 적용되거나 그러한 요소가 더 유의적일수록 그 항목이 중요할 가능성이 더 높다.

중요성 요소들 사이에 서열체계는 없지만, 먼저 양적 관점에서 정보 항목을 평가하는 것이 중요성 항목을 평가하는 효율적인 접근방법이 될 수 있다. 기업이 거래, 사건이나 상황이 미칠 수 있는 영향의 크기에만 기초하여 어떤 정보 항목을 중요하다고 식별하였다면, 기업은 그 정보 항목을 다른 중요성 요소에 대비하여 평가할 필요가 없다. 이 경우 양적 기준치(크기 평가에 사용되는 측정치의 특정 수준, 비율 또는 양)는 중요성 판단을 하는 데 유용한 도구가 될 수 있다. 그러나 양적 평가 자체가 어떤 정보 항목이 중요하지 않다고 결론을 내리기에 항상 충분한 것은 아니다. 기업은 더 나아가 질적요소의 존재 여부를 평가해야 한다.

질적요소가 더 유의적일수록 양적 기준치는 더 낮아질 것이다. 그러나 경우에 따라 기업이 질적요소가 있음에도 불구하고, 어떤 정보는 재무제표에 미치는 영향이 미미하여 주요이용자의 결정에 영향을 미칠 것이라고 합리적으로 예상할 수 없기 때문에 그 정보가 중요하지 않다고 결정할 수도 있다.

어떤 경우에는 정보가 그 크기에 관계없이 주요이용자의 의사결정에 영향을 줄 것이라고 합리적으로 예상될 수 있다. 거래 및 기타 사건이나 상황에 대한 정보가 기업 재무제표의 주요이용자에 의해 면밀히 조사될 때 그러한 경우가 발생할 수 있다. 또한, 양적 평가가 항상 가능한 것은 아니다. 비수량정보는 질적 관점에서만 평가할 수 있다.

:: 사례 특수관계자에 관한 정보

(1) 특수관계자에 관한 정보로서 중요하다고 평가된 정보

|배경| 기업은 수익성이 재무제표 주요이용자에게 큰 관심사가 되는 측정치라고 식별하였다. 당기 보고기간에 기업은 AB사와 계약을 체결하였다. AB사는 연간 수수료를 받는 대가로 기업에게 사무실 유지보수 용역을 제공할 것이다. 기업의 주요 경영진의 일원이 AB사를 지배하고 있다. 따라서 AB사는 기업의 특수관계자이다.

|적용| K-IFRS 제1024호(특수관계자 공시)에서 회계기간에 일어나는 각각의 특수관계자 거래에 대해 재무제표에 미치는 특수관계의 잠재적 영향을 파악하는 데 필요한 거래, 약정을 포함한 채권·채무 잔액에 대한 정보뿐만 아니라 특수관계의 성격도 공시하도록 요구한다.

재무제표를 작성하면서 기업은 AB사와의 거래에 대한 정보가 중요한지를 평가하였다. 기업은 정량평가를 시작하고, 수익성 측정치에 대비하여 특수관계자 거래의 영향을 평가하였다. 순전히 양적 관점에서만 특수관계자 거래의 영향이 중요하지 않다고 결론을 내린 후, 기업은 더 나아가 정성평가의 필요성이 있는지를 평가하였다.

기업은 특수관계자와 유지보수계약이 체결되었다는 사실이 그 거래에 관한 정보가 주요이용자의 의사결정에 영향을 미칠 가능성을 더 높이는 특징이 된다고 식별하였다. 그리고 그 거래가 특수관계자와의 거래라는 사실을 고려할 때(즉, 질적요소의 존재로 양적 기준이 낮아진다는 점을 고려할 때), 그 거래의 영향이 주요이용자의 의사결정에 영향을 미칠 것이라고 합리적으로 예상할 수 있는지 결정하기 위해 추가로 양적 관점에서 그 거래를 평가하였다. 그 결과 기업은 그 거래의 영향이 충분히 커서 주요이용자의 의사결정에 영향을 미칠 것이라고 합리적으로 예상할 수 있다고 결론지었다.

따라서 기업은 AB사와의 거래에 대한 정보를 중요하다고 평가하고, 재무제표에 그 정보를 공시하였다.

(2) 특수관계자에 관한 정보로서 중요하지 않다고 평가된 정보

|배경| 기업은 수익성 측정치가 재무제표의 주요이용자에게 큰 관심사가 되는 측정치라고 식별하였다. 기업은 여러 대의 차량을 소유하고 있다. 당기 보고기간에

기업은 감가상각이 거의 다된 차량을 DE사에게 시장가격에 매각하였다. 기업은 시장가격에 차량을 이전하였다. 기업의 주요 경영진의 일원이 DE사를 지배하고 있다. 따라서 DE사는 기업의 특수관계자이다.

|적용| 재무제표를 작성하면서 기업은 DE사와의 거래에 대한 정보가 중요한지를 평가하였다. 앞의 사례 (1)과 같이 기업은 정량평가를 시작하고, 수익성 대비 특수관계자 거래의 영향을 평가하였다. 순전히 양적 관점에서만 특수관계자 거래의 영향이 중요하지 않다고 결론을 내린 후, 기업은 더 나아가 정성평가의 필요성이 있는지를 검토하였다.

기업은 특수관계자에게 차량을 매각하였다는 사실이 주요이용자의 의사결정에 영향을 미칠 가능성을 더 높이는 특징이 된다고 판단하였다. 그러나 그 거래가 특수관계자와의 거래라는 사실을 고려하더라도, 그 영향이 너무 작기 때문에 주요이용자의 의사결정에 영향을 미칠 것이라고 합리적으로 예상할 수 없다고 결론지었다.

따라서 기업은 DE사와의 거래에 대한 정보를 중요하지 않다고 평가하였고, 재무제표에 그 정보를 공시하지 않았다.

:: 사례 외부 질적요소가 중요성 판단에 미치는 영향

|배경| BB은행은 현재 심각한 재정적 어려움을 겪고 있는 국가에서 발행된 아주 소량의 채무상품을 보유하고 있다. BB은행과 동일한 부문에서 영업을 하는 다른 은행은 그 국가에서 발행된 고액의 채무상품을 보유하고 있기 때문에 그 국가의 재정적 어려움에 유의적으로 영향을 받고 있다.

|적용| K-IFRS 제1107호(금융상품 : 공시)에서 보고기간말 현재 기업이 금융상품에 노출되는 위험의 특성 및 정도를 평가할 수 있게 하는 정보를 공시하도록 요구한다.

BB은행은 그 국가에서 발행된 아주 소액의 채무상품을 보유하고 있다는 사실이 중요한 정보인지를 평가하였다. 평가할 때 동일 부문에서 영업을 하는 다른 은행이 그 채무상품에 노출된 정도(외부 질적요소)를 고려하였다.

동일한 부문에서 영업을 하는 다른 은행과는 달리 BB은행은 아주 소액만 보유하고 있다는 사실은 경영진이 은행의 자원을 그 국가의 경제적 여건의 불리한 영향으로부터 얼마나 효과적으로 보호하였는지에 대한 유용한 정보를 제공한다.

BB은행은 그러한 특정 채무상품에 대한 노출이 없다는 정보가 중요하다고 평가하였고, 재무제표에 그 정보를 공시하였다.

(3) 3단계 : 정리

정보를 명확하고 간결하게 분류하고, 특징지으며, 표시하면 이해가능하게 된다. 기업은 정보를 명확하고 간결하게 전달하는 방법을 결정할 때 판단을 한다. 예를 들면, 〈2단계〉에서 확인된 중요한 정보를 다음과 같이 정리하면, 명확하고 간결하게 전달할 가능성이 더 높다.

① 중요한 문제를 강조한다.
② 기업의 상황에 맞게 정보를 정리한다.
③ 기업의 거래, 사건 및 상황을 설명할 때에는 중요한 정보를 누락하거나 재무제표의 분량을 불필요하게 늘리지 않고 가능한 한 간단하고 직설적으로 한다.
④ 서로 다른 정보 사이의 상호작용을 강조한다.
⑤ 정보 유형에 적합한 형식(예를 들면, 표 또는 서술)을 사용하여 정보를 제공한다.
⑥ 가능한 기업간, 보고기간간 비교가능성을 최대화하는 방식으로 정보를 제공한다.
⑦ 정보가 재무제표의 다른 부분에서 중복되지 않도록 하거나 중복을 최소화한다.
⑧ 중요하지 않은 정보에 의해 중요한 정보가 가려져서 불분명하게 되지 않도록 한다.

재무제표에 정보가 불명확한 방식으로 정리되면 주요이용자가 재무제표를 이해하기 쉽지 않다. 마찬가지로, 재무제표는 기업이 성격이나 기능이 다른 중요한 항목을 통합하거나, 과다한 양의 중요하지 않은 정보에 의해 중요한 정보가 가려진 경우에도 이해하기 쉽지 않다. 또한, 기업은 주요 재무제표와 주석의 서로 다른 역할을 고려하여 어떤 정보 항목을 주요 재무제표에 별도로 표시할지, 다른 정보와 통합하여 표시할지, 또는 주석에 공시할지를 결정한다.

〈3단계〉의 결과는 "재무제표 초안"이다.

(4) 4단계 : 검토

기업은 정보가 재무제표 전반에 걸쳐 개별적으로 또는 다른 정보와 결합하여 중요한지 여부를 평가해야 한다. 정보가 그 자체만으로는 중요하지 않다고 판단되더라도 전체 재무제표에서 다른 정보와 함께 고려될 때에는 중요할 수도 있다.

재무제표 초안을 검토할 때, 모든 중요한 정보가 재무제표에 적절히 눈에 띄도록 제공되었는지 파악하기 위하여 기업의 거래, 기타 사건과 상황에 대한 지식과 경험을 활용한다.

이 검토를 통해 기업은 제공된 정보를 '한 발 물러서서' 더 넓은 관점에서 총체적으로 고려할 기회를 갖는다. 이를 통해 기업은 재무상태와 재무성과를 전체적인 그림으로서 고려할 수 있다.6)

검토 결과 다음 조치가 취해질 수도 있다.

① 재무제표에 추가 정보를 제공
② 이미 중요하다고 식별된 정보를 더 상세히 구분
③ 이미 중요하지 않다고 식별된 정보에 의해 중요한 정보가 가려져서 불분명하게 되지 않도록 그 중요하지 않은 정보를 재무제표에서 제거
④ 재무제표에서 정보를 재정리

〈4단계 : 검토〉의 결과로 기업은 〈2단계 : 평가〉에 대해 의문을 갖게 되어 평가를 다시 수행하기로 결정할 수도 있다. 〈2단계 : 평가〉를 다시 수행한 결과 기업은 기존에 중요하다고 식별된 정보가 사실은 중요하지 않다고 결론을 내리고 이를 재무제표에서 제거할 수도 있다.

〈4단계〉의 결과는 "최종 재무제표"이다.

---

6) 이 검토를 수행할 때, 기업은 다음 사항들도 고려한다.
① 서로 다른 정보 항목들간에 존재하는 모든 목적적합한 관계가 식별되었는지. 정보간의 새로운 관계를 식별한 결과 그 정보가 중요하다고 처음으로 식별될 수도 있다.
② 개별적으로는 중요하지 않은 정보 항목들이 함께 고려될 경우 주요이용자의 의사결정에 영향을 미칠 것이라고 합리적으로 예상될 수 있는지
③ 재무제표의 정보가 효과적이고 이해가능한 방법으로 전달되고, 중요한 정보가 가려져서 불분명하게 되지 않도록 정리되었는지
④ 재무제표가 기업의 재무상태, 재무성과 및 현금흐름을 공정하게 표시하고 있는지

중요성 판단

중요성 과정에 대한 설명은 재무제표를 작성할 때 중요성의 역할을 보여주고 중요성 판단이 어떻게 수행되는지 보여준다. 또한 중요성 판단을 할 때 고려해야 할 요소를 식별한다. 그러나 이는 중요성 판단을 할 때 따를 수 있는 접근방법의 한 예이다. 여기서는 중요성 판단을 포함하는 전반적인 과정을 설명하여 중요성 판단이 재무제표의 작성에 미치는 영향과 중요성에 대한 여러 결정이 서로 어떻게 연결되는지를 이해하도록 돕는다.

〈1단계 : 식별〉은 평가의 출발점으로 제시되었다. 기업은 주요이용자가 자원제공 의사결정을 위한 필요한 정보를 식별하기 위해 K-IFRS의 요구사항을 이용한다. K-IFRS의 요구사항을 이용하면, K-IFRS의 개발과정에서 도출하였던 평가의 혜택을 본다는 것을 의미한다. 기준을 개발할 때 주요이용자의 수요를 충족할 것으로 기대되는 정보를 식별한다.

K-IFRS에 명시되지 않은 일부 정보도 주요이용자가 기업의 거래, 사건 및 상황이 기업의 재무상태와 재무성과에 미치는 영향을 이해하는 데 필요할 수 있다. 따라서 주요이용자의 공통 정보수요를 기업이 파악하는 것이 〈1단계〉에 추가되어야 한다. 파악된 주요이용자의 공통 정보수요에 기초하여 K-IFRS에 명시되지 않은 정보를 추가로 재무제표에 포함할지 고려해야 한다.

〈2단계 : 평가〉는 정보가 중요한지 평가할 때 적용하는 판단에는 양적 고려와 질적 고려가 모두 포함된다. 실무서는 중요성 요소의 몇 가지 사례를 포함하고 있다. 그러나 고려해야 할 사항을 모두 망라하는 목록을 제공할 수 없어서 몇 가지 사례를 만들어 설명하고 있다.

〈3단계 : 정리〉는 기업이 내린 중요성 판단의 결과를 다루며 재무제표를 쉽게 이해하기 위해 기업이 고려할 수 있는 지침을 제공한다. 기업이 정보 항목을 주요 재무제표에 구분하여 표시할지, 아니면 다른 정보와 통합할지, 그리고(또는) 주석에 공시할지를 결정할 때 주요 재무제표와 그 주석의 각기 다른 역할을 고려하도록 권고한다.7)

〈4단계 : 검토〉는 재무제표 초안을 작성한 후에 '한 발 물러서서' 총체적인 관점에서 검토할 기회를 준다. 〈2단계 : 평가〉의 중요성 판단을 재무제표 초안이 이용가능하게 될 때 재검토한다는 점을 명확히 하였다. 〈2단계〉는 초안이 작성중인 상황이므로 예상 재무제표 전체에 기초한다. 〈4단계〉에서는 실제 재무제표 초안에 기초하여 평가를 점검한다. 〈4단계〉 점검 후 〈2단계〉를 재검토하고, 재무제표에 정보를 추가로 제공하거나 중요하지 않은 정보를 제거하거나 기존의 정보를 재구성할 수 있다.

7) 실무서에서는 이 주제에 대해 추가 지침을 제공하지는 않고 있다. 재무제표의 각기 다른 구성요소들의 역할과 그 시사점에 대한 논의는 2017년 3월에 발표한 토론서 '공시의 원칙'에 포함되었다.

실무서로 인해 앞으로 예상되는 영향

중요성에 관한 실무서는 재무제표 작성시 중요성 판단방법에 대한 지침을 제공하기 위해 마련되었다. 본 실무서로부터 다음과 같은 영향을 기대한다.

① 재무제표를 작성하는 기업이 공시점검표에 집착하지 않도록 유도하는 등 긍정적인 행태변화를 촉진시키는 데 있어 중요성의 역할을 인식하게 될 것이다.
② 기업이 재무제표를 작성할 때 더 많은 판단을 하도록 장려함으로써, 틀에 박힌 공시사항과 중복된 정보를 줄이고 K-IFRS에서 정하고 있는 공시 요구사항 외에 추가 정보를 제공할 필요성을 평가하는 체계를 제공할 것이다.
③ 기업, 감사인, 규제기관 간에 중요성 평가에 관한 논의가 있을 때 유용한 기준점을 제공함으로써 합의가 원활히 도출될 수 있도록 도울 것이다.

실무서가 새로운 요구사항을 도입하지 않고 실무서의 적용이 의무사항이 아니기 때문에 실무서의 적용으로 유의적인 원가가 발생할 것이다. 그러나 기존에 재무제표를 작성할 때 공시점검표에 의존했던 기업에게는 적용원가가 발생할 수 있다. 그러한 기업은 재무제표에 포함할 정보를 결정할 때 더 많은 판단을 해야 할 것이다. 그러나 보다 높은 수준의 공시가 이루어지고 정보접근이 보다 쉬워지는 효익이 종전의 공시점검표 대신 판단에서 발생하는 적용원가를 초과할 것이다. 반면, 이미 재무제표 작성시 적절한 판단을 하고 있는 기업은 추가 적용원가가 발생하지 않고, 감사인 및 기타 이해관계자와의 협의에서 효익을 얻을 수 있을 것이다.

3 구체적인 주제의 예[8)]

기업은 중요한 회계정책을 공시해야 한다. 회계정책이 중요하지 않은 거래, 사건 및 상황과 관련된다면, 그 자체로서 중요하지 않으므로 공시할 필요가 없다. 회계정책이 중요한 거래, 사건 및 상황과 관련되고 재무제표에 중요한 정보를 제공한다면, 그 회계정책을 공시해야 한다.

회계정책이 재무제표에 포함된 다른 정보와 함께 고려될 경우 그

8) "중요성의 판단"에 대한 실무서에서는 ① 과거기간 정보, ② 오류, ③ 약정에 대한 정보, ④ 중간보고, ⑤ 회계정책에 대한 정보의 구체적인 예를 다루고 있는데, 여기에서는 단지 회계정책에 대한 정보의 중요성에 대해서만 제시하였다.

러한 재무제표에 근거한 일반목적재무제표 주요이용자의 의사결정에 영향을 미칠 것으로 합리적으로 예상될 수 있는지 여부를 고려하여 그 회계정책에 관한 정보가 재무제표에 중요한지를 평가해야 한다.

[그림 보-2]는 회계정책이 중요한지, 따라서 공시되어야 하는지를 평가하는 방법을 보여준다.

[그림 보-2] 회계정책의 중요성 여부 결정

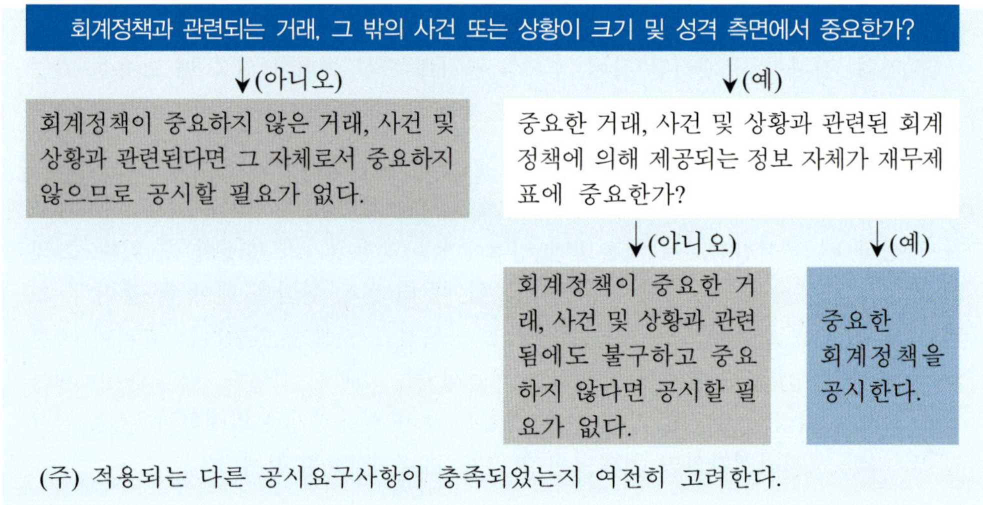

K-IFRS 제1001호(재무제표 표시)는 회계정책이 중요하다고 여길 가능성이 높은 사례를 보여주고 있다. 예를 들면, 회계정책이 중요한 거래, 기타 사건 또는 상황과 관련이 있고 다음 중 하나에 해당하면 그 회계정책이 재무제표에 중요하다고 여길 가능성이 높다.

① 회계정책 변경이 요구되었거나 회계정책 변경을 선택하였기 때문에 보고기간에 회계정책이 변경되었으며 이로 인해 재무제표에 포함된 금액에 중요한 변경이 일어났다.
② K-IFRS에서 허용하는 하나 이상의 대안 중에서 선택한 것이다. 예를 들어, 투자부동산은 역사적원가나 공정가치 중 하나를 선택하여 측정할 수 있다.
③ 구체적으로 적용되는 K-IFRS가 없어 K-IFRS 제1008호(회계정책, 회계추정의 변경 및 오류)에 따라 개발된 것이다.

④ 회계정책을 적용하는 데 유의적인 판단이나 가정이 요구되는 분야와 관련이 있고 K-IFRS 제1001호에 따라 그러한 판단이나 가정을 공시한다.

:: 사례 표준화된(틀에 박힌) 회계정책의 공시보다는 중요성 판단을 하고 기업 특유의 정보에 초점을 맞추는 경우

|배경| 기업은 통신사업을 하고 있다. 다수의 소매고객과 계약을 맺어 스마트폰과 데이터 서비스를 제공하기로 하였다. 전형적인 계약은 고객에게 3년 동안 스마트폰과 데이터 서비스를 제공하는 것이다. K-IFRS 제1115호(고객과의 계약에서 생기는 수익)를 적용하여 계약조건에 따른 수행의무를 이행할 때(또는 기간에 걸쳐 이행하는 대로) 수익을 인식한다.

기업은 다음의 수행의무와 관련 대가를 식별하였다.

(a) 스마트폰–고객은 스마트폰 대금을 3년간 매월 나누어 지급한다.

(b) 데이터–고객은 지정된 데이터 용량을 사용하기 위해 3년간 매월 고정 사용료를 지급한다.

스마트폰에 대해서는 수행의무를 이행하였을 때, 즉 고객에게 스마트폰을 제공하였을 때 수익을 인식한다. 데이터 공급에 대해서는 수행의무를 이행하는 대로, 즉 고객에게 계약기간 3년 동안 데이터 서비스를 제공하는 대로 수익을 인식한다.

기업은 이 계약에서 생기는 수익이 보고기간에 중요하다고 결론을 내렸다.

|적용| 기업은 이러한 유형의 계약인 경우 다음과 같은 두 가지 다른 수익원천에 별도로 적용되는 두 가지 회계정책이 있다고 보았다.

(a) 스마트폰 판매 수익

(b) 데이터 서비스 제공 수익

기업은 이러한 유형의 계약에서 생기는 수익이 재무제표에 중요하다고 보았으며, 그 다음으로 이러한 계약에서 생기는 수익에 대한 회계정책도 실제 중요한지 평가한다. 기업은 질적요소가 존재하는지를 고려하여 회계정책 공시의 효과를 평가한다. 기업은 수익인식 회계정책이 다음과 같다고 보았다.

(a) 보고기간 중 변경되지 않았다.

(b) K-IFRS에서 허용하고 있는 복수의 대안 중에서 선택된 것이 아니다.

(c) 구체적으로 적용되는 K-IFRS가 없어 K-IFRS 제1008호(회계정책, 회계추정의 변경 및 오류)에 따라 개발된 것이 아니다.

그러나 기업의 수익인식 회계정책은 다음 영역과 관련이 있다.

(a) 기업은 회계정책을 적용하는 데 유의적인 판단을 내렸다. 예를 들어 거래가격을 수행의무에 어떻게 배분해야 하는지 결정했다.

(b) 기준서의 요구사항이 기업의 상황에 어떻게 적용되는지 고려해야 했다.

따라서 수익인식에 대한 회계정책을 공시하는 것이 재무제표 주요이용자가 재무제표에 있는 정보를 이해하는 데 필요할 가능성이 높고 그러한 이용자의 의사결정에 영향을 미칠 것으로 합리적으로 예상된다고 결론을 내렸다. 따라서 기업은 수익인식 시기에 대한 정보를 포함하여 수익인식 회계정책에 대한 정보는 중요하다고 평가하였다.

:: 사례 K-IFRS의 요구사항을 단순 반복하는 회계정책에 대한 중요성 판단

|배경| 무형자산과 유형자산은 기업의 재무제표의 주요 항목이다. 기업은 20×1년에 비유동자산의 손상과 관련된 다음의 회계정책을 공시하였다.

연결실체의 무형자산과 유형자산 장부금액에 대해서는 보고기간말마다 손상징후가 있는지 검토한다. 만약 그러한 징후가 있다면 당해 자산의 회수가능액을 추정한다. 영업권과 내용연수가 비한정인 무형자산은 최소한 매년 회수가능액을 추정한다.

|적용| 기업은 손상검사 대상 자산이 재무제표에 중요한 것을 확인한 후 손상 관련 회계정책이 실제로 중요한지 평가한다.

기업의 손상회계 정책은 K-IFRS 제1001호에 기술된 바와 같이 유의적인 판단이나 가정을 해야 하는 영역에 해당한다. 그러나 기업은 K-IFRS 제1036호(자산손상)와 K-IFRS 제1001호의 공시 요구사항을 충족시키기 위해 손상평가에 관한 공시와 유의적인 판단 및 가정(예를 들면, 사용가치를 측정하기 위해 사용된 할인율)에 대한 공시 또한 필요하다고 보았다.

분석결과 재무제표의 다른 부분에 공시되지 않은 것으로서 손상 회계정책의 설명에 포함해야 할 중요한 정보는 없다고 결론을 내렸다.

기업은 손상에 대해 별도로 회계정책을 공시한다고 해서 기업 재무제표의 주요이용자가 기업의 재무제표에 근거하여 내리는 의사결정에 영향을 미칠 것으로 합리적으로 예상되는 정보를 제공하지는 않을 것이라고 결론을 내렸다. 이러한 결론에 달한 이유는 회계정책이 기업 특유의 정보를 포함하지 못하고 단순히 K-IFRS 제1001호의 요구사항을 반복하기 때문이다. 그러나 기업은 여전히 K-IFRS 제1036호와 K-IFRS 제1001호의 구체적 공시 요구사항을 준수해야 하며, 이러한 기준서들을 보고기간 동안 어떻게 적용했는지가 중요한 정보라면 관련 정보를 제공해야 한다.

CHAPTER 3

재무제표와 보고기업

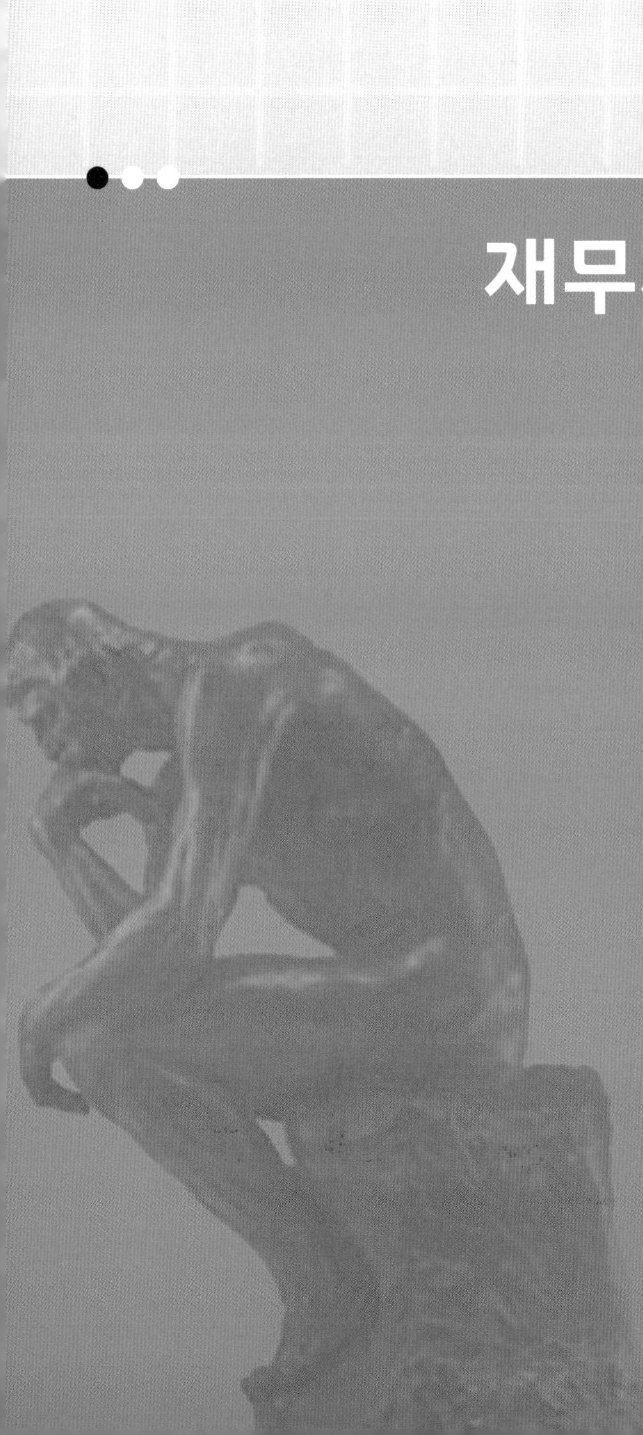

1. 재무제표
   (1) 재무제표의 목적과 범위
   (2) 보고기간
   (3) 재무제표에 채택된 관점
   (4) 계속기업가정
2. 보고기업
   (1) 보고기업과 재무제표
   (2) 연결재무제표와 비연결재무제표

앞 장에서 일반목적재무보고의 목적과 그 목적을 달성하기 위한 유용한 재무정보의 질적특성을 다루었다. 질적특성은 재무제표가 제공하는 재무정보뿐만 아니라 기타 재무보고서가 제공하는 재무정보 모두에 적용된다.

여기에서는 일반목적재무보고의 특정한 형태인 일반목적재무제표(general-purpose financial statements)에서 제공하는 정보를 논의한다. 재무제표[1]는 재무제표요소의 정의를 충족하는 ① 보고기업의 경제적자원, ② 보고기업에 대한 청구권 및 ③ 경제적자원과 청구권의 변동에 관한 정보를 제공한다.

재무제표의 역할

재무제표는 재무보고의 핵심부분이며, 회계기준에서 다루는 대부분의 이슈는 재무제표와 관련되어 있다. 이하에서는 재무제표가 제공하는 정보에 초점을 맞추고, 경영진설명서, 중간재무보고, 보도자료 및 분석을 위해 제공되는 보충자료 등과 같은 다른 형태의 재무보고는 다루지 않는다.[2]

1 재무제표

(1) 재무제표의 목적과 범위

재무제표의 목적은 보고기업에 유입될 미래순현금흐름에 대한 전망과 보고기업의 경제적자원에 대한 경영진의 수탁책임을 평가하는 데 유용한 보고기업의 자산, 부채, 자본, 수익 및 비용[3]에 대한 재무정보를 재무제표이용자들에게 제공하는 것이다.

1) 이하에서 설명 전반에 걸쳐 '재무제표'라는 용어는 일반목적재무제표를 말한다.
2) 2010년 K-IFRS 실무서인 '경영진설명서 작성을 위한 개념체계'가 제정되었다. 이 실무서는 회계기준에 따라 작성된 재무제표에 덧붙이는 경영진설명서를 표시하기 위한 포괄적이지만 구속력은 없는 개념체계를 제공한다(제7장의 [보론] 제2부 : 경영진설명서 작성을 위한 개념체계를 참조).
3) 뒤의 〈표 4-1〉에서 재무제표요소인 자산, 부채, 자본, 수익 및 비용을 정의한다.

이러한 정보는 다음을 통해 제공된다.

① 자산, 부채 및 자본이 인식된 재무상태표
② 수익과 비용이 인식된 재무성과표
③ 다음에 관한 정보가 표시되고 공시된 다른 재무제표와 주석
(가) 인식된 자산, 부채, 자본, 수익 및 비용, 그 각각의 성격과 인식된 자산 및 부채에서 발생하는 '위험에 대한 정보'를 포함함
(나) 인식되지 않은 자산 및 부채, 그 각각의 성격과 인식되지 않은 자산과 부채에서 발생하는 '위험에 대한 정보'를 포함함
(다) 현금흐름
(라) 자본청구권 보유자의 출자와 자본청구권 보유자에 대한 분배
(마) 표시되거나 공시된 금액을 추정하는 데 사용된 방법, 가정과 판단 및 그러한 방법, 가정과 판단의 변경

재무제표의 목적과 재무제표

K-IFRS 제1001호(재무제표 표시)에서는 재무제표의 목적을 다음과 같이 기술하고 있다.

"재무제표는 기업의 재무상태와 재무성과를 체계적으로 표현한 것이다. 재무제표의 목적은 광범위한 이용자들의 경제적 의사결정에 유용한 기업의 재무상태, 재무성과와 재무상태 변동에 관한 정보를 제공하는 것이다. 또한 재무제표는 위탁받은 자원에 대한 경영진의 수탁책임 결과도 보여준다. 이러한 목적을 충족하기 위하여…"

한편, 개념체계에서 재무제표의 목적에 대한 기술은 K-IFRS 제1001호와 다음과 같은 차이가 있다.

① 개념체계에서는 재무제표요소와의 연결고리를 제공하기 위하여 재무제표의 목적에 대한 기술에서 다음 사항들을 언급한다.
(가) 재무상태 대신 자산, 부채 및 자본
(나) 재무성과 대신 수익과 비용

② 개념체계에서는 현금흐름에 대한 정보의 제공을 언급하지 않는다. 현금흐름에 대한 정보가 재무제표이용자들에게 중요하지만, 개념체계에서는 현금유입과 현금유출을 재무제표요소로 식별하지 않는다.

③ 개념체계에서는 재무제표의 주요이용자들이 기업에 자원을 제공하는 것과 관련한 의사결정을 할 때 유용한 정보가 무엇인지에 대한 추가 설명을 제공한다. 정보는 보고기업에 유입될 미래순현금흐름에 대한 전망과 기업의 경제적자원에 대한 경영진의 수탁책임을 평가하는 데 유용해야 한다.

재무제표의 범위

재무제표가 제공하는 정보에 대한 설명에서는 현금흐름표와 자본변동표를 언급하지 않으면 현금흐름에 대한 정보 또는 자본청구권 보유자로부터의 출자나 그들에 대한 분배에 대한 정보가 덜 중요하다는 것을 암시하는 것으로 해석될 수 있다. 그럼에도 불구하고, 개념체계에서 오직 재무상태표와 재무성과표만 언급하고 있는 이유는 그 두 가지 보고서가 인식된 요소(자산, 부채, 자본, 수익 및 비용)를 요약하여 보여주기 때문이다. 또한, 그러한 보고서를 '인식이 이루어지는 장소(the place where recognition occurs)'로 구별할 필요가 있다. 그렇지 않으면 인식을 명확하게 설명하는 것이 가능하지 않기 때문이다.

반면, 현금유입, 현금유출 및 자본청구권 보유자의 출자나 자본청구권 보유자에 대한 분배는 재무제표요소가 아니며, 그러한 항목에 대한 정보를 제공하는 보고서는 인식된 요소를 요약하여 보여주지는 않는다.

물론 개념체계에서는 현금흐름에 대한 정보 및 자본청구권 보유자의 출자와 그들에 대한 분배에 대한 정보도 언급하고 있다. 그러한 정보가 재무상태표나 재무성과표가 제공하는 정보보다 덜 중요하다고 보지 않는다.

위험에 대한 정보

개념체계에서는 재무제표가 재무제표요소의 정의를 충족하는 항목(인식 여부와 관계없음)에서 발생하는 위험에 대한 정보를 제공한다고 기술하고 있다. 그러나 개념체계에 '위험(risk)'이라는 용어가 명시적으로 정의되지 않아 '위험에 대한 정보'가 재무제표 외의 수단을 통해서 가장 잘 보고될 수 있는 정보를 포함한 거의 모든 유형의 정보를 포함하는 것으로 이해될 수 있다. 기업이 위험을 관리하는 방법에 대한 정보는 재무제표의 소관이 아니라는 의견도 있다.

그러나 기업의 (인식되거나 인식되지 않은 자산과 부채와 관련된) 위험에 대한 정보가 현금흐름을 창출하는 기업의 능력과 기업의 경제적자원에 대한 경영진의 수탁책임을 평가하는 데 유용할 가능성이 높다. 따라서 이러한 정보는 재무제표의 목적을 달성하는 데 기여한다.

(2) 보고기간

재무제표는 특정 시점이나 기간(보고기간, reporting period)에 대하여 작성되며 다음에 관한 정보를 제공한다.

① 보고기간말 현재 또는 보고기간 중 존재했던 자산과 부채(미인식된 자산과 부채 포함) 및 자본
② 보고기간의 수익과 비용

재무제표이용자들이 변화와 추세를 식별하고 평가하는 것을 돕기 위해, 재무제표는 최소한 직전 연도에 대한 비교정보를 제공한다. 즉, 비교재무제표를 제공한다.

다음 모두에 해당하는 경우에는 미래에 발생할 수 있는 거래 및 사건에 대한 정보(미래전망 정보)를 재무제표에 포함한다.

① 그 정보가 보고기간말 현재 또는 보고기간 중 존재했던 기업의 자산, 부채(미인식 자산이나 부채 포함)나 자본 또는 보고기간의 수익이나 비용과 관련된 경우
② 재무제표이용자들에게 유용한 경우[4)]

재무제표의 목적을 달성하기 위해 보고기간 후 발생한 거래 및 기타 사건에 대한 정보를 제공할 필요가 있다면, 재무제표에 그러한 정보를 포함한다.

---

4) 예를 들면, 미래현금흐름을 추정하여 자산이나 부채를 측정한다면, 그러한 추정 미래현금흐름에 대한 정보는 재무제표이용자들이 보고된 측정치를 이해하는 데 도움을 줄 수 있다. 그러나 일반적으로 재무제표는 다른 유형의 미래전망 정보(예를 들면, 보고기업에 대한 경영진의 기대와 전략에 대한 설명자료)를 제공하지는 않는다.

(3) 재무제표에 채택된 관점

재무제표는 기업의 현재 및 잠재적 투자자, 대여자와 기타 채권자 중 특정 집단의 관점이 아닌 "보고기업 전체의 관점"에서 거래 및 기타 사건에 대한 정보를 제공한다.

보고기업 전체의 관점

개념체계에서는 재무제표가 기업의 현재 및 잠재적 투자자, 대여자와 기타 채권자 중 특정 집단의 관점이 아닌 보고기업 전체의 관점(이를 **기업실체 관점**(entity perspective)으로 부름)에서 거래 및 기타 사건에 대한 정보를 제공한다고 기술한다. 이는 보고기업이 현재 및 잠재적 투자자, 대여자와 기타 채권자와 분리되어 있다는 관점을 반영한다.

기업실체 관점이 일반목적재무보고의 목적과 일관된다. 그 목적은 유용한 정보를 현재 및 잠재적 투자자, 대여자와 기타 채권자에게 제공하는 것이다. 정보의 초점을 이러한 주요 자본제공자들의 특정 하위집단의 수요에 맞춘다면, 각 하위집단을 위해 서로 다른 재무제표의 조합을 제공해야 할 수 있다. 이렇게 되면 혼란을 초래할 수 있고 재무보고에 대한 신뢰(confidence)를 저해할 수 있다. 또한, 주요이용자들의 각 하위집단에 서로 다른 보고서를 제공하려면 비용이 많이 들 수 있다.

(4) 계속기업가정

재무제표는 일반적으로 보고기업이 계속기업이며 예측가능한 미래에 영업을 계속할 것이라는 계속기업의 가정(going concern assumption)하에 작성된다. 따라서 기업이 청산을 하거나 거래를 중단하려는 의도가 없으며, 그럴 필요도 없다고 가정한다. 만약 그러한 의도나 필요가 있다면, 재무제표는 계속기업과는 다른 기준에 따라 작성되어야 하고, 사용된 기준을 재무제표에 기술한다.

2 보고기업

(1) 보고기업과 재무제표

보고기업(reporting entity)은 재무제표를 작성해야 하거나 작성하기로 선택한 기업이다. 보고기업은 단일의 실체이거나 어떤 실체의 일부일 수 있으며, 둘 이상의 실체로 구성될 수도 있다. 보고기업이 반드시 법적 실체(legal entity)일 필요는 없다.

한 기업(지배기업)이 다른 기업(종속기업)을 지배하는 경우가 있다. 보고기업이 지배기업과 종속기업으로 구성된다면 그 보고기업의 재무제표를 연결재무제표(consolidated financial statements)라고 부른다. 보고기업이 지배기업 단독인 경우 그 보고기업의 재무제표를 비연결재무제표라고 부른다.

보고기업이 지배-종속관계로 모두 연결되어 있지는 않은 둘 이상의 실체들로 구성된다면 그 보고기업의 재무제표를 결합재무제표(combined financial statements)라고 부른다.

결합재무제표

결합재무제표가 '일부 상황'에서 재무제표이용자들에게 유용한 정보를 제공할 수 있을 것이다. 이에 따라 개념체계는 결합재무제표의 개념을 인정한다. 그러나 개념체계에서는 결합재무제표의 작성 시기와 방법에 대해서는 논의하지 않는다. 그러한 논의는 미래에 이 주제에 대한 회계기준을 개발하기로 결정할 경우에 보다 잘 진행될 것이다.

보고기업이 법적 실체가 아니고, 지배-종속관계로 연결된 법적 실체들로만 구성되어 있지 않은 경우 보고기업의 적절한 경계(boundary)를 결정하는 것이 어려울 수 있다. 이 경우, 보고기업의 경계는 보고기업의 재무제표의 주요이용자들의 정보수요에 맞춰 결정한다. 주요이용자들은 목적적합하고 표현충실한 정보를 필요로 한다. 충실한 표현은 다음 모두를 요구한다.

① 보고기업의 경계에 자의적이거나 불완전한 경제활동의 집합을 포함하지 않는다.
② 보고기업의 경계 내에 자의적이거나 불완전한 경제활동의 해당 집합을 포함하는 것이 중립적 정보를 생산한다.
③ 보고기업의 경계의 결정방법과 보고기업의 구성내용에 대한 설명을 제공한다.

보고기업에 대한 기술과 보고기업의 경계

개념체계는 일반목적재무제표를 누가 작성해야 하는지 또는 누가 작성할 수 있는지를 기술하기보다는 보고기업에 대해 전반적으로 기술하고 있다. 개념체계에서 그러한 결정을 할 수 없기 때문이다.

보고기업이 법적 실체이거나 지배-종속관계로 모두 연결된 법적 실체들로만 구성될 경우에는 보고기업의 경계를 결정하는 것은 일반적으로 간단하다. 이 경우 법적 실체 또는 법적 실체들의 경계는 곧 그 보고기업의 경계로 결정된다. 이러한 방식으로 보고기업의 경계를 결정하는 것은 이용자들의 정보수요를 충족시킨다.

개념체계에서는 법적 실체가 아니며 지배-종속관계로 연결된 법적 실체들로만 구성되지는 않은 보고기업의 경계를 결정할 때 이용자들의 정보수요에 초점을 맞추어야 한다고 기술하고 있다.[5] 표현충실성이라는 질적특성의 완전성과 중립성 측면이 보

5) 공개초안(2010)은 보고기업의 몇 가지 핵심적인 특성을 다음과 같이 기술하였다.

"보고기업은 경제활동의 한정된 영역(circumscribed area of economic activities)으로서, 그 영역의 재무정보는 ① 필요한 정보를 직접 얻을 수 없는 재무정보의 주요이용자들이 기업에 자원을 제공하는 의사결정을 할 때, ② 그 기업의 경영진과 지배기구(governing board)가 제공받은 자원을 효율적이고 효과적으로 사용했는지 평가할 때 유용할 수 있는 잠재력을 가지고 있다. 보고기업을 식별하기 위해 필요하지만 항상 충분하지는 않은 세 가지 특성은 다음과 같다.

(가) 기업의 경제활동이 수행되고 있으며, 수행되어 왔고, 수행될 것이다.
(나) 기업의 경제활동이 다른 기업들의 경제활동 및 그 기업이 존재하는 경제적 환경으로부터 객관적으로 구분될 수 있다.
(다) 기업의 경제활동에 대한 재무정보가 그 기업에 자원을 제공하는 의사결정을 할 때 그리고 경영진과 지배기구가 제공받은 자원을 효율적이고 효과적으로 사용했는지 평가할 때 유용할 수 있는 잠재력을 가지고 있다."

개념체계에서는 위의 (다)에 언급된 특성만이 보고기업의 경계를 결정하는 데 중요한 역할을 할 수 있다고 보고 공개초안(2010)의 다른 내용들을 사용하지는 않았는데, 그 이유는 다음과 같다.

① 경제활동을 수행한 적이 없으며 앞으로도 수행하지 않을 기업의 재무제표는 재무제표이용자들에게 유용한 정보를 제공할 가능성이 낮을 것이다.
② '한정된 영역'과 '객관적으로 구분될 수 있다'는 용어가 모호하고 불명확하여 보고기업이 무엇으로 구성되는지에 대한 명확한 지침을 제공하지 못할 것이다.

고기업의 경계를 결정할 때 특히 중요하다고 결론지었다. 예를 들면, 보고기업의 경계가 자의적이거나 불완전한 경제활동의 집합을 포함하는 방식으로 결정된다면, 그 보고기업의 재무제표가 제공하는 정보는 불완전할 것이며, 중립성도 결여될 수 있다. 따라서 그러한 방식으로 결정된 결과로 산출되는 정보는 이용자들의 정보수요를 충족시키지 못할 것이다.

재무제표에는 포함된 내용의 이해를 돕기 위해 보고기업의 경계가 어떻게 결정되었는지 그리고 보고기업이 무엇으로 구성되었는지를 기술해야 할 것이다.

(2) 연결재무제표와 비연결재무제표

연결재무제표(consolidated financial statements)는 단일의 보고기업으로서의 지배기업과 종속기업의 자산, 부채, 자본, 수익 및 비용에 대한 정보를 제공한다. 이 정보는 지배기업의 재무정보 주요이용자들이 지배기업에 유입될 미래현금흐름에 대한 전망을 평가하는 데 유용하다. 그 이유는 지배기업에 유입되는 순현금흐름에 지배기업이 종속기업으로부터 받는 분배가 포함되고, 그러한 분배는 종속기업에 유입되는 순현금흐름에 달려 있기 때문이다.

연결재무제표는 특정 종속기업의 자산, 부채, 자본, 수익 및 비용에 대한 별도의 정보를 제공하지 않는다. 종속기업 자체의 재무제표가 그러한 정보를 제공하도록 되어 있다.

비연결재무제표(unconsolidated financial statements)는 종속기업에 대해서가 아닌 지배기업의 자산, 부채, 자본, 수익 및 비용에 대한 정보를 제공하도록 되어 있다. 이 정보는 다음의 이유로 지배기업의 재무정보 주요이용자들에게 유용할 수 있다.

한편, 공개초안(2015)에서 "보고기업의 경계는 그 보고기업의 재무제표가 목적적합한 정보를 제공하고 기업의 경제활동을 충실하게 표현하는 방식으로 설정되어야 한다고 제안하였다. 더 나아가 재무제표가 보고기업 내 경제활동의 집합에 대해 기술해야 한다"고 제안하였다.

그러나 무엇이 보고기업을 구성할 수 있는지에 대해 상세하게 제한하지 않을 것이며, 그 결과 재무제표가 임의의 자산과 부채의 집합에 대해 작성될 수 있고, 따라서 불완전하고 오도하는 정보를 제공할 수 있다. 특히, 어떤 기업의 일부인 보고기업이, 예를 들어 간접비 부담에 대한 그 보고기업의 몫을 그 보고기업의 재무제표에서 제외하는 등, 경제활동의 불완전한 집합에 대해 보고하기로 선택할 수 있을 것이다. 또한, 보고기업이 어떤 기업의 일부인 경우 그 보고기업의 재무제표에 어떤 청구권을 포함해야 하는지 식별하는 것이 어려울 수도 있다.

이러한 우려를 반영하여 개념체계는 보고기업 경계의 결정에 대한 논의를 수정하였다.

① 지배기업에 대한 청구권은 일반적으로 그 보유자에게 종속기업에 대한 청구권을 부여하지 않는다.

② 일부 국가에서는 지배기업의 자본청구권 보유자에게 법적으로 분배될 수 있는 금액이 지배기업의 분배가능잉여금(distributable reserves)에 달려 있다.

지배기업만의 정보를 제공하는 또 다른 방법은 그러한 정보를 연결재무제표의 주석에 기재하는 것이다.

비연결재무제표에 제공되는 정보는 일반적으로 지배기업의 주요 정보이용자들의 정보수요를 충족하기에 충분하지 않다. 따라서 연결재무제표가 요구되는 경우에는 비연결재무제표가 연결재무제표를 대신할 수 없다. 그럼에도 불구하고, 지배기업은 연결재무제표에 추가하여 비연결재무제표를 작성해야 하거나 작성하기로 선택할 수 있다.

연결재무제표와 비연결재무제표

개념체계는 연결재무제표와 비연결재무제표에서 제공하는 재무정보의 유용성을 논의하고 있다. 연결재무제표의 경우, 주요이용자들의 정보수요는 그들이 지배기업에 초점을 맞추는지 아니면 종속기업에 초점을 맞추는지에 따라 달라질 수 있다. 종속기업과 함께 지배기업의 재무정보를 보여주는 것은 지배기업의 정보이용자에게 유용하다. 연결재무제표는 그러한 정보를 제공한다.

지배기업만의 재무정보가 지배기업의 정보이용자에게 유용할 수 있다. 따라서 개념체계는 지배기업이 다음을 요구받거나 선택할 수 있다고 규정한다.

① 연결재무제표에 추가하여 비연결재무제표를 작성한다.

② 지배기업만의 정보를 연결재무제표의 주석에 제공한다.

재무제표는 최대 다수의 주요이용자의 일반적인 정보수요를 충족시키도록 설계되었다. 따라서 주요이용자들의 특정한 하위집단(예, 종속기업의 주요정보이용자)에게만 유용한 정보를 반드시 포함하지는 않는다. 예를 들면, 종속기업의 일부 재무정보가 종속기업의 재무제표에서는 중요할 수 있지만 지배기업의 연결재무제표에서는 중요하지 않을 수 있다. 종속기업 자체의 재무제표는 종속기업 정보의 주요이용자들에게 종속기업의 재무정보를 제공하도록 설계되었다.

개념체계에서는 '공동지배력'과 '유의적인 영향력' 개념은 언급하지 않고 있다.

CHAPTER 4

재무제표요소

1. 자산의 정의
   - (1) 권 리
   - (2) 경제적효익을 창출할 잠재력
   - (3) 통 제
2. 부채의 정의
   - (1) 의 무
   - (2) 경제적자원의 이전
   - (3) 과거사건의 결과로 존재하는 현재의무
3. 자산과 부채에 관련된 기타사항
   - (1) 회계단위
   - (2) 미이행계약
   - (3) 계약상 권리와 의무의 실질
4. 자본의 정의
5. 수익과 비용의 정의

재무제표는 거래 및 사건의 재무적 영향을 경제적 특성에 따라 대분류하여 나타낸다. 이러한 대분류를 재무제표요소(elements of financial statements)로 정의한다. 이러한 요소들은 앞에서 논의된 경제적자원, 청구권 및 경제적자원과 청구권의 변동과 연계되어 있으며, 관련 정의는 〈표 4-1〉에 요약되어 있다.

〈표 4-1〉 재무제표요소

<table>
<tr><th>논의된 항목</th><th>요 소</th><th>정의 또는 설명</th></tr>
<tr><td>경제적자원</td><td>자산</td><td>과거사건의 결과로 기업이 통제하는 현재의 경제적자원
(경제적자원은 경제적효익을 창출할 잠재력을 지닌 권리)</td></tr>
<tr><td rowspan="2">청구권</td><td>부채</td><td>과거사건의 결과로 기업의 경제적자원을 이전해야 하는 현재의무</td></tr>
<tr><td>자본</td><td>기업의 자산에서 모든 부채를 차감한 후의 잔여지분</td></tr>
<tr><td rowspan="2">재무성과를 반영하는 경제적자원 및 청구권의 변동</td><td>수익</td><td>자본의 증가를 가져오는 자산의 증가나 부채의 감소로서, 자본청구권 보유자의 출자와 관련된 것은 제외</td></tr>
<tr><td>비용</td><td>자본의 감소를 가져오는 자산의 감소나 부채의 증가로서, 자본청구권 보유자에 대한 분배와 관련된 것은 제외</td></tr>
<tr><td rowspan="2">기타 경제적자원 및 청구권의 변동</td><td colspan="2">자본청구권 보유자에 의한 출자와 그들에 대한 분배</td></tr>
<tr><td colspan="2">자본의 증가나 감소를 초래하지 않는 자산이나 부채의 교환</td></tr>
</table>

재무제표의 요소가 재무상태표와 재무성과표에 표시될 때 소분류의 과정을 거친다. 예컨대, 자산과 부채는 기업이 영위하는 사업에서의 해당 항목의 성격이나 기능에 따라 이용자의 경제적 의사결정 목적에 가장 유용하도록 해당 정보를 나타내는 방법으로 분류할 수 있다.

재무보고의 개념체계를 완성하기 위해서는 재무제표의 기본요소에 대하여 정의를 내리는 것이 필수적이다. 즉, 재무제표의 요소들이 갖는 고유한 성격을 정의할 필요성이 있다.

1 자산의 정의

자산(asset)은 '과거사건의 결과로 기업이 통제하는 현재의 경제적자원'이다. 여기에서 경제적자원(economic resource)이란 '경제적효익을 창출할 잠재력을 지닌 권리'를 말한다. 자산의 정의에 대한 다음 세 가지 측면, 즉 ① 권리, ② 경제적효익을 창출할 잠재력, 그리고 ③ 통제에 대해 살펴보기로 하자.

(1) 권 리

경제적효익을 창출할 잠재력을 지닌 권리(right)는 재화나 용역을 제공받을 권리를 포함하여 다양한 형태의 권리가 있다.[1)] 많은 권리들은 계약, 법률 또는 이와 유사한 수단에 의해 성립된다. 예를 들면, 기업은 특정 물리적 대상을 보유하거나 리스함으로써 권리를 획득할 수 있고, 채무상품이나 지분상품을 소유하거나 등록된 특허권을 소유함으로써 권리를 획득할 수 있다. 그 밖에 다음과 같은 방법으로도 권리를 취득할 수 있다.

① 공공영역(public domain, 권리 소멸로 누구나 이용할 수 있는 상태)에 속하지 않는 노하우의 획득이나 창작

② 실무 관행, 공개한 경영방침, 특정 성명(서)과 상충되는 방식으로 행동할 수 있는 실제 능력이 없기 때문에 발생하는 다른 당

---

1) 여기에는 다음과 같은 형태의 권리가 있다.
① 다른 당사자의 의무에 해당하는 권리. 예를 들면 다음과 같다.
(가) 현금수취권
(나) 재화나 용역을 제공받을 권리
(다) 유리한 조건으로 다른 당사자와 경제적자원을 교환할 권리
(라) 불확실한 특정 미래사건이 발생하면 다른 당사자가 경제적효익을 이전하기로 한 의무로 인해 효익을 얻을 권리
② 다른 당사자의 의무에 해당하지 않는 권리. 예를 들면 다음과 같다.
(가) 유형자산 또는 재고자산과 같은 물리적 대상에 대한 권리
(나) 지적재산 사용권

사자의 의무

일부 재화나 용역(예를 들면, 종업원이 제공한 용역)은 제공받는 즉시 소비된다. 이러한 재화나 용역으로 창출된 경제적효익을 얻을 권리는 기업이 재화나 용역을 소비하기 전까지 일시적으로 존재한다.

기업의 모든 권리가 그 기업의 자산이 되는 것은 아니다. 권리가 기업의 자산이 되기 위해서는, 해당 권리가 그 기업을 위해서 누구나 이용가능한 경제적효익을 초과하는 경제적효익을 창출할 잠재력이 있고, 그 기업이 통제하여야 한다. 예를 들면, 누구나 유의적인 원가를 들이지 않고 이용가능한 권리를 갖는다면 일반적으로 그것은 기업의 자산이 아니다. 예컨대, 누구나 도로에 대한 공공권리 또는 공공의 영역에 속하는 노하우와 같은 공공재에 접근할 수 있는 권리가 있다.

기업은 기업 스스로로부터 경제적효익을 획득하는 권리를 가질 수는 없다. 예를 들면, 다음은 보고기업의 경제적자원이 아니다.

① 기업이 발행 후 재매입하여 보유하고 있는 채무상품이나 지분상품(예를 들면, 자기주식)
② 보고기업이 둘 이상의 법적 실체를 포함하는 경우, 그 법적 실체들 중 하나가 발행하고 다른 하나가 보유하고 있는 채무상품이나 지분상품

원칙적으로 권리 각각은 별도의 자산이다. 그러나 회계목적상으로는 관련되어 있는 여러 권리가 단일 자산인 단일 회계단위로 취급되는 경우가 많다. 예를 들면, 물리적 대상에 대한 법적 소유권은 다음을 포함한 여러 가지 권리를 부여해 줄 수 있다.

① 대상을 사용할 권리
② 대상에 대한 권리를 판매할 권리
③ 대상에 대한 권리를 담보로 제공할 권리
④ 위 ①~③에 열거되지 않은 그 밖의 권리

많은 경우에 물리적 대상에 대한 법적 소유권에서 발생하는 권리

의 집합을 단일 자산으로 회계처리한다. 개념적으로 경제적자원은 물리적 대상이 아니라 권리의 집합이지만 때로는 권리의 집합을 물리적 대상으로 기술하는 것이 가장 간결하고 이해하기 쉬운 방식으로 충실하게 표현하는 방법이 되기도 한다.

경우에 따라 권리의 존재 여부가 불확실할 수 있다. 예를 들면, 한 기업이 다른 당사자로부터 경제적자원을 수취할 수 있는 권리가 있는지에 대해 서로 분쟁이 있을 수 있다. 그러한 존재불확실성(existence uncertainty)이 해결(예를 들면, 법원의 판결)될 때까지 기업은 권리를 보유하는지 불확실하고, 결과적으로 자산이 존재하는지도 불확실할 수 있다.

권리에 초점을 맞춤

개념체계는 자산을 권리(right)로 정의한다. 이에 따라 유형자산과 같은 물리적 대상의 경우 경제적자원은 물리적 대상이 아니라 그 대상에 대한 권리의 집합이라고 기술한다. 이러한 권리의 예로는 자산을 사용, 판매, 또는 담보로 제공할 수 있는 권리가 있다.[2)]

많은 자산(예를 들면, 금융자산, 리스이용자들의 사용권, 그리고 특허와 같은 많은 무형자산)이 계약, 법률 또는 이와 유사한 수단에 의해 성립된 권리이다. 법률에 의해 부여된 권리로 인해 물리적 대상에 대한 소유권이 발생한다는 것도 마찬가지이다. 또한, 비록 정도는 다를지라도, 물리적 대상에 대한 완전한 법적 소유권과 그 내용연수의 99%(또는 50%, 또는 심지어 1%)를 사용하는 계약에 의해 부여되는 권리는 모두 한 종류 또는 비슷한 종류의 권리이다. 또한 법률상 차이 또는 변경 때문에, 특

---

2) 자산은 단순히 권리가 아니라 권리나 '자원(resource)'으로 정의되어야 한다는 의견이 있고, 이에 따르면 다음과 같이 주장을 한다.

① 유형의 자산과 같은 일부 자산은 권리 대신 '자원'으로 가장 잘 표현된다. 그들은 유형의 자산을 권리의 집합으로 회계처리하는 것은 실무와 일치하지 않으며, 특히 권리를 '개별적으로 분리(unbundling)'하여 각각 별도의 자산으로 인식한다는 것을 생각하면 더욱 그러하다.

② 개념체계에서 어떤 요소를 고려하여 회계단위를 식별하는지를 설명하지 않는다면, 여러 권리로 구성된 단일 자산을 그 전체로서 단일 자산으로 인식하는지 아니면 그러한 권리들 중 일부를 별도로 인식하는지에 대해 일관되게 설명하기 어려울 것이다.

③ 권리들의 집합에 속하는 권리들에 초점을 맞추면, 인식 및 제거기준 그리고 회계단위에서 더 큰 압박을 받을 것이다. 기업은 재무제표이용자들에게 분명한 효익을 제공하지도 못하면서 새로운 자산이나 부채가 존재하는지 확인하기 위해 스스로 수많은 질문을 해야 할 것이다. 따라서 회계기준의 개발과 적용에서 특히 제거의 결정과 관련하여 어려움을 야기한다.

정 권리의 집합이 한 국가에서 완전한 법적 소유권을 구성하지만 다른 나라에서는 그렇지 않을 수 있거나 시점에 따라 달라질 수도 있다.

① 영업권의 자산성

개념체계에서 특정 자산(영업권)에 대해 언급하는 것은 적절하지 않다고 보아 별도로 언급하지 않고 있다(K-IFRS 제1103호(사업결합)의 '영업권의 자산성'에 대한 논의 참조).

② 식별가능성 및 분리가능성

K-IFRS 제1038호(무형자산)는 영업권과 구별되는 무형자산은 식별가능해야 한다고 요구한다. 또한 자산이 기업과 분리될 수 있거나 계약상 권리나 그 밖의 법적 권리에서 발생하는 경우 식별가능하다고 본다.

식별가능성(identifiability)은 자산을 인식하는 것이 목적적합한 정보를 제공하는지 그리고 자산을 충실하게 표현할 수 있는지에 영향을 미칠 수 있다. 그러나 식별가능성과 분리가능성(separability)이 자산의 정의 중 일부를 구성하지는 않는다.

③ 기타 가치원천

'기타 가치원천'이라는 개념이 너무 모호하여 공식적인 정의에서 유용하지 않다. 대신에 개념체계는 '권리'라는 용어가 단지 계약, 법률 및 이와 유사한 수단에 의해 획득된 권리뿐만 아니라 다른 방식으로 얻은 권리, 예를 들면 공공의 영역에 속하지 않는 노하우를 획득하거나 창작함으로써 얻은 권리도 포함한다는 것을 설명한다. 노하우가 등록된 특허에 의해 보호되지 않더라도 그 노하우를 사용할 권리를 통제할 수 있다.

④ 즉시 소비되는 재화나 용역

개념체계는 제공받는 즉시 소비되는 재화나 용역이 경제적효익을 얻기 위한 일시적인 권리를 창출함을 명확하게 하고 있다. 이 권리는 재화나 용역을 소비하기 전까지 일시적으로 존재하며, 그 시점에서 소비는 비용으로 인식된다. 이것은 K-IFRS 제1102호(주식기준보상)에서 제공받은 종업원의 용역을 즉시 소비되는 자산으로 취급하는 것과 일치한다.

⑤ 누구나 이용가능한 경제적효익

유의적인 원가를 들이지 않고 누구라도 이용가능한 권리라면, 일반적으로 그 권리는 기업의 자산이 아니다. 다른 당사자들도 이용가능한 권리가 일반적으로 특정 기업의 자산이 아닌 이유는 다음과 같다. 첫째, 도로에 대한 공공권리와 같은 권리들이 누구나 누릴 수 있는 이상의 경제적효익을 창출할 잠재력이 없다. 둘째, 이러한 권리가 기업에 의해 통제되지 않는다. 기업은 이러한 권리에서 나오는 경제적효익에 다른 당사자가 접근하는 것을 거부할 수 없다.

(2) 경제적효익을 창출할 잠재력

경제적자원이란 경제적효익을 창출할 잠재력(potential to produce economic benefits)을 지닌 권리를 말한다. 잠재력이 있기 위해 권리가 경제적효익을 창출할 것이라고 확신하거나 그 가능성이 높아야 하는 것은 아니다. 권리가 이미 존재하고, 적어도 하나의 상황에서 누구라도 이용 가능한 경제적효익을 초과하는 경제적효익을 그 기업을 위해 창출할 수 있으면 된다.

경제적효익을 창출할 가능성이 낮더라도 권리가 경제적자원의 정의를 충족할 수 있으면 자산이 될 수 있다. 그러나 그러한 낮은 가능성은 자산의 인식 여부와 측정방법을 포함하여, 자산과 관련하여 제공해야 할 정보와 그 정보를 제공하는 방법에 대한 결정에 영향을 미칠 수 있다.

경제적자원은 기업에게 예를 들면, 다음 중 하나 이상을 할 수 있는 자격이나 권한을 부여하여 경제적효익을 창출할 수 있다.

1) 계약상 현금흐름 또는 다른 경제적자원의 수취
2) 다른 당사자와 유리한 조건으로 경제적자원을 교환
3) 다음과 같은 방식으로 현금유입의 창출 또는 현금유출의 회피
   ① 경제적자원을 재화의 생산이나 용역의 제공을 위해 개별적으로 또는 다른 경제적자원과 함께 사용
   ② 경제적자원을 다른 경제적자원의 가치를 증가시키기 위해 사용
   ③ 경제적자원을 다른 당사자에게 리스 제공
4) 경제적자원을 판매하여 현금 또는 다른 경제적자원을 수취
5) 경제적자원을 이전하여 부채를 상환

경제적자원의 가치가 미래경제적효익을 창출할 현재의 잠재력에서 도출되지만, 경제적자원은 그 잠재력을 포함한 현재의 권리이며, 그 권리가 창출할 수 있는 미래경제적효익이 아니다. 예를 들면, 매입한 옵션은 미래의 어떤 시점에 옵션을 행사하여 경제적효익을 창출할 잠재력에서 그 가치가 도출된다. 즉, 경제적자원은 현재의 권리이며,

그 권리는 미래의 어떤 시점에 옵션을 행사할 수 있다는 것이다. 그러나 경제적자원은 옵션 행사시 보유자가 받게 될 미래경제적효익이 아니다.

지출의 발생과 자산의 취득은 밀접하게 관련되어 있으나 양자가 반드시 일치하는 것은 아니다. 따라서 기업이 지출한 경우 이는 미래경제적효익을 추구했다는 증거가 될 수는 있지만, 자산을 취득했다는 확정적인 증거는 될 수 없다. 마찬가지로 관련된 지출이 없더라도 특정 항목이 자산의 정의를 충족하는 것을 배제하지는 않는다. 예를 들면, 자산은 정부가 기업에게 무상으로 부여한 권리 또는 기업이 다른 당사자로부터 증여받은 권리를 포함할 수 있다.

경제적자원

자산의 정의는 경제적자원을 언급해야 하며, 이로 인한 경제적효익을 언급해서는 안 된다. 자산이 미래경제적효익을 창출할 잠재력에서 가치를 이끌어내더라도 기업이 통제하는 것은 그 잠재력을 포함한 현재의 권리이다. 기업은 미래경제적효익을 통제하지 않는다.

'경제적자원' 대신 '자원'이라는 용어를 사용할 수 있을까? '경제적자원'이라는 용어가 너무 제한적이어서 시장가치가 있는 자원만을 다루게 되지 않을까? '경제적자원'이라는 용어는 현재 존재하는 시장에서의 자원에 한정하지 않고, 경제적효익을 창출할 수 있는 모든 자원을 포함한다. 또한 자원이 물리적 대상이 아니라 물리적 대상에 대한 권리임을 강조하는 데 도움이 되기 때문에 '경제적자원'이라는 용어가 이용되고 있다.

일부 국가에서는 개념체계를 공공부문과 비영리부문을 포함한 금융시장 외부의 다른 환경에도 적용한다. 따라서 자산의 정의는 현금흐름 외의 효익(예를 들면, 보고기업이나 그 밖의 당사자 또는 사회 전반에 대한 사회적 또는 환경적 서비스나 효익)을 창출하는 자원이 포함되어야 한다고 본다. 이와 유사하게, 일부 이해관계자는 부채의 정의가 건전성 또는 도덕적 목적을 위해 부담하는 의무뿐만 아니라 광범위한 이해관계자 집단의 기대를 충족시키거나 공공의 지지를 유지하기 위해 그러한 효익을 이전해야 하는 의무를 포함해야 한다고 주장한다.

그러나 현행 개념체계는 영리기업에 초점을 맞추고 있으므로 자산의 정의는 경제적효익을 창출할 잠재력을 지닌 자원에 계속 초점을 맞추고 있으며, 부채의 정의는 경제적자원을 이전하는 의무에 계속 초점을 맞추고 있다.

(3) 통 제

기업은 경제적자원의 사용을 지시하고 그로부터 유입될 수 있는 경제적효익을 얻을 수 있는 현재의 능력이 있다면, 그 경제적자원을 통제한다. 통제(control)에는 다른 당사자가 경제적자원의 사용을 지시하고 이로부터 유입될 수 있는 경제적효익을 얻지 못하게 하는 '현재의 능력'이 포함된다. 따라서 한 당사자가 경제적자원을 통제하면, 다른 당사자는 그 자원을 통제하지 못한다. 경제적자원을 자신의 활동에 사용할 수 있는 권리가 있거나, 다른 당사자가 경제적자원을 그들의 활동에 사용하도록 허용할 권리가 있다면, 그 경제적자원의 사용을 지시할 수 있는 현재의 능력이 있다.

경제적자원의 통제는 일반적으로 법적 권리를 행사할 수 있는 능력에서 비롯된다. 그러나 통제는 경제적자원의 사용을 지시하고 이로부터 유입될 수 있는 효익을 얻을 수 있는 현재의 능력이 기업에게만 있도록 할 수 있는 경우에도 발생할 수 있다. 예를 들면, 기업은 공공영역에 속하지 않는 노하우에 접근할 수 있고, 그 노하우를 지킬 수 있는 현재능력이 있다면, 그 노하우가 등록된 특허에 의해 보호받지 못하더라도 노하우를 사용할 권리를 통제할 수 있다.

기업이 경제적자원을 통제하기 위해서는 해당 자원의 미래경제적효익이 다른 당사자가 아닌 그 기업에게 직접 또는 간접으로 유입되어야 한다. 그러나 이는 어느 상황에서나 해당 자원이 경제적효익을 창출할 것이라고 보장할 수 있음을 의미하지는 않는다. 대신, 자원이 경제적효익을 창출한다면, 기업은 직접 또는 간접으로 그 경제적효익을 얻을 수 있음을 의미한다.

경제적자원에 의해 창출되는 경제적효익의 유의적인 변동에 노출된다는 것은 기업이 해당 자원을 통제한다는 것을 나타낼 수도 있다. 그러나 그것은 통제가 존재하는지에 대한 전반적인 평가에서 고려해야 할 하나의 요소일 뿐이다.

어떤 경우에는 한 당사자가 본인을 대신하고 본인을 위해 행동하도록 다른 당사자를 고용한다. 예를 들면, 본인(principal)은 자신이 통제하는 재화를 판매하기 위해 대리인(agent)을 고용할 수 있다. 본인이 통제하는 경제적자원을 대리인이 관리하고 있는 경우, 그 경제적자원은 대리인의 자산이 아니다. 또한 본인이 통제하는 경제적자원을 제삼자에게 이전할 의무가 대리인에게 있는 경우 이전될 경제적자원은 대리인의 것이 아니라 본인의 경제적자원이기 때문에 그 의무는 대리인의 부채가 아니다.

요약하면, 통제는 경제적자원을 기업에 결부시킨다. 통제의 존재 여부를 평가하는 것은 기업이 회계처리할 경제적자원을 식별하는 데 도움이 된다. 예를 들면, 기업은 부동산 전체의 소유권에서 발생하는 권리를 통제하지 않고, 부동산 지분에 비례하여 통제할 수 있다. 그러한 경우, 기업의 자산은 통제하고 있는 부동산 지분이며, 통제하지 않는 부동산 전체의 소유권에서 발생하는 권리는 아니다.

통 제

자산의 정의에서 경제적자원을 기업이 '통제'하는 것이어야 한다고 요구했다. K-IFRS 제1115호(고객과의 계약에서 생기는 수익)에서 자산의 통제를 정의하고, K-IFRS 제1110호(연결재무제표)에서 기업의 지배력을 정의하면서 통제의 정의를 제시했다. 이들 정의가 다소 다르더라도 '통제'는 기업이 자산(또는 기업)의 사용을 지시하고 경제적효익(또는 이익)을 얻을 수 있는 능력을 보유하고 있다는 기본개념에 근거한다.

1) 소유에 따른 위험과 보상

자산의 정의에 위험에 대한 노출과 소유에 따른 보상의 개념을 포함해야 할까? 일부 회계기준은 통제의 한 측면 또는 통제의 지표로서 위험에 대한 노출(또는 관련되는 개념으로서 변동이익에 대한 노출)을 식별한다.[3] 개념체계는 통제와 소유에 따른 위험과 보상에 대한 노출 사이의 관계를 일반적인 용어로 설명한다. 따라서 '소유에 따른 위험과 보상'이라는 문구를 사용하는 대신에 개념체계는 '경제적효익의 유의적인 변동에 노출'을 언급하고 있다.

2) 고려할 수 있는 대안

통제의 정의에 대해 다음과 같은 대안도 고려할 수 있다. 그러나 개념체계는 이를 채택하고 있지 않다.

---

3) ① K-IFRS 제1110호(연결재무제표)는 '투자자는 피투자자에 대한 관여로 인해 변동이익에 노출되거나 변동이익에 대한 권리가 있고, 피투자자에 대하여 자신의 힘으로 변동이익에 영향을 미치는 능력이 있을 때 피투자자를 지배한다'고 기술하고 있다.
② K-IFRS 제1115호(고객과의 계약에서 생기는 수익)는 자산에 대한 통제가 고객에게 이전되었는지에 대한 지표 중 하나로 '자산의 소유에 따른 유의적인 위험과 보상이 고객에게 있다'는 것을 기술하고 있다. 또한 자산의 소유에 따른 위험과 보상에 대한 노출은 통제를 나타낼 수도 있다고 설명하고 있다.

① **자산의 정의에서 통제에 대한 언급을 제외** : 경제적자원의 정의에 기업이 자원을 통제하는 권리라는 의미가 내재되어 있기 때문에 통제를 굳이 다시 언급할 필요가 없을까? 아니다. 통제가 경제적자원의 정의에 내재되어 있지만, 이를 명시적으로 언급하는 것이 정의와 이를 뒷받침하는 지침을 구조화하는 유용한 방법일 것이다.

② **통제에 대한 요구사항은 자산의 정의의 일부로서가 아니라 인식기준에 존재해야 함** : 이는 서로 독립적인 두 가지 질문(즉, 자산이 존재하는가? 그리고 자산은 누구에게 속하는가?)을 분리할 것이기 때문이다.

그러나 이는 옮긴다고 해서 인식될 자산이 변경되지 않을 것이고, 옮겼을 때 해결될 실무상 문제를 확인하기 어렵다고 본다.

2 부채의 정의

부채(liability)는 과거사건의 결과로 기업이 경제적자원을 이전해야 하는 현재의무이다. 따라서 부채가 존재하기 위해서는 다음의 세 가지 조건을 모두 충족해야 한다.[4]

① 기업에게 의무가 있다.
② 의무는 경제적자원을 이전하는 것이다.
③ 의무는 과거사건의 결과로 존재하는 현재의무이다.

(1) 의 무

의무(obligation)란 '기업이 회피할 수 있는 실제 능력이 없는 책무나 책임'을 말한다. 의무는 항상 다른 당사자(또는 당사자들)에게 이행해야 한다. 다른 당사자는 사람이나 또 다른 기업, 사람들 또는 기업들의

4) 개념체계는 부채와 자본의 특성이 모두 있는 금융상품의 분류를 다루지 않는다. '자본의 특성이 있는 금융상품(Financial Instruments with Characteristics of Equity)'에 대한 프로젝트에서 부채와 자본을 어떻게 구별해 낼 수 있을지 모색하고 있다. 만약 필요하다면, 개념체계가 이 프로젝트의 결과에 따라 바뀔 수도 있다.

집단, 사회 전반이 될 수 있다. 그러나 의무를 이행할 대상인 당사자의 신원을 알 필요는 없다.

한 당사자가 경제적자원을 이전해야 하는 의무가 있는 경우, 다른 당사자는 그 경제적자원을 수취할 권리가 있다. 그러나 한 당사자가 부채를 인식하고 이를 특정 금액으로 측정해야 한다는 요구사항이 다른 당사자가 자산을 인식하거나 동일한 금액으로 측정해야 한다는 것을 의미하지는 않는다. 예를 들면, 한 당사자의 부채와 이에 상응하는 다른 당사자의 자산에 대해 서로 다른 인식기준이나 측정 요구사항이 표현하고자 하는 것을 가장 충실히 표현하고 가장 목적적합한 정보를 선택하기 위한 결정이라면, 특정 회계기준은 그러한 서로 다른 기준이나 요구사항을 포함할 수 있다.

의무는 대부분 계약, 법률 또는 이와 유사한 수단에 의해 성립되며, 채권자가 채무자에게 그 의무의 법적 집행을 강요할 수 있다. 그러나 기업이 실무 관행, 공개한 경영방침, 특정 성명서와 상충되는 방식으로 행동할 실제 능력이 없는 경우, 기업의 그러한 실무 관행, 경영방침이나 성명서로 인해 의무가 발생할 수도 있다. 그러한 상황에서 발생하는 의무는 **의제의무**(constructive obligation)라고 부른다.

일부 상황에서, 경제적자원을 이전하는 기업의 임무나 책임은 기업 스스로 취할 수 있는 미래의 특정 행동을 조건으로 발생한다. 그러한 미래의 특정 행동에는 특정 사업의 운영, 미래의 특정 시점에 특정 시장에서의 영업 또는 계약상의 특정 옵션을 행사하는 것을 포함한다. 이러한 상황에서 그러한 행동을 회피할 수 있는 실제 능력이 없다면 의무가 있다.

기업을 청산하거나 거래를 중단하는 것으로만 이전을 회피할 수 있고 그 외는 이전을 회피할 수 없다면, 기업의 재무제표가 계속기업 기준으로 작성되는 것이 적절하다는 결론은 그러한 이전을 회피할 수 있는 실제 능력이 없다는 결론도 내포하고 있다.

회피할 수 있는 실제 능력이 있는지를 평가하는 데 사용되는 요소는 기업의 임무나 책임의 성격에 따라 달라질 수 있다. 예를 들면, 이전을 회피하기 위한 행동이 이전하는 것보다 유의적으로 더 불리한 경제적 결과를 가져온다면, 기업은 이전을 회피할 수 있는 실제 능력이 없을 수 있다. 그러나 이전하고자 하는 의도나 높은 이전가능성은 기업이 이전을 회피할 수 있는 실제 능력이 없다고 결론을 내릴 충분한 이유가 되지 않는다.

의무가 존재하는지 불확실한 경우가 있다. 예를 들면, 다른 당사자가 기업의 범법행위 혐의에 대한 보상을 요구하는 경우, 그 행위가 발생했는지, 기업이 그 행위를 했는지 또는 법률이 어떻게 적용되는지가 불확실할 수 있다. 예를 들면, 법원의 판결로 그 존재의 불확실성이 해소될 때까지 기업이 보상을 요구하는 당사자에게 의무가 있는지, 그리고 결과적으로 부채가 존재하는지 여부가 불확실하다.

의 무

개념체계는 의무(obligation)를 임무나 책임으로 정의한다. 그러나 '의무'라는 용어의 의미를 명확히 하기 위해 개념체계는 기업이 회피할 수 있는 실제 능력이 없는 책무나 책임이 있다면, 기업에게 의무가 있다고 기술한다.

1) 회피할 수 있는 실제 능력의 부재

다음의 상황에서 발생하는 문제를 고려하여 '회피할 수 있는 실제 능력의 부재'에 대한 기준을 개발하였다.

① 기업에게 경제적자원을 이전해야 하는 법적으로 집행가능한 의무는 없지만, 이전을 회피할 수 있는 능력이 실무 관행, 공개된 경영방침 또는 특정 성명(서)에 의해 제한된다(이러한 의무는 '의제의무(constructive obligation)'라고 불린다).[5]

② 기업이 경제적자원을 이전해야 하는 요구사항이 이미 존재하지만, 그 요구사항의 결과는 기업이 스스로 취할 수 있는 행위에 따라 달라진다.

위의 두 가지 상황에서 기업이 이전을 회피할 수 있는 능력이 제한적이다. 개념체계에서 '회피할 수 있는 실제 능력의 부재' 기준은 두 가지 상황 모두에 적용된다. 그러나 기업이 특정 이전을 회피할 수 있는 실제 능력이 있는지를 평가하기 위해 사용된 요소는 기업의 임무나 책임의 성격에 따라 결정될 것이며 실제로 회계기준을 개발할 때 고려해야 한다.

회계기준에서 기업의 미래행위를 통해 경제적자원의 이전을 회피할 수 있는 상황에 대해 상이한 접근법을 사용하고 있다. 회계기준에 나타난 세 가지 견해를 비교해 보자.

---

5) 의무를 발생시키는 어떤 상황을 지칭하기 위하여 '의제의무'라는 용어를 사용하거나, 의무를 발생시키지 않는 어떤 상황을 지칭하기 위해 '경제적 강제(economic compulsion)'라는 용어를 사용하기도 한다. 개념체계는 의무가 존재하는 상황을 의무가 존재하지 않는 상황과 구별하기 위하여 이러한 용어를 사용하지 않았다. 이러한 용어가 그러한 목적상 도움이 된다고 밝혀진 바 없고, 필요하지도 않은 것이다.

〈**견해 1**〉 기업은 미래의 이전을 회피할 수 있는 능력이 없어야만 한다. 예를 들면, IFRIC 21(부담금)에서 해석하였듯이 K-IFRS 제1037호(충당부채, 우발부채, 우발자산)는 현재의무가 존재하려면, 이론적으로도 미래의 이전을 회피할 수 있는 능력이 없을 것을 요구하였다.

〈**견해 2**〉 기업은 미래의 이전을 회피할 수 있는 실제 능력이 없어야 한다. 예를 들면, K-IFRS 제1034호(중간재무보고)는 리스가 기업이 달성하는 특정 수준의 연간 매출액을 기초로 한 변동리스료를 대가로 제공되는 경우에 그 수준이 달성될 것으로 기대되고 따라서 미래에 그 리스료를 지급하는 것 외에 현실적인 대안이 없다면, 그 수준에 도달하기 전에 의무가 발생할 수 있다고 규정하고 있다.

〈**견해 3**〉 미래의 이전을 회피할 수 있는 기업의 능력에 제한이 있는지 고려할 필요가 없다. 과거사건의 결과로 추가조건이 충족되는 경우, 기업이 경제적자원을 이전해야 할 수도 있다면 그것으로 충분하다. 예를 들면, K-IFRS 제1019호(종업원급여)는 종업원이 이미 제공한 용역과 교환하여 제공되는 급여라면, 미래의 고용(가득되지 않은 급여)을 조건으로 하는 급여에 대해서 부채를 인식할 것을 요구했다. 그러나 기업이 이러한 급여지급을 회피할 수 있는 실제 능력이 있는지 평가할 것을 요구하지 않았다.

개념체계에서는 〈견해 2〉를 채택하고 있는데, 그 이유는 다음과 같다.

① 경제적자원의 이전을 회피할 수 있는 실제 능력은 있는 경우에 이를 의무목록에서 포함한다면 유용한 정보를 제공하지 못한다. 이는 법적 형식에 지나치게 중점을 두고, 실무적으로 법적 구속력이 있으며 법적으로 집행가능한 의무의 실질을 충실하게 표현하는 것을 충분히 고려하지 않는 것이다. 또한 의무를 회피하기 위한 권리를 행사할 실제 능력이 없다면 권리가 없는 것과 마찬가지이므로 〈견해 1〉은 적정하지 않다.

② '의무'라는 용어가 경제적자원의 이전을 회피할 수 있는 기업의 능력에 제한이 있음을 내포하기 때문에 〈견해 3〉은 적정하지 않다.

미래의 유출가능성에 기초하여 임계치를 적용하면 해당 기간의 비용에 가장 목적적합한 측정치를 제공할 수 있을까? 그렇지 않다. 그러나 개념체계에서 부채의 정의는 의무가 존재하는지에 초점을 맞춘다. 정의를 뒷받침하는 지침은 가능한 결과의 발생가능성이 아니라 기업이 수행해야 하는 의무에 초점을 맞추고 있다.

2) '회피할 수 있는 실제 능력의 부재'에 대한 해석

회피할 수 있는 실제 능력이 있는지를 평가하기 위해 사용되는 요소는 기업의 임무나 책임의 성격에 따라 달라질 수 있다, '실제 능력의 부재(no practical ability)'라는 기준을 적용하려면 판단이 필요하다. 재무제표작성자가 이 기준을 적용하도록 허용하면, 다양한 실무 관행을 초래하고 일부 상황에서는 기업이 진정한 의무가 없음에도 부채를 인식할 수도 있다. 그러나 재무제표작성자들은 추가 요구사항과 지침이 없으면 그 기준을 적용하게 되지 않을 것이다. 필요하면, 회계기준에서 특정 경우에 그 기준을 적용하는 지침도 개발해야 할 것이다.

개념체계는 회피할 수 있는 실제 능력이 없을 수도 있는 경우의 사례로 경제적자원을 이전하는 것보다 유의적으로 더 불리한 경제적 결과를 가져오는 행동을 언급한다. 이는 단순히 이전이 경제적으로 유리하다는 것만을 의미하는 것은 아니다. 오히려 이전하지 않음으로 인하여 매우 불리한 경제적 결과가 발생하여 이전을 회피할 수 있는 실제 능력이 없다는 것이다.

3) 용 어

'회피할 수 있는 실제 능력의 부재'보다 다음과 같은 문구가 더 해석하기 쉬울까?

① 현실적 대안의 부재(no realistic alternative)

② (실무에서) 회피할 수 있는 재량권이 거의 또는 전혀 없음(little or no discretion (in practice) to avoid)

위 문구는 '회피할 수 있는 실제 능력의 부재'와 유사한 의미를 지닌다. 그러나 가능한 결과에 중점을 두는 대신에 기업이 수행해야 하는 의무를 식별할 필요성을 가장 효과적으로 전달하기 위해서는 '회피할 수 있는 실제 능력이 없음'이라는 문구가 적절하다. 또한 이미 일부 회계기준에서 기업이 자산을 통제하는지 여부를 평가할 때 '실제 능력'이라는 용어를 사용하고 있다.

4) 한 당사자의 의무는 다른 당사자의 권리

개념체계는 한 당사자에게 경제적자원을 이전해야 하는 의무가 있는 경우, 다른 당사자(또는 당사자들)는 그 경제적자원을 수령할 권리가 있다고 기술한다. 때로는 기업에게 의무가 있는지를 식별하는 것보다 다른 당사자(또는 당사자들)에게 권리가 있는지를 식별하는 것이 더 쉽기 때문에, 이러한 기술이 부채의 정의를 적용하는 데 도움이 될 것이다.

법적으로 집행가능하지 않지만 보고기업의 실무관행, 공개된 경영방침 또는 특정 성명(서)으로 인해 발생하거나 기업의 미래 행동에 따른 조건부 의무인 경우, 다른 당사자가 통제하는 자산을 보유하고 있는가? 그렇다. 경제적자원으로 창출되는 경제적효익을 획득할 당사자라면, 그 당사자는 당해 경제적자원을 통제하는 것이다.

환경적 의무(environmental obligations)는 그 의무와 상응하는 경제적자원을 수취할 권리가 존재하는 일반원칙의 예외인가? 아니다. 그러한 의무가 있는 경우에 해당 권리는 해당 지역에 거주하는 사람들의 사회 전반에 의해 통제된다. 그들은 환경복원에 필요한 용역을 제공받을 권리가 있다. 따라서 이는 일반원칙에 예외가 아니다.

(2) 경제적자원의 이전

의무에는 기업이 다른 당사자에게 경제적자원을 이전(transfer of economic resource)하도록 요구받게 될 잠재력이 있어야 한다. 그러한 잠재력(potential)이 존재하기 위해서는, 기업이 경제적자원의 이전을 요구받을 것이 확실하거나 그 가능성이 높아야 하는 것은 아니다. 예를 들면, 불확실한 특정 미래사건이 발생할 경우에만 이전이 요구될 수도 있다. 의무가 이미 존재하고 적어도 하나의 상황에서 기업이 경제적자원을 이전하도록 요구되기만 하면 된다.

경제적자원의 이전가능성이 낮더라도 의무가 부채의 정의를 충족할 수 있다. 그러나 낮은 가능성은 부채의 인식 여부와 측정방법의 결정을 포함하여, 부채와 관련하여 제공해야 할 정보와 그 정보를 제공하는 방법에 대해 영향을 미칠 수 있다.

경제적자원을 이전해야 하는 의무는 다음의 예를 포함한다.

① 현금을 지급할 의무
② 재화를 인도하거나 용역을 제공할 의무
③ 불리한 조건으로 다른 당사자와 경제적자원을 교환할 의무. 예를 들면, 현재 불리한 조건으로 경제적자원을 판매하는 선도계약(forward contract) 또는 다른 당사자가 당해 기업으로부터 경제적자원을 살 수 있는 권한을 부여하는 옵션(option)이 있다.
④ 불확실한 특정 미래사건이 발생할 경우 경제적자원을 이전할 의무
⑤ 기업에게 경제적자원을 이전하도록 요구하는 금융상품을 발행할 의무

불확실한 특정 미래사건이 발생하는 경우에 경제적자원의 이전

불확실한 특정 미래사건이 발생하는 경우에 경제적자원을 이전해야 할 의무는 경제적자원을 이전해야 할 가능성이 있으므로 부채를 발생시킨다. 이 경우는 의무가 과거사건의 결과로 발생하는 현재의무이다. 이 의무를 때로는 대기의무(stand-ready obligations)라고 부른다(단, 개념체계에서는 이 용어를 사용하지 않았다).

경제적자원을 수취할 권리가 있는 당사자에게 그 경제적자원을 이전해야 할 의무를 이행하는 대신에, 예를 들어 기업은 다음과 같이 결정하는 경우가 있다.

① 의무를 면제받는 협상으로 의무를 이행
② 의무를 제삼자에게 이전
③ 새로운 거래를 체결하여 경제적자원을 이전할 의무를 다른 의무로 대체

위에서 기술한 상황에서, 기업은 해당 의무를 이행, 이전 또는 대체할 때까지 경제적자원을 이전할 의무가 있다.

(3) 과거사건의 결과로 존재하는 현재의무

현재의무(present obligation)는 다음 두 가지 조건을 모두 충족하는 경우에만 과거사건의 결과로 존재한다.

① 기업이 이미 경제적효익을 얻었거나 조치를 취했고,
② 그 결과로 기업이 이전하지 않아도 되었을 경제적자원을 이전해야 하거나 이전하게 될 수 있는 경우

만약 위의 조건을 충족하지 못한다면, 기업은 경제적자원을 이전해야 하는 현재의무가 없다. 예를 들면, 기업이 종업원의 용역에 대한 대가로 종업원에게 급여를 지급하는 계약을 체결한 경우 기업은 종업원의 용역을 제공받을 때까지 급여를 지급할 현재의무가 없다. 그 전까지 계약은 미이행계약(executory contract)이며, 기업은 미래 종업원 용역에 대해 권리와 의무를 함께 가지고 있다.

부채를 발생시키면서 기업이 얻은 경제적효익의 예에는 재화나 용역이 포함될 수 있다. 부채를 발생시키면서 기업이 취한 조치의 예로는 특정 사업을 운영하거나 특정 시장에서 영업하는 것이 포함될 수 있다. 기업이 일정 기간에 걸쳐 경제적효익을 얻거나 조치를 취하는 경우 현재의무는 그 기간 동안 누적될 수 있다.

새로운 법률 제정의 결과로 발생된 현재의무는 경제적효익을 얻게 되거나 조치를 취한 결과로 기업이 이전하지 않아도 되었을 경제적자원을 이전해야 하거나 이전하게 될 수도 있는 경우에만 발생한다. 법률 제정 그 자체만으로는 기업에 현재의무를 부여하기에 충분하지 않다. 이와 유사하게 의제의무에 대해서는 기업의 실무관행, 공개된 경영방침 또는 특정 성명에 따라 경제적효익을 얻거나 조치를 위한 결과로 경제적자원을 이전해야 하거나 이전하게 될 수도 있는 경우에만 현재의무가 발생한다.

미래의 특정 시점까지 경제적자원의 이전이 집행될 수 없더라도 현재의무는 존재할 수 있다. 예를 들면, 계약에서 미래의 특정 시점까지는 지급을 요구하지 않더라도, 현금을 지급해야 하는 계약상 부채가 현재 존재할 수 있다. 이와 유사하게, 거래상대방이 미래의 특정 시점까지는 업무를 수행하도록 요구할 수 없더라도, 기업에게는 미래의 특정 시점에 업무를 수행해야 하는 계약상 의무가 현재 존재할 수 있다.

과거사건으로 발생한 현재의무

부채의 정의에서 현재의무는 과거사건으로 생길 것을 요구하였으나, 개념체계에서 어떤 '의무발생사건(obligating event)'이 현재의무를 발생시키는지 식별하는 방법은 특정하지 않고 있다. 개념체계에서 '과거사건의 결과로'라는 문구를 해석하는 방법을 살펴보자.

어떤 의무는 재화를 인수하는 것과 같은 단일 의무발생사건으로 발생한다. 다른 의무는 지속적인 활동을 수행하는 것과 같이 일련의 사건이 의무를 발생시킨다. 어떤 기간 내에 최소 임계치(예를 들면, 최소 수익, 최소 직원수 또는 최소 자산금액)에 도달하였고, 보고기업이 특정 시점 이후 영업을 계속하고 있는 경우 의무가 발생할 수 있다. 이러한 경우 해당 사건(임계치에 도달하거나 지정된 시점에 영업) 중 어느 것이 의무발생사건인지 식별하는 것이 특히 어려울 수 있다.

의무의 정의가 무조건적인 의무만을 포함한다면, 과거사건에 대한 명시적 언급은 논란의 여지는 있지만 불필요하다. 의무발생사건은 무조건적 의무를 발생시키는 사건일 것이기 때문이다. 그러나 개념체계에서 채택한 '회피할 수 있는 실제 능력' 접근법에 따르면 기업은 일련의 사건 중 일부만 발생하는 경우에도 의무가 있을 수 있다. 즉, 아직 발생하지 않은 사건을 회피할 수 있는 실제 능력이 없다면, 기업에 의무가 있을 수 있다. 따라서 '과거사건의 결과로 생긴 현재의무'가 있기 위해서는 일련의 사건 중 어떤 사건이 발생했어야만 하는지를 설명하는 것이 중요하다.

자산과 부채의 정의에 관련된 사항

개념체계의 자산과 부채의 정의가 회계기준의 제정과 관련된 많은 이슈를 해결하는데 유용하다. 개념체계에서는 자산과 부채의 정의에서 '경제적효익의 유출입(흐름)'과 '기대되는(expected)'이란 용어를 사용하지 않고 있는데, 그 이유는 다음과 같다.[6)]

1) 경제적자원(또는 의무)과 그로 인한 경제적효익의 유출입을 구별해야 한다.
2) '기대되는'이라는 용어가 확률임계치로 해석될 수 있다. 또한 '기대되는'이라는 용어와 인식기준에서 '가능성이 높다(probable)'라는 용어 사이의 관계가 명확하지 않다.

1) '경제적자원'에 대한 별도의 정의

개념체계는 경제적자원에 대해 별도로 정의하고 있다. 이로 인하여 미래경제적효익의 유출입이라는 언급은 자산과 부채의 정의에서가 아닌 경제적자원의 정의에서 나타난다. 이러한 정의는 경제적자원(또는 의무)과 그로 인한 경제적효익의 유출입을 구별할 수 있도록 한다. 자산(또는 부채)은 경제적자원(또는 의무)이며, 경제적자원(또는 의무)이 창출할 수 있는 경제적효익의 궁극적인 유입(또는 유출)이 아니다. 이러한 접근법으로 정의가 간결하게 되었고, 자산과 부채가 명확하게 대비되고 있다.

2) '기대되는 자원의 유출입'에 대한 개념 삭제

개념체계에서는 종전에 사용해왔던 '기대되는(expected)' 자원의 유입 또는 유출의 개념을 '경제적효익을 창출할 잠재력(potential)을 지닌'(또는 '경제적자원을 이전해야 할 잠재력을 지닌') 자산(또는 부채)으로 대체하였다.[7)] 이는 다음과 같은 이유 때문이다.

---

6) '기대되는 자원의 유출입'의 개념을 유지해야 할까? 유지해야 한다는 의견은 경제적효익의 유입이 기대되지 않거나 적어도 합리적으로 가능하지 않은 항목이라면, 재무제표이용자들과 작성자들은 자산으로 간주하지 않는다고 보기 때문이다. 나아가서 제시된 정의가 자산과 부채로 식별되는 항목의 범위를 상당히 넓혀서 다음 문제를 초래할 수 있다고 본다.
   ① 궁극적으로 자산이나 부채가 인식되지 않거나 영(0)으로 측정되는 경우에 효익은 거의 없고 운영상의 유의적인 부담만 있음에도 가능한 모든 자산과 부채를 식별해야 하는 부담
   ② 인식기준이 더 견고해지지 않는 한, 불확실하거나 발생가능성이 낮거나 측정하기 어려운 더 많은 항목들을 자산과 부채로 인식
   ③ 원칙적으로 유출입이 기대되지 않더라도 모든 자산과 부채는 인식해야 한다는 전제
   ④ 유출입이 일어날 것 같지 않아서 미인식한 자산과 부채에 대한 목적적합하지 않은 정보를 주석에서 제공해야 하는 부담

   그러나 '기대되는 자원의 유출입'의 개념을 삭제하는 것이 운영상 유의적인 부담을 주지 않을 것이다. 왜냐하면 실제로 기업이 인식해야 하는 자산과 부채를 식별하거나 이에 대해 주석으로 제공해야 하는 정보를 식별하기 위하여 기업은 자산과 부채의 정의와 인식기준을 동시에 고려해야 하기 때문이다.

7) 경제적효익을 창출할 '잠재력을 지닌(has the potential to)'이라는 용어 대신에 '할 수 있는(capable of)'이라는 용어를 사용할 수도 있을 것이다. 그러나 '할 수 있는'이라는 용어는 이미 개념체계의 목적적합성 논의에서 사용되었다. 따라서 이 용어를 목적적합한 정보를 설명할 때와 경제적자원

① '기대되는'을 삭제함으로써 경제적자원 또는 의무의 정의에 적절하게 초점을 맞추게 된다. 기대되거나 발생가능성이 높은 유입이나 유출의 개념을 유지하면 명확하게 자산과 부채에 해당하는 많은 항목들(예를 들면, 외가격인 매입옵션,[8] 보험계약, 불확실한 특정 미래사건이 발생하는 경우에 경제적자원을 이전하기로 한 의무)이 제외될 수 있다.

② '기대되는 자원의 유출입'의 개념은 매우 다양하게 해석될 수 있고, 확률임계치(probability threshold) 수준의 개념과 관련되는 경우가 종종 있기 때문에 도움이 되지 않는다.

'경제적효익을 창출할 잠재력을 지닌'(또는 '경제적자원을 이전해야 할 잠재력을 지닌')이라는 문구는 다음과 같은 내용을 담고 있다.

① 경제적효익이 미래에 발생할 수 있다는 것으로는 충분하지 않다. 경제적효익은 이미 경제적자원 내에 존재하는 어떤 특성에 따라 발생해야 한다. 예를 들면, 매입옵션은 보유자에게 경제적효익을 창출할 잠재력을 지녔지만, 이는 단지 옵션에 보유자가 그 옵션을 행사할 수 있는 권리가 이미 포함되어 있기 때문이다.

② 이러한 정의는 최소 확률임계치의 설정을 필요로 하지 않는다. 중요한 것은 적어도 하나의 상황에서 경제적자원이 경제적효익을 창출한다는 것이다.

또한, 경제적효익이 유입되거나 유출될 가능성이 낮음에도 불구하고 자산이나 부채를 인식하게 될 수 있다는 우려는 자산과 부채의 정의에서가 아니라 인식에 대한 결정에서 다뤄질 문제이다.

3) 과거사건과 현재의 언급

자산과 부채의 정의에서 '현재'와 '과거사건의 결과로'를 모두 언급해야 하는가? '과거사건'을 식별함으로써 기업은 재무제표에 그 사건을 보고하는 방법(예를 들면, 그 사건으로 인하여 발생하는 수익, 비용 또는 현금흐름을 분류하고 표시하는 방법)을 결정할 수 있다.

과거사건으로 발생하였다고 하더라도 그 사실만으로는 자산이나 부채가 여전히 존재하는지를 확인할 수 없다. 즉, 기업이 여전히 현재 경제적자원을 통제하고 있거나 현재의무를 지고 있는지를 고려해야 한다. 따라서 자산과 부채의 정의에서 '현재'를 언급할 필요가 있다.

을 정의할 때에 서로 다른 의미로 사용한다면, 혼란스러울 수 있다. 이러한 혼란을 피하기 위해 경제적자원의 정의에 '잠재력을 지닌'이라는 문구를 사용하고 있다.

8) 옵션은 행사가능성에 따라 내가격(in the money), 등가격(at the money) 및 외가격(out of the money) 옵션으로 나누며, 이들은 각각 옵션의 행사가 유리한 상태, 무차별인 상태, 불리한 상태를 의미한다. 따라서 외가격매입옵션은 현재로서는 옵션을 행사하는 것이 불리하기 때문에 자산성이 없지만 추후에 상황의 변동에 따라 자산성을 가질 잠재력은 갖고 있다.

3 자산과 부채에 관련된 기타사항

(1) 회계단위

회계단위(unit of account)는 인식기준과 측정개념이 적용되는 권리나 권리의 집합, 의무나 의무의 집합 또는 권리와 의무의 집합이다. 선택가능한 회계단위는 다음을 포함한다.

① 개별 권리 또는 개별 의무
② 단일 원천(예를 들면, 계약)에서 발생하는 모든 권리, 모든 의무 또는 모든 권리와 의무
③ 이러한 권리 및 의무의 하위집합[9]
④ 유사한 항목들로 구성된 포트폴리오에서 발생하는 권리 및 의무의 집합
⑤ 유사하지 않은 항목들로 구성된 포트폴리오에서 발생하는 권리 및 의무의 집합[10]
⑥ 개별 항목들로 구성된 포트폴리오 내의 특정 위험노출[11]

기업이 자산의 일부 또는 부채의 일부를 이전하는 경우 회계단위가 변경되어 이전된 구성요소(transferred components)와 잔여 구성요소(retained components)가 별도의 회계단위가 될 수도 있다.

회계단위의 선택으로 제공되는 정보의 유용성이 달라지기 때문에 이를 선택할 때 다음 사항을 고려해야 한다.

① 제공된 정보는 목적적합해야 한다.[12]

9) 예를 들면, 유형자산의 한 항목에 포함된 권리집합 중 어떤 하위집합의 권리의 소비행태가 그 유형자산 항목의 내용연수와 다른 경우에 그러한 권리의 하위집합
10) 예를 들면, 단일 거래로 처분될 자산과 부채의 포트폴리오
11) 예를 들면, 여러 항목들로 구성된 포트폴리오에 공통된 위험이 있는 경우, 어떤 한 측면에서 회계처리할 때에는 포트폴리오 내 그러한 위험에 대한 총노출에 중점을 둘 수 있을 것이다.
12) 때로는 다음과 같은 권리와 의무가 있는 경우 권리와 의무의 집합을 단일의 회계단위로 취급하는 것이 각각의 권리나 의무를 별도의 회계단위로 취급하는 것보다 더 목적적합한 정보를 제공할 수 있다.

② 제공된 정보는 발생한 거래 및 사건의 실질을 충실하게 표현해야 한다.13)

정보원가가 다른 재무보고 결정을 제약하는 것처럼, 회계단위 선택에도 원가를 고려하여야 한다. 따라서 회계단위를 선택할 때에는, 그 회계단위의 선택으로 인해 제공되는 정보의 효익이 그 정보를 제공하고 사용하는 데 발생한 원가를 정당화할 수 있는지를 고려하는 것이 중요하다. 일반적으로 자산, 부채, 수익과 비용의 인식 및 측정에 관련된 원가는 회계단위의 크기가 작아짐에 따라 증가한다. 따라서 일반적으로 동일한 원천에서 발생하는 권리 또는 의무는 정보가 더 유용하고 그 효익이 원가를 초과하는 경우에만 분리하는 것이 옳다.

권리와 의무 모두 동일한 원천에서 발생하는 경우가 있다. 예를 들면, 일부 계약은 각 당사자에게 권리와 의무 모두를 발생시킨다. 그러한 권리와 의무가 상호의존적이고 분리될 수 없다면, 이는 단일한 불가분의 자산이나 부채를 구성하며 단일의 회계단위를 형성한다. 미이행계약이 그 예이다. 반대로, 권리가 의무와 분리될 수 있는 경우 권리와 의무를 별도로 분리하여 하나 이상의 자산과 부채를 별도로 식별하는 것이 적절할 수 있다. 그러나 분리가능한 권리와 의무를 단일 회계단위로 묶어 단일의 자산이나 부채로 취급하는 것이 더 적절한 경우도 있다. 그러나 단일 회계단위로 권리와 의무의 집합을 처리하는 것은 자산과 부채를 상계(offsetting)하는 것과 다르다.

인식기준과 측정개념이 자산이나 부채 그리고 관련 수익과 비용에 어떻게 적용될 것인지를 고려하여 그 자산이나 부채에 대해 회계단위를 선택한다. 어떤 경우에는 인식을 위한 회계단위와 측정을 위한 회계단위를 서로 다르게 선택하는 것이 적절할 수 있다. 예를 들면,

① 별도의 거래대상이 될 수 없거나 그러한 가능성이 낮다.
② 서로 다른 형식으로 만료될 수 없거나 그러한 가능성이 낮다.
③ 유사한 경제적 특성과 위험을 갖고 있어서 기업의 미래 순현금유입 또는 순현금유출에 대한 전망에 대해 유사한 시사점을 가질 가능성이 높다.
④ 기업이 현금흐름을 창출하기 위해 수행하는 사업활동에 함께 사용되며, 그러한 상호의존적인 미래현금흐름의 추정을 참고하여 측정된다.

13) 따라서 서로 다른 원천에서 발생하는 권리나 의무를 단일 회계단위로 취급하거나 단일의 원천에서 발생하는 권리나 의무를 분리해야 할 수도 있다. 이와 마찬가지로, 서로 관련 없는 권리나 의무를 충실하게 표현하기 위해, 이들을 별도로 인식하고 측정해야 할 수 있다.

계약은 개별적으로 인식될 수 있지만 계약포트폴리오의 일부로 측정될 수도 있다. 표시와 공시를 위해 자산, 부채, 수익 및 비용은 통합하거나 구성요소로 분리해야 할 수 있다.

회계단위

회계단위를 선택하지 않고 특정 항목에 대한 인식 요구사항을 규정하거나 측정기준을 규정하는 것은 불가능하다. 마찬가지로 인식이나 측정 요구사항을 적용하는 방법을 고려하지 않고 회계단위를 선택하면, 유용한 정보가 아닐 수도 있다. 따라서 특정 항목에 대한 회계단위와 인식 및 측정 요구사항을 모두 동시에 고려해야 한다.

인식을 위한 회계단위와 측정을 위한 회계단위가 다를 수 있는가? 그렇다. 인식은 개별기준으로 그리고 측정은 집합기준으로 할 수 있다. 다음은 개별기준으로 인식하지만 집합기준으로 측정할 수 있는 항목의 예이다.

① 회수가능액을 추정할 때 단일 회계단위로 측정할 수 있다.
② 때로는 실무적인 방법으로, 포트폴리오로 측정할 수 있다.

따라서 인식을 위한 회계단위와 측정을 위한 회계단위를 서로 다르게 선택하는 것이 때로는 적절할 수도 있다.

회계단위에 관한 결정은 회계기준을 개발하면서 이루어지는 인식과 측정에 대한 결정과 관련이 있다. 따라서 회계단위의 선택과 관련된 결정이 개념체계에서가 아니라, 회계기준을 개발할 때 필요하다. 개념체계에는 사용하고자 하는 회계단위를 결정할 때 고려해야 할 요소(목적적합성과 표현충실성)를 논의하고 있다. 그러나 그러한 요소의 상대적 중요성이 기업이 회계처리하려는 항목의 특정 특성에 의존하기 때문에 그 요인의 우선순위를 매기지 않았다. 광범위한 회계기준에 가장 유용한 회계단위를 결정하는 데 일관된 단일 우선순위를 사용할 수는 없기 때문이다.

(2) 미이행계약

미이행계약(executory contract)은 계약당사자 모두가 자신의 의무를 전혀 수행하지 않았거나 계약당사자 모두가 동일한 정도로 자신의 의무를 부분적으로 수행한 계약이나 그 계약의 일부를 말한다.

미이행계약은 경제적자원을 교환할 권리와 의무가 결합되어 성립된다. 그러한 권리와 의무는 상호의존적이어서 분리될 수 없다. 따라서 결합된 권리와 의무는 단일 자산 또는 단일 부채를 구성한다. 교환조건이 현재 유리할 경우 자산이 되고, 교환조건이 현재 불리한 경우에는 부채가 된다. 그러한 자산이나 부채가 재무제표에 포함되는지 여부는 그 자산 또는 부채에 대해 선택된 인식기준(recognition criteria)과 측정기준(measurement basis) 및 손실부담계약(onerous contract)인지에 대한 검토(해당되는 경우)에 따라 달라진다.

계약당사자 일방이 계약상 의무를 이행하면, 그 계약은 더 이상 미이행계약이 아니다. 보고기업이 계약에 따라 먼저 수행한다면, 그렇게 수행하는 것은 보고기업의 경제적자원을 교환할 권리와 의무를 경제적자원을 수취할 권리로 변경하는 사건이 되고, 그 권리는 자산이 된다. 다른 당사자가 먼저 수행하는 경우에는 그렇게 수행하는 것은 보고기업의 경제적자원을 교환할 권리와 의무를 경제적자원을 이전할 의무로 변경하는 사건이 되고, 그 의무는 부채가 된다.

미이행계약

개념체계는 미이행계약에 대해서 보다 광범위한 지침을 제공한다. 이에 따르면 다음 내용이 명확해진다.

① 미이행계약은 경제적자원을 교환할 권리와 의무를 함께 포함하고 있다.
② 경제적자원을 교환할 권리와 의무는 상호의존적이며 분리될 수 없다.
③ 그러한 권리와 의무는 단일의 자산이나 부채를 구성한다.

미이행계약에 대하여 다음 네 가지 질문이 제기되었는데, 이에 대해 생각해 보자.

〈**첫 번째 질문**〉 미이행계약이 권리(하나의 경제적자원을 인수하는 권리)와 별도의 의무(제2의 경제적자원을 이전하는 의무)를 발생시키는가?

그러한 권리와 의무가 상호의존성이 높다. 자원을 인수할 권리는 자원을 이전할 의무의 이행에 따른 조건부 권리이며, 자원을 이전해야 하는 의무는 자원의 인수를 조건으로 한다.

계약당사자들이 서로 다른 시기에 경제적자원을 이전하더라도, 한 당사자의 최초 의무의 이행 시점에 동시 교환이 이루어진다. 예를 들면, 기업은 재화를 고객에게 판매하고 나중에 고객으로부터 대가를 수령하는 계약을 체결할 수 있다. 기업이 재화를 고객에게 양도하는 경우 동시에 고객으로부터 지급액을 수령할 권리가 발생한다. 그 시점에 고객은 재화를 인수하고 대가를 지급할 의무가 발생한다. 각 당사자가 경제적자원을 교환할 권리와 의무는 최초 이전 시점에 함께 충족되며 그 시점에 새로운 권리(이 예에서는 대가를 수령할 권리) 또는 의무(이 예에서는 지급할 의무)로 대체된다.

따라서 미이행계약이 하나의 경제적자원을 인수할 권리와 다른 경제적자원을 이전할 별도의 의무가 아니라, 경제적자원을 교환할 권리와 의무를 함께 포함하고 있다.

〈**두 번째 질문**〉 경제적자원을 교환할 권리와 의무가 보고기업에게 별도 자산(자원을 교환할 권리로서 이는 매입옵션에 상응함)과 별도 부채(자원을 교환할 의무로서 이는 발행옵션에 상응함)를 발생시킬 수 있는가?

경제적자원을 교환하기 위한 매입옵션은 그 보유자에게 교환할 권리 또는 벌금 없이 교환을 철회할 권리를 부여한다. 반대로, 발행옵션 발행자는 보유자가 권리를 행사할 경우 교환해야 할 의무를 진다. 그러나 기업이 매입옵션 보유자인 동시에 동일한 기초자산(경제적자원)을 교환하는 발행옵션의 발행자인 경우에는 다음과 같다.

① 기업이 매입옵션에 따라 교환을 철회할 수 있는 권리는 거래상대방이 발행옵션에 따라 권리를 행사할 경우 교환해야 할 의무에 의해 무효화된다.

② 거래상대방이 발행옵션에 따라 교환을 철회할 수 있는 권리는 기업이 매입옵션에 따라 권리를 행사할 경우 교환해야 할 의무에 의해 무효화된다.

결과적으로 기업이 매입옵션의 보유자인 동시에 동일 조건으로 동일 기초자산을 교환하기 위한 옵션의 발행자인 경우, 어느 당사자도 경제적자원의 교환을 회피할 권리가 없다. 미이행계약에 대해서 이러한 계약체결조건은 오직 하나의 결과(양 당사자가 계약을 해지하는 것에 동의하지 않는 한 교환이 이루어짐)만 제공한다. 또한 기업이 경제적자원을 교환할 권리와 의무는 상호의존적이어서 분리될 수 없다. 따라서 계약을 단일 자산 또는 단일 부채 그 이상으로 분리할 수 없다. 교환이 현재 보고기업에게 유리한 조건이면 그 계약은 자산이며, 교환이 현재 불리한 조건이면 그 계약은 부채이다.

〈**세 번째 질문**〉 미이행계약에 대한 결론이 리스계약에서 발생하는 자산과 부채의 회계처리에 영향을 미칠 수 있거나 금융자산의 거래일 회계처리에 영향을 미칠 수 있는가?

[K-IFRS 제1116호(리스)] 개시일에 리스이용자들은 일정 기간 기초자산을 사용할 권리를 얻게 되고, 리스제공자는 그 자산을 사용할 수 있는 권리를 이전했다. 리스제공자가 해당 권리를 이전할 의무를 수행하면, 리스계약은 더 이상 미이행계약이 아니다. 리스이용자는 사용권자산을 통제하고, 리스료 지급에 대한 부채를 부담한다.

[K-IFRS 제1109호(금융상품)] 금융자산의 '정형화된 방법'을 통한 매입 또는 매도에 대해 '거래일 회계처리방법'을 허용한다. 거래일 회계처리방법에 따르면, 결

제될 때까지 매입 또는 매도 계약을 파생상품으로 회계처리하는 대신에 약정(거래)일에 이미 금융상품을 인도한 것처럼 회계처리한다. 또한 단기 거래를 관리하고 기록하는 간단하고 실용적인 방법으로서 거래일 회계처리방법을 허용한다. 즉, 거래일 회계처리방법과 결제일 회계처리방법(허용된 다른 방법)의 상대적 원가와 효익을 비교하는 원가제약을 고려하였기 때문에 거래일 회계처리방법을 허용한다.

개념체계는 미이행계약에 대한 자산과 부채의 인식에 대해서는 특별히 논의하지 않았는데, 이는 다른 유형의 자산과 부채에 대해서도 특정한 인식기준을 정하지 않았기 때문이다.

〈**네 번째 질문**〉 개념체계의 미이행계약에 대한 개념에 따를 때 미이행계약에서 발생한 자산과 부채가 더 많이 인식되는가?

현재는 실무에서 많은 경우에 미이행계약으로 자산이나 부채가 인식되지 않는다. 미이행계약을 자산이나 부채로 인식하지 않는 이러한 실무가 지속될 것으로 예상한다. 다른 모든 자산과 부채에 적용되는 동일한 측정 고려사항은 미이행계약에서 발생하는 단일 자산이나 부채에도 적용된다. 계약이 손실부담이 아니라면, 역사적원가 측정기준이 미이행계약에 적용될 때에 계약은 일반적으로 영(0)으로 측정된다(계약을 인식하지 않는 것과 동일한 실무적 효과가 있음). 예를 들면, 계약이 손실부담이 아니라면, 재고자산을 매입하는 미이행계약의 역사적원가는 (거래원가는 없다고 가정하면) 영(0)이다.

(3) 계약상 권리와 의무의 실질

계약조건은 계약당사자인 기업에게 권리와 의무를 발생시킨다. 그러한 권리와 의무를 충실하게 표현하기 위해서는 재무제표에 그 실질(substance)을 보고해야 한다. 어떤 경우에는 계약의 법적 형식에서 권리와 의무의 실질이 분명하다. 경우에 따라서는 그 권리와 의무의 실질을 식별하기 위해서 계약조건, 계약집합이나 일련의 계약을 분석할 필요가 있다.

계약의 모든 조건(명시적 또는 암묵적)은 실질이 없지 않는 한 고려되어야 한다. 암묵적 조건의 예에는 법령에 의해 부과된 의무(예를 들면, 고객에게 상품을 판매하기 위해 계약을 체결할 때 부과되는 법정 보증의무)가 포함될 수 있다.

실질이 없는 계약조건은 무시된다. 계약조건이 계약의 경제적 측면에서 구별될 수 있는 영향을 미치지 않는다면, 그 조건은 실질이 없다. 실질이 없는 조건의 예에는 다음이 포함된다.

① 당사자 그 누구도 구속하지 않는 조건
② 권리 보유자가 어떠한 상황에서도 행사할 실제 능력을 갖지 못하는 권리(옵션 포함)

계약의 집합 또는 일련의 계약은 전반적인 상업적 효과를 달성하거나 달성하도록 설계될 수 있다. 그러한 계약의 실질을 보고하려면, 해당 계약의 집합 또는 일련의 계약에서 발생하는 권리와 의무를 단일 회계단위로 처리해야 할 수 있다. 예를 들면, 한 계약의 권리나 의무가 동일한 거래상대방과 동시에 체결된 다른 계약의 모든 권리나 의무를 무효화하는 경우, 두 계약의 결합효과는 어떠한 권리나 의무도 창출하지 않는다.

둘 이상의 별도로 체결하는 계약으로 창출될 수 있었을 둘 이상의 권리나 의무의 집합을 단일 계약으로 창출하는 경우, 기업은 권리와 의무를 충실하게 표현하기 위하여 권리나 의무의 집합을 마치 각각 별도의 계약에서 발생한 것처럼 회계처리할 필요가 있을 수 있다.

계약상 권리와 의무의 실질을 보고

개념체계는 계약상 권리와 의무의 실질을 보고하는 개념을 제시하고 있다. 이러한 기본개념을 개념체계에서 제시하는 것은 이러한 개념을 회계기준에 보다 일관성 있게 적용하는 것에 도움이 될 것이다.

자산과 부채의 정의에서 추가로 고려할지 검토할 사항

1) 비상호적 거래(non-reciprocal transactions)

개념체계에서 예를 들면, 기부금, 법인세와 기타세금 및 부담금과 같이 상호적이지 않은 거래에서 발생하는 자산과 부채를 명시적으로 논의해야 하는가? 개념체계의 지침은 모든 거래가 상호교환임을 가정하고 개발되지는 않았다. 실제로 일부 지침

(특히 부채의 정의를 뒷받침하는 지침)은 비상호적 거래도 염두에 두고 있다.

자산과 부채의 정의를 뒷받침하는 지침이 상호적 교환거래와 비상호적 거래에 똑같이 적용된다. 두 경우 모두, 거래에서 발생하는 권리와 의무를 식별하는 것이 출발점이다. 따라서 개념체계에 비상호적 거래만을 대상으로 다루는 지침은 포함되지 않았다.

2) 우발부채와 우발자산

개념체계는 우발부채 및 우발자산이라는 용어를 사용하지 않는다. 이전에 개발된 K-IFRS 제1037호(충당부채, 우발부채 및 우발자산)에서 우발부채라는 용어는 해당 기준서의 인식기준을 충족하지 못하는 세 가지 범주의 항목을 포괄하는 집합적인 명칭으로 사용된다.

〈범주①〉 기업이 전적으로 통제할 수는 없는 불확실한 미래사건의 발생 여부로만 존재 유무를 확인할 수 있는 잠재적 의무이다. 개념체계는 이 항목을 **존재불확실성**(부채의 존재가 불확실함)의 경우로 분석한다.

〈범주②〉 과거사건으로 생겼으나, 해당 의무의 결제를 위해 요구되는 경제적자원의 유출가능성이 높지 않아서 인식하지 않은 현재의무이다. 개념체계는 이 항목을 경제적효익의 **유출가능성**이 낮은 부채의 경우로 분석한다.

〈범주③〉 과거사건으로 생겼으나 그 금액을 충분히 신뢰성 있게 측정할 수 없어서 인식하지 못한 현재의무이다. 개념체계는 이 항목을 높은 수준의 **측정불확실성**이 있는 부채의 경우로 분석한다.

개념체계에서는 우발부채(유사한 고려사항이 우발자산에도 적용됨)라는 용어를 사용하지 않았는데, 그 이유는 다음과 같다.

① K-IFRS 제1037호에 포함된 항목의 세 가지 범주는 단일의 자연발생적인 유형을 형성하지 못한다. 〈범주①〉의 항목은 부채가 될 수 있지만, 존재불확실성에 영향을 받는다. 〈범주②〉와 〈범주③〉의 항목은 부채이지만 '인식과 제거' 부분에서 설명하는 인식기준을 적용한 후에 인식될 수도 있고 인식되지 않을 수도 있다.

② 우발부채는 부채와 자본 외의 재무제표의 추가적 요소가 아니다. 또한 일부 우발부채는 부채이지만 일부는 그렇지 않다.

③ 일반적인 경우에, 우발부채라는 용어는 K-IFRS 제1037호에서와 동일한 방식으로 사용되지 않는다. 그것은 일부 불확실한 미래사건이 발생할 경우 경제적자원의 유출이 발생하는 항목을 종종 가리킨다. 상황에 따라, 의무발생사건이 발생할 수도 발생하지 않았을 수도 있다. 의무발생사건이 발생한 경우, 항목은 존재불확실성, 결과불확실성, 측정불확실성 또는 이러한 불확실성의 조합의 영향을 받을 수 있다. 이 부채는 인식되거나 인식되지 않을 수 있다.

4 자본의 정의

자본(equity)은 기업의 자산에서 모든 부채를 차감한 후의 잔여지분(residual interest)으로 정의된다. 자본청구권은 기업의 자산에서 모든 부채를 차감한 후의 잔여지분에 대한 청구권이다. 즉, 부채의 정의에 부합하지 않는 기업에 대한 청구권이다. 그러한 청구권은 계약, 법률 또는 이와 유사한 수단에 의해 성립될 수 있으며, 부채의 정의를 충족하지 않는 한 ① 기업이 발행한 다양한 유형의 지분과 ② 기업이 또 다른 자본청구권을 발행할 의무를 포함한다.

보통주 및 우선주와 같이 서로 다른 종류의 자본청구권은 보유자에게 서로 다른 권리, 예를 들어 다음 중 일부 또는 전부를 기업으로부터 받을 권리를 부여할 수 있다.14)

① 배당금(기업이 적격한 보유자에게 배당금을 지불하기로 한 경우)
② 청산 시점에 전액을 청구하거나, 청산이 아닌 시점에 부분적인 금액을 청구하는 자본청구권을 이행하기 위한 대가
③ 기타 자본청구권(예, 신주인수권)

사업활동(business activities)은 개인기업, 파트너십, 신탁 또는 다양한 유형의 정부 사업체와 같은 실체에서 수행되는 경우가 있다. 그러한 실체에 대한 법률 및 규제 체계는 회사(corporate entities)에 적용되는 체계와 다른 경우가 있다. 예를 들면, 그러한 실체에 대한 자본청구권 보유자에게 분배제한이 거의(있더라도 드물게) 없을 수 있다. 그러나 개념체계의 자본 정의는 모든 보고기업에 적용된다.

---

14) 법률, 규제 또는 기타 요구사항이 자본금 또는 이익잉여금과 같은 자본의 특정 구성요소에 영향을 미치는 경우가 있다. 예를 들면, 어떤 요구사항은 분배가능한 특정 준비금이 충분한 경우에만 자본청구권 보유자에게 분배를 허용한다.

자본의 정의

개념체계는 자본을 정의할 때 다음 사항에 기초하고 있다.

① 부채와 자본을 이분법으로 구분한다.

② 자본을 기업의 자산에서 모든 부채를 차감한 후 잔여지분으로 정의한다.

③ 기업의 자본이 다른 종류의 자본청구권과 자본의 다른 구성요소로 구성되는 경우에 어떤 형태의 표시와 공시가 적절한지 논의하지 않는다.

부채와 자본을 이분법으로 구분하는 것이 해당 기업의 청구권에 대한 유용한 정보를 제공하기에 충분한가? 부채와 자본을 이분법으로 구분하는 것의 본질적 한계는 특성과 그 정도가 다양한 청구권을 양분하고자 한다는 것이다. 이분법적 구분을 없애고 모든 청구권에 대해 단일 요소를 정의하게 되면, 청구권의 각 유형별 특성을 나타내기 위해 회계처리를 개별적으로 결정할 수 있게 한다. 그러나 모든 청구권이 직접 측정되지 않는 한, 어떤 접근법이든 최소한 하나의 잔여 유형의 청구권을 식별하여, 자산과 부채의 장부금액을 참조하여 간접적으로 측정해야 할 것이다. 또한, 일반목적재무보고서에 기술된 목표를 뛰어넘는 기업 전체의 가치를 평가하지 않고서는 모든 청구권을 직접 측정하는 것은 불가능하다. 따라서 청구권을 최소한 두 가지 유형으로 나누는 것은 피할 수 없다.[15)]

직접 자본을 정의하고 다른 요소(제3유형의 청구권)를 도입하면, 일부 부채와 자본 둘 모두의 특성을 지닌 청구권을 더 잘 묘사할 수 있을까? 다른 요소를 도입하면, 분류와 이로 인한 회계처리가 더욱 복잡해질 것이다. 또한, 이 청구권의 세 번째 유형에 대한 변경이 수익 또는 비용의 정의를 충족시켜야 하는지 여부를 결정하는 것이 필요하다. 새로운 요소를 도입하는 것과 비슷한 결과를 나타내는 방법은 부채 또는 자본 내의 다른 유형을 별도로 표시함으로써 달성될 수 있을 것이다.

15) '자본의 특성이 있는 금융상품에 대한 연구' 프로젝트에서 부채를 자본과 구별하는 방법을 더 탐색할 것이다.

① 그 프로젝트에서 부채와 자본을 구별하는 접근법(개념체계의 부채와 자본에 대한 정의의 변경을 요구할 수 있는 접근법을 포함)을 고려할 것이다.

② 그 프로젝트가 보고기업이 경제적자원을 이전해야 하는 의무가 있는지를 식별하는 데 중점을 둔 본문의 '의무에 대한 설명'을 변경하지는 않을 것이다. 이는 부채와 자본의 구별을 돕기 위해 만들어진 것은 아니기 때문이다.

지분이론

기업은 자본계정으로 소유주와 관계를 보고하고 있다. 이러한 관계를 통해 소유주의 권리와 이해를 표현할 수 있다. 이러한 관계를 설명하는 두 가지 대표적인 **지분이론**(equity theory), 즉 소유주이론과 기업실체이론이 있다.

〈소유주이론(proprietary theory)〉

소유주이론에서는 소유주와 기업은 동일하다고 본다. 즉, 기업은 소유주가 운영하는 조직일 뿐이다. 자산은 소유주의 자산이고 부채도 소유주의 부채이다. 따라서 이를 회계등식으로 표현하면 다음과 같다.

자산총계－부채총계＝소유주지분

기업의 이익은 바로 소유주의 이익이 되는데, 이익의 계산에서 채권자에게 지급되는 이자와 법인세는 차감되는 반면, 소유주에게 지급되는 배당은 제외된다. 기업의 순이익은 소유주의 이익이다.

여기서는 소유주의 순자산을 결정하고 분석하는 것이 주목적이다. 이에 따라 소유주이론은 재무상태표를 자산에서 부채를 차감한 순자산 개념으로 보는 견해를 갖고, 손익을 순자산의 증감(자본거래는 제외)으로 보는 견해를 갖는다.

소유주이론은 기업과 소유주가 분리되지 않는 소규모기업(자영기업)이나 파트너십에게 적절한 이론이다.

〈기업실체이론(entity theory)〉

기업을 소유주와 별개의 실체로 보는 기업실체이론은 소유와 경영이 분리된 오늘날의 대부분 기업에 적절하다. 기업실체이론에서는 자산은 기업에 귀속되고, 채권자와 소유주는 그러한 자산에 대해 투자자로서 서로 다른 권리와 청구권만을 지니고 있는 것으로 본다. 따라서 이를 회계등식으로 표현하면 다음과 같다.

자산총계＝부채지분＋소유주지분

이익은 기업의 이익이며, 소유주에게 귀속하지 않고 단지 배당을 통해서 소유주에게 귀속된다고 본다. 이자와 배당은 모두 이익의 계산에 반영되지 않고, 자본제공자에게 제공되는 이익의 배분이라고 본다.

기업실체는 지분소유자의 청구권을 만족시킬 책임이 있으므로 기업실체이론은 순익(수익과 비용) 중심, 즉 재무성과표 중심의 접근법을 취하고 있다.

지분이론들은 몇 가지 회계문제에 대해서는 흥미 있는 통찰력을 제공하기는 하지만 많은 근본적인 문제를 풀기에 그 적용에 한계가 있다. 따라서 복잡한 회계문제를 풀어 나가기 위해서는 지분이론보다는 회계의 목적과 회계기준에 초점을 맞추어야 한다.

5 수익과 비용의 정의

수익(income)은 자산의 증가 또는 부채의 감소로서 자본의 증가를 가져오며, 자본청구권 보유자의 출자와 관련된 것을 제외한다. 비용(expense)은 자산의 감소 또는 부채의 증가로서 자본의 감소를 가져오며, 자본청구권 보유자에 대한 분배와 관련된 것을 제외한다.

수익과 비용의 유형

광의의 수익(income)에 수익(revenue)과 차익(gains)이 포함되고, 비용(expense)에 차손(losses)이 포함된다. 개념체계에서 수익과 비용의 하위항목을 정의하는 것은 도움이 되지 않는다. 수익과 차익을 구분하거나 비용을 차손과 구분하는 것에 자의성이 개입될 수 있기 때문이며, 개별 회계기준에서 이러한 구분문제를 다루고 있다.

이러한 수익과 비용의 정의에 따라, 자본청구권 보유자로부터의 출자와 자본청구권 보유자에 대한 분배는 자본거래(capital transaction)로서 수익이나 비용에 영향을 미치지 아니한다.

수익과 비용은 기업의 재무성과와 관련된 재무제표요소이다. 재무제표이용자들은 기업의 재무상태와 재무성과에 대한 정보가 필요하다. 따라서 수익과 비용은 (자본거래를 제외한) 자산과 부채의 변동으로 정의되지만, 수익과 비용에 대한 정보는 자산과 부채에 대한 정보만큼 중요하다.

거래나 사건의 종류에 따라 서로 다른 특성을 지닌 수익과 비용을 발생시킨다. 수익과 비용의 서로 다른 특성별로 정보를 별도로 제공하면, 재무제표이용자들이 기업의 재무성과를 이해하는 데 도움이 될 수 있다.

자산과 부채의 변동 측면에서 정의된 수익과 비용

자산과 부채의 변동 측면에서 수익과 비용이 정의되었다. 이 접근법은 재무성과표보다 재무상태표에 과도한 우위를 부여하고, 재무성과표의 거래에 대한 회계처리나 수익·비용 대응(matching)의 중요성을 충분히 인지하지 못할까? 그렇지 않다. 그 이유는 다음과 같다.

① 재무제표는 기업의 재무상태와 재무성과에 대한 정보를 제공하기 위한 것이다. 따라서 인식, 측정 및 표시와 공시에 대한 결정을 내릴 때, 그 결과인 정보가 기업의 재무상태와 재무성과 모두에 대한 유용한 정보를 제공하는지를 고려해야 한다. 개념체계에서는 재무보고의 우선 중점사항으로 한 가지 유형의 정보(재무상태 또는 재무성과에 관한 정보)만을 지정하지 않았다.

② 거래에 관한 정보는 목적적합하다. 따라서 많은 재무보고는 현재 거래를 기반으로 하고 있으며 앞으로도 계속될 것이다.

③ 수익과 비용을 발생시키는 거래는 자산과 부채의 변동을 가져온다. 결과적으로 수익과 비용을 식별하는 것은 필연적으로 어떤 자산과 부채가 변동되었는지를 식별하게 한다. 수익과 비용을 먼저 정의하고 수익과 비용을 인식하는 부산물로 자산과 부채를 기술하는 대신, 자산과 부채를 먼저 정의하고 자산과 부채의 변동으로 수익과 비용을 정의하는 것이 더 효과적이고 효율적이며 엄격하다.

④ 자산과 부채의 정의는 단순한 회계적 기법이 아니고, 실제 경제현상(경제적자원과 경제적자원을 이전할 의무)을 지칭한다. 자산, 부채 및 자본을 묘사하는 재무상태표는 이용자들에게 대응과정(matching process)의 부산물로 발생한 금액을 단순하게 요약하는 것보다 기업의 재무상태에 대해 보다 목적적합하고 이해하기 쉬운 정보를 제공한다. 대응과정의 부산물로 발생한 금액들이 반드시 경제현상을 묘사하지는 않는다.

⑤ 수익·비용대응접근법은 수익·비용과 관련된 기간을 정의하지 않는다. 수익과 비용이 서로 관련되었다면 관련된 자산과 부채가 동시에 변동하기 때문에 수익과 비용도 동시에 인식되는 경우가 있다. 그러나 수익과 비용을 대응시키려는 의도가 자산이나 부채의 정의를 충족하지 못하는 항목을 재무상태표에 인식하는 것을 정당화하지는 못한다.

개념체계에서는 수익과 비용의 정의가 자산과 부채의 정의와 일관성을 갖도록 하기 위해 조정되었다.

CHAPTER 5

인식과 제거

1 인식과 재무제표연계

(1) 인식의 개념

인식(recognition)은 자산, 부채, 자본, 수익 또는 비용과 같은 재무제표 요소 중 하나의 정의를 충족하는 항목을 재무상태표나 재무성과표에 포함하기 위하여 포착하는 과정이다. 또한, 인식은 재무제표 중 하나에 한 항목을 (단독으로 또는 다른 항목과 통합하여) 특정 명칭과 화폐금액으로 나타내고, 그 항목을 해당 재무제표의 하나 이상의 합계에 포함시키는 것과 관련된다. 자산, 부채 또는 자본이 재무상태표에 인식되는 금액을 장부금액(carrying amount)이라고 한다.

(2) 재무제표의 연계

재무상태표와 재무성과표는 재무정보를 비교가능하고 이해하기 쉽도록 요약하여 구조화한 것으로, 기업이 인식하는 자산, 부채, 자본, 수익 및 비용을 나타낸다. 이러한 요약의 구조상 중요한 특징은 재무제표에 인식하는 금액은 재무제표에 인식될 항목들이 연계되는 총계들과 (해당될 경우) 소계들에 포함된다는 점이다.

인식에 따라 재무제표요소, 재무상태표 및 재무성과표가 다음과 같이 연계된다([그림 5-1]을 참조).

① 재무상태표의 보고기간 기초와 기말의 총자산에서 총부채를 차감한 것은 총자본과 같다.

② 보고기간에 인식한 자본변동은 다음과 같이 구성되어 있다.

(가) 재무성과표에 인식된 수익에서 비용을 차감한 금액

(나) 자본청구권 보유자로부터의 출자에서 자본청구권 보유자에의 분배를 차감한 금액

[그림 5-1] 인식에 따라 재무제표요소들이 연계되는 방법

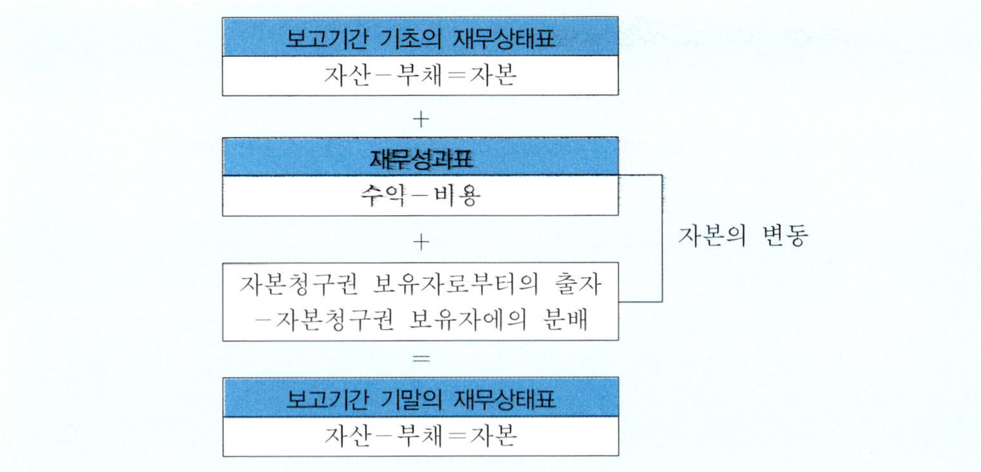

하나의 항목(또는 장부금액의 변동)의 인식은 하나 이상의 다른 항목(또는 하나 이상의 다른 항목의 장부금액의 변동)의 인식 또는 제거가 필요하기 때문에 재무제표는 연계(articulation)된다. 예를 들면, 수익의 인식은 (가) 자산의 최초 인식, 또는 자산의 장부금액의 증가 또는 (나) 부채의 제거 또는 부채의 장부금액의 감소와 동시에 발생한다.

거래나 그 밖의 사건에서 발생된 자산이나 부채의 최초 인식에 따라 수익과 관련 비용을 동시에 인식할 수 있다. 예를 들면, 재화의 현금판매에 따라 수익(현금과 같은 자산의 인식으로 발생)과 비용(재화의 판매와 같이 다른 자산의 제거로 발생)을 동시에 인식하게 된다. 수익과 관련 비용의 동시 인식은 때때로 수익과 관련 원가의 대응(matching)을 나타낸다. 그러나 수익과 원가의 대응은 개념체계의 목적이 아니다. 수익과 원가의 대응을 강조하면, 재무상태표에서 자산, 부채 또는 자본의 정의를 충족하지 않는 항목이 인식될 수 있는데, 개념체계에서는 이를 허용하지 않는다.

수익인식의 과정

K-IFRS 제1115호(고객과의 계약에서 생기는 수익)에서 수익의 인식은 다음과 같은 5단계 과정을 거치도록 되어 있다.

단 계	내 용
1	고객과의 계약을 식별
2	수행의무를 식별(하나의 계약에 복수의 수행의무 존재가능)
3	거래가격을 산정
4	거래가격을 계약 내 수행의무에 배분
5	수행의무가 충족되면 수익인식(개별 수행의무에 적용) - 수익인식의 원칙

계약의 종류에 따라 간단하게는 5단계가 동시에 이루어질 수도 있고, 계약부터 수익의 인식까지 복잡한 과정을 거치고 기간이 오래 걸릴 수도 있다. 예컨대 소매점에서 고객에게 물건을 파는 경우는 5단계가 동시에 이루어지는 사례이다. 그러나 대규모 수주공사 등과 같은 사례의 경우에는 계약에 다양한 성격과 가격구조를 가진 여러 개의 수행의무가 포함될 수도 있고, 각 개별 수행의무가 충족되기까지 오랜 기간이 걸릴 수도 있다.

고객과의 계약(contracts with customers)이란 둘 또는 그 이상의 계약당사자 사이에 법적인 강행의무 및 권리를 가진 약속을 의미한다. 고객과의 계약에는 거래가격(수익으로 인식할 금액)과 수행의무가 명시된다. 이때 거래가격은 계약상에 명시된 금액으로서 재화 또는 용역 제공에 대한 대가로 고객으로부터 받았거나 받을 권리를 가질 것으로 기대되는 금액이다.

수행의무(performance obligation)란 판매자가 고객에게 재화 또는 용역을 제공하기로 한 약속을 말한다. 고객과의 계약이 하나의 수행의무만으로 구성될 수도 있고, 여러 개의 수행의무로 구성될 수도 있다. 예컨대 컴퓨터를 판매하면서 컴퓨터에 부수하여 통상 제공되는 제품보증 외에 소비자의 선택에 의해서 장기제품보증을 포함한 패키지로 판매한 경우에는 장기제품보증이 경제적 실질을 갖는 용역으로 볼 수 있다. 따라서 이 경우에는 컴퓨터 판매와 장기제품보증이라는 두 개의 수행의무가 존재하는 것으로 보아 장기제품보증을 컴퓨터 판매와 분리하여 회계처리해야 한다.

2 인식기준

재무제표 각 요소(자산, 부채, 자본, 수익과 비용)의 정의를 충족하는 항목만이 재무상태표와 재무성과표에 인식된다. 그러나 그러한 요소 중 한 요소의 정의를 충족하는 항목이라고 할지라도 항상 인식되는 것은 아니다. 재무제표요소의 정의를 충족하는 항목을 인식하지 않는 것은 재무상태표 및 재무성과표를 불완전하게 하고 재무제표에서 유용한 정보가 제외될 수 있다. 그러나 상황에 따라서는 재무제표요소의 정의를 충족하는 일부 항목을 인식하는 것이 오히려 유용한 정보를 제공하지 않을 수 있다.

자산이나 부채를 인식하고 이에 따른 결과로 수익, 비용 또는 자본 변동을 인식하는 것이 다음과 같이 유용한 정보를 모두 제공하는 경우에만 자산이나 부채를 인식한다.

① 자산이나 부채 그리고 이에 따른 결과로 발생하는 수익, 비용 또는 자본 변동에 대한 목적적합한 정보
② 자산이나 부채 그리고 이에 따른 결과로 발생하는 수익, 비용 또는 자본 변동의 충실한 표현

정보원가는 다른 재무보고 결정을 제약하는 것처럼 인식에 대한 결정도 제약한다. 자산이나 부채를 인식할 때 원가가 발생한다. 재무제표작성자는 자산이나 부채의 목적적합한 측정을 위해 원가를 부담한다. 재무제표이용자들도 제공된 정보를 분석하고 해석하기 위해 원가를 부담한다. 제공되는 정보의 효익이 그 정보를 제공하고 사용하는 원가를 정당화할 수 있을 경우에 자산이나 부채를 인식한다.

무엇이 재무제표이용자들에게 유용한지는 항목, 사실, 상황에 따라 다르다. 따라서 어느 항목을 인식할지 여부를 결정할 때 판단이 필요하므로 인식 요구사항이 회계기준에 따라 그리고 회계기준 내에서 달라질 필요가 있을 수 있다.

인식에 관한 의사결정을 할 때 자산이나 부채가 인식되지 않을 경

우 제공할 정보를 고려하는 것이 중요하다. 예를 들면, 지출이 발생할 때, 자산이 인식되지 않으면 비용이 인식된다. 어떤 경우에는 시간이 지남에 따라 비용을 인식하는 것이 유용한 정보(예를 들면, 재무제표이용자들에게 추세를 식별할 수 있도록 하는 정보)를 제공한다.

자산이나 부채의 정의를 충족하는 항목이 인식되지 않더라도, 기업은 해당 항목에 대한 정보를 주석에 제공해야 할 수도 있다. 재무상태표와 (해당되는 경우) 재무성과표에서 제공하는 구조화된 요약정보에 그 항목이 포함되지 않은 것을 보완하기 위해 그러한 정보를 어떻게 충분히 보여줄 수 있는지를 고려하는 것이 중요하다.

인식기준

종전의 인식기준은 '요소의 정의를 충족하는 항목'이 다음 모두에 해당할 경우에 인식하는 것이었다.[1)]

① 그 항목과 관련된 미래경제적효익이 기업에 유입되거나 기업으로부터 유출될 가능성이 높다.

② 그 항목의 원가 또는 가치를 신뢰성 있게 측정할 수 있다.

한편, 개념체계는 다음 조건에 모두 해당하는 유용한 정보를 제공할 경우에만 자산이나 부채를 인식한다고 기술하였다.

---

1) 이러한 인식기준을 적용하는 과정에서 다음과 같은 문제점이 발생했다.

① 이전의 일부 회계기준은 발생가능성 인식기준을 적용했지만 일관되게 사용하지는 않았다. 그들은 '가능성이 높은(probable)', '일어날 가능성이 일어나지 않을 가능성보다 높은(more likely than not)', '거의 확실한(virtually certain)', '합리적으로 발생가능한(reasonably possible)'을 포함하는 다양한 확률임계치를 사용했다.

② 일부 사안의 경우 발생가능성 기준을 적용하면 목적적합한 정보를 잃게 되거나 기업의 재무상태나 재무성과를 오도하게 된다. 예를 들면, 이 기준을 적용한 결과로 일부 파생금융상품을 인식하지 못했다. 또한, 거래에서 경제적 이익이 발생하지 않은 경우에도 이익이 인식될 수도 있다. 예를 들면, 기업이 현금을 수취하는 대가로 미래에 발생가능성이 희박한 사건이 발생하면 고정금액을 지급할 부채를 부담한다고 가정한다. 그러나 기업이 현금을 수취할 때 경제적효익의 유출가능성이 높지 않다고 판단하여 부채를 인식하지 않았다면, 그 시점에 즉시 차익을 인식할 것이다. 이러한 문제를 피하기 위해 이전에 개발된 일부 회계기준(예를 들면, K-IFRS 제1109호(금융상품))은 발생가능성 인식기준을 적용하지 않았다.

③ 신뢰성(reliability)을 참조함에 따라 불명확하고 부적절한 결과를 초래할 수 있다. '신뢰성'이라는 용어는 더 이상 질적특성을 언급하는 데 사용되지 않았으며 정의되지도 않았다. 실무적으로 '신뢰할 수 있는' 측정은 일반적으로 측정불확실성의 수준이 허용될 수 있으며, 검증가능하고 오류가 없어야 하는 것으로 해석된다. 따라서 신뢰할 수 있는 측정을 나타내는 인식기준은 유용한 정보를 제공할 수 있더라도 측정불확실성이 높다면 그러한 항목을 인식해서는 안 된다고 해석될 수 있다.

① 자산이나 부채 그리고 이에 따른 결과로 발생하는 수익, 비용 또는 자본 변동에 대한 목적적합한 정보
② 자산이나 부채 그리고 이에 따른 결과로 발생하는 수익, 비용 또는 자본 변동의 충실한 표현

종전의 인식기준과 개념체계의 접근법은 비슷한 목적을 가지고 있지만, 서로 다른 수단으로 그 목적을 달성하고자 하였다.

① 종전의 인식기준은 인식의 결과 유용한 재무정보의 질적특성이 있는 정보가 제공되지 못할 경우, 실용적이지만 주관적인 여과장치를 설정한다. 이러한 여과장치는 발생가능성과 신뢰성으로 언급된다.
② 개념체계는 질적특성을 직접 언급하고, 이를 적용하는 방법에 대한 지침을 제공하고 있다. 이 지침은 인식하면 질적특성이 결여된 정보를 창출할 수 있는 경우를 설명한다.

개념체계접근법은 종전의 인식기준을 적용했을 때 경제적효익의 흐름이 발생할 가능성이 낮거나 신뢰할 수 있는 측정이 가능하지 않다고 결론지을 수 있었던 일부(반드시 전부는 아님) 사례를 인식하게 된다.

개념체계에 기본원칙으로 '자산이나 부채의 정의를 충족하는 모든 항목을 인식해야 함'을 제시해야 할까? 그리고 특정 항목의 인식이 유용한 정보를 제공하지 않을 수 있을 경우에는 특정 회계기준에서 이 기본원칙에 대한 예외를 제시해야 할까?

일부 상황에서는 특정 자산이나 특정 부채를 인식하는 것이 유용한 정보를 제공하지 못하거나 그것을 인식하는 원가가 효익을 초과한다는 결정이 지속될 것으로 예상된다. 따라서 개념체계에서는 이러한 접근법이 채택되지 않았다.

개념체계가 회계기준제정에 유용하기 위해서는 각 회계기준의 인식 요구사항을 정하는 데 요구되는 지침을 제공해야 한다. 자산이나 부채의 정의를 충족하는 모든 항목을 인식해야 한다는 기본원칙은 지나치게 제한적이며 이러한 지침을 제공하지도 못할 것이다.

개념체계에서는 추가적으로 다음과 같은 사항을 검토하였다. 첫째, 개념체계는 인식기준이 추상적이고 주관적이 되지 않도록 유용한 재무정보의 질적특성에 직접 관련되고 종전보다 더 명확한 인식기준을 제공하려고 하였다. 그러나 인식기준을 보다 엄격하게 정한다 하더라도 각 회계기준에서 유용한 정보를 제공할 수 있는 인식기준을 정하는 데 도움이 되지는 않는다고 본다.

둘째, 개념체계에서는 일관된 원칙에 기반하여 의사결정에 도움이 되는 도구를 개발하고자 하였다. 이로써 개념체계의 인식기준이 인식된 자산과 부채의 범위를 확대하거나 축소하지 않을 것이다. 또한 경제적효익이 유입되거나 유출될 가능성이 낮은 상황과 관련된 일부 우려에 대한 대처방안을 제시하고 있으며, 측정불확실성과 관련된 일부 우려에 대한 대처방안도 제시하고 있다.

(1) 목적적합성

자산, 부채, 자본, 수익과 비용에 대한 정보는 재무제표이용자들에게 목적적합하다. 그러나 특정 자산이나 부채의 인식과 이에 따른 결과로 발생하는 수익, 비용 또는 자본 변동을 인식하는 것이 항상 목적적합한 정보를 제공하는 것은 아닐 수 있다. 예를 들면, 다음과 같은 경우에 그럴 가능성이 있다.

① 자산이나 부채가 존재하는지 불확실하다.
② 자산이나 부채가 존재하지만 경제적효익의 유입가능성이나 유출가능성이 낮다.

위에 기술된 하나 이상의 요인이 존재한다고 해서, 인식에 따라 제공된 정보가 반드시 목적적합하지 않다는 결론을 내릴 수는 없다. 또한, 위에서 기술된 요인 외의 요인들도 결론에 영향을 미칠 수 있다. 즉, 인식으로 목적적합한 정보를 제공하는지 여부를 결정하는 것은 단일 요인이 아니라 여러 요인들의 결합일 수 있다.

1) 존재불확실성(existence uncertainty)

자산이나 부채의 존재 여부가 불확실한 경우에는 그러한 불확실성은 경제적효익의 유입가능성이나 유출가능성이 낮고 발생가능한 결과의 범위가 매우 광범위한 상황과 결합될 수가 있다.

이는 자산이나 부채를 반드시 단일 금액으로만 측정하여 인식한다고 목적적합한 정보가 제공되지는 않음을 의미할 수 있다. 또한, 자산이나 부채가 인식되는지 여부에 관계없이, 이와 관련된 불확실성에 대한 설명정보가 재무제표에 제공되어야 할 수도 있다.

2) 경제적효익의 낮은 유입가능성과 유출가능성

경제적효익의 유입가능성이나 유출가능성이 낮더라도 자산이나 부채가 존재할 수 있다. 경제적효익의 유입가능성이나 유출가능성이 낮다면, 그 자산이나 부채에 대해 가장 목적적합한 정보는 발생가능한 유입이나 유출의 크기, 발생가능한 시기 및 발생가능성에 영향을 미치는 요인에 대한 정보일 수 있다. 이러한 정보는 일반적으로 주석에 기재한다.

경제적효익의 유입가능성이나 유출가능성이 낮더라도, 자산이나 부채를 인식하는 것이 목적적합한 정보를 제공할 수 있다. 이러한 경우에 해당되는지는 다양한 요인에 따라 달라질 수 있으며, 그 예를 들면 다음과 같다.

① 시장조건에 따른 교환거래에서 자산을 취득하거나 부채가 발생하는 경우. 그 원가는 일반적으로 경제적효익의 유입가능성이나 유출가능성을 반영한다. 따라서 해당 원가는 목적적합한 정보일 수 있으며 일반적으로 쉽게 이용할 수 있다. 또한 자산이나 부채를 인식하지 않으면 교환 시점에 비용이나 수익을 인식하게 되는데, 이는 거래를 충실하게 표현하지 못할 수 있다.

② 자산이나 부채가 교환거래가 아닌 사건에서 발생하는 경우. 자산이나 부채를 인식하면 일반적으로 수익이나 비용의 인식을 초래한다. 자산이나 부채로 인해 경제적효익이 유입되거나 유출될 가능성이 낮으면 재무제표이용자들은 그러한 자산과 수익 또는 부채와 비용의 인식을 목적적합한 정보의 제공으로 보지 않을 수 있다.

인식기준으로서의 목적적합성

본문에서 재무제표이용자들에게 목적적합한 정보를 제공하지 못할 수 있음을 나타낼 수 있는 요소로서 존재불확실성과 경제적효익의 낮은 유입가능성 또는 유출가능성이 제시되었다. 이에 대해 보다 상세히 살펴보기로 하자.

1) 존재불확실성

자산이나 부채가 존재하는지 불확실한 경우가 있다. 존재불확실성(existence uncertainty)을 결과불확실성이나 측정불확실성과 별도로 고려하는 것이 도움이 될 것이다. 존재불확실성이 결과불확실성과 측정불확실성에 영향을 미칠 수 있지만 개념적으로는 상이하고 인식결정에 미치는 영향은 다를 수 있다. 서로 다른 유형의 불확실성을 구분하면, 가장 목적적합한 정보가 무엇인지 그리고 충실하게 표현하는 정보를 제공하는 방법이 무엇인지를 쉽게 결정할 수 있다.

사실과 상황에 따라 적절한 접근법이 다를 것이기 때문에, 개념체계는 인식여부를 결정할 때 존재불확실성을 고려하는 방법에 대한 상세한 지침을 제공하지는 않고 있다.

2) 경제적효익의 낮은 유입가능성과 유출가능성

인식기준에서 발생가능성(probability of occurrence)을 언급해야 한다는 주장도 있다. 그 근거를 살펴보자.

① 발생가능성 기준은 질적특성을 적용하는 실무적인 방법으로 입증되었다. 경제적효익의 유입을 창출할 가능성이 낮은 항목에 대해 제안된 지침은 불분명하고, 의문스럽고 일관성이 부족한 결과로 이어질 것이다.

② 발생가능성 기준의 삭제는 자산과 부채의 정의에서 '기대되는'이라는 문구를 삭제한 것과 함께 기업에게 경제적효익이 유입되거나 유출될 가능성이 낮은 자산과 부채를 더 많이 인식하는 결과를 초래할 것으로 예상되는데, 이는 유용한 정보를 제공하지 못한다.

③ 발생가능성이 낮은 자산과 부채가 인식되면 기댓값을 기준으로 금액을 측정해야 하는데, 이러한 측정은 어렵고 재무제표작성자에게 부담을 준다. 또한 이러한 측정은 실재하지 않는 정확성에 대한 오해를 불러일으킬 수 있다. 때로는 발생가능한 결과의 범위와 분포에 대한 정보를 제공하는 것이 기댓값 측정치를 제공하는 것보다 더 유용하다.

발생가능성의 판단은 일부 자산이나 부채에는 적용(예를 들면, 특허 또는 연구개발)하지만 전부에 대해서는 적용하지 않거나(예를 들면, 파생금융자산에 대해서는 적용하지 아니함), 일부 거래에 대해서는 적용하지 않을(예를 들면, 현금으로 자산을 취득한 경우에는 적용하지 아니함) 수도 있을 것이다. 그러나 단순히 일부 금융상품의 인식을 허용하기 위해 인식기준에서 발생가능성 요건을 없애는 것은 합리적이지 않다. 기준서에 특정 금융상품에 대한 예외규정을 포함시키는 것만으로도 그 결과를 달성할 수 있을 것이다.

재무제표에 인식하면 목적적합한 정보를 제공하지 못할 수 있는 자산과 부채를 걸러내기 위해, 확률임계치(probability threshold)가 실무적인 방법이 될 수 있다. 그러나 이는 목적적합한 정보를 제공할 수 있는 자산과 부채를 인식하지 않는 결과를 초래할 수도 있다. 또한 모든 회계기준과 모든 인식사건에 적용할 수 있는 확률임계치를 설정하는 것이 어려울 수 있다.

경제적효익이 유입되거나 유출될 가능성이 낮은 자산이나 부채에 대한 측정기준이 무엇이든 관계없이 그 측정기준은 낮은 발생가능성을 반영할 것이다. 따라서 개념체계는 발생가능성 임계치를 포함하고 있지 않다. 대신에 경제적효익이 유입되거나 유출될 가능성이 낮은 것을 인식하면, 목적적합한 정보를 제공하지 못할 수도 있음을 언급하고 있다.

'낮은 가능성'이라는 용어가 너무 주관적이어서 일관되게 해석되지 않는다는 우려가 있다. 그러나 가능성이 낮은 상황을 논의하는 목적은 일부 상황에서 일부 정보가 목적적합하지 않을 수 있다고 결론을 내릴 수 있음을 나타내기 위한 것이다. 그렇다고 어떤 정보가 일정 수준 이상에서는 항상 목적적합하고 그 이하에서는 항상 부적합한 임계치를 식별하는 것이 아니다.

(2) 표현충실성

특정 자산이나 부채를 인식하는 것은 목적적합한 정보를 제공할 뿐만 아니라 해당 자산이나 부채 및 이에 따른 결과로 발생하는 수익, 비용 또는 자본 변동에 대한 충실한 표현을 제공할 경우에 적절하다. 충실한 표현이 제공될 수 있는지는 자산이나 부채와 관련된 측정불확실성의 수준 또는 다른 요인에 의해 영향을 받을 수 있다.

1) 측정불확실성(measurement uncertainty)

자산이나 부채를 인식하기 위해서는 측정을 해야 한다. 측정은 추정에 근거하는 경우가 허다하며, 따라서 측정불확실성의 영향을 받는다. 합리적인 추정은 재무정보 작성의 필수적인 부분이며 추정치를 명확하고 정확하게 기술하고 설명한다면, 정보의 유용성을 훼손하지 않는다. 측정불확실성이 다소 높다고 해서 그러한 추정치가 유용한 정보를 반드시 제공하지 못하는 것만은 아니다.

경우에 따라 자산이나 부채를 측정하는 데 추정과 관련된 불확실성 수준이 너무 높은 결과 연관된 자산, 부채, 수익, 비용 또는 자본의 변동을 충분히 충실하게 표현할 수 있는지 의심스러울 수 있다. 예를 들면, 자산이나 부채를 측정하기 위해 현금흐름기준 측정기법을 사용하여 측정하는 것이 유일한 추정방법이고, 다음 상황 중 하나 이상에 해당하는 경우에는 측정불확실성이 너무 높은 수준일 수 있다.

① 발생가능한 결과가 매우 광범위하고, 각 결과의 가능성을 추정

하기가 매우 어렵다.

② 측정치가 각 발생가능한 결과의 가능성에 대한 추정의 작은 변화에 매우 민감하다. 예를 들면, 미래의 현금유입이나 현금유출의 가능성은 매우 낮지만, 일단 발생할 경우 이러한 현금유입이나 현금유출의 크기가 매우 큰 경우이다.

③ 자산이나 부채를 측정하기 위해 측정대상인 자산이나 부채뿐만 아니라 다른 항목에도 관련된 현금흐름의 배분이 필요한데, 그 배분이 매우 어렵거나 주관적이다.

위에 기술된 경우 중 일부는 추정에 대한 설명과 추정에 영향을 미칠 수 있는 불확실성에 대한 설명을 제공한다면, 불확실성이 높은 추정에 의존하는 측정이 가장 유용한 정보가 될 수 있다. 특히 추정에 의한 측정이 자산이나 부채에 가장 목적적합한 측정인 경우에 그러한 추정은 가장 유용한 정보가 될 수 있다. 반면, 추정에 의한 정보가 자산, 부채, 수익, 비용 또는 자본 변동에 대해 충분히 충실하게 표현하지 못한다면, 비교적 목적적합성은 낮지만 측정불확실성이 낮은 다른 측정치가 (필요한 기술 및 설명과 함께) 가장 유용한 정보일 수 있다.

특정 상황에서는 이용가능한(또는 취득할 수 있는) 자산이나 부채의 목적적합한 모든 측정이, 비록 그 측정치를 산출하는 추정에 대한 설명과 그 추정에 영향을 미치는 불확실성에 대한 설명을 동반한다 하더라도, 자산이나 부채(그리고 이의 결과로 발생하는 수익, 비용 또는 자본의 변동)에 대한 유용한 정보를 제공하지 못하는 높은 측정불확실성에 영향을 받을 수 있다. 이러한 특정 상황에서는 자산이나 부채는 인식되지 않을 것이다.

자산이나 부채의 인식 여부와 관계없이 자산이나 부채를 충실하게 표현하려면, 자산이나 부채의 존재 여부, 측정치 또는 그 결과(궁극적으로 자산이나 부채에서 발생할 경제적 유입 또는 유출의 양 또는 시기)와 관련된 불확실성에 대한 설명정보가 포함되어야 한다.

인식기준으로서의 표현충실성과 측정불확실성

개념체계의 인식기준에 원가나 가치를 신뢰성 있게 측정할 수 있는 경우에만 자산이나 부채를 인식하도록 하는 요구사항이 포함되어 있지 않다. 왜냐하면 측정불확실성이 높더라도 반드시 자산이나 부채에 대한 유용한 정보를 제공하지 못하는 것은 아니기 때문이다. 모든 회계기준과 모든 인식대상사건에 적용할 수 있는 측정불확실성에 기초한 단일의 임계치를 설정하는 것은 어렵다. 따라서 개념체계는 자산이나 부채의 인식으로 충실한 표현을 제공하고 필요한 경우 설명정보로 뒷받침할 수 있는지에 영향을 미치는 요소 중의 하나로 측정불확실성을 논의하고 있다.

자산이나 수익을 인식할 때보다 부채 또는 비용을 인식할 때 측정불확실성의 수준이 더 높다는 의견이 있다. 이는 **비대칭적인 신중성**(asymmetric prudence)의 적용으로 설명할 수 있다. 표현충실성을 저해하는 측정불확실성의 수준은 사실과 상황에 따라 다르므로 회계기준을 개발할 때만 결정될 수 있을 것이다.

2) 기타 요인들

인식된 자산, 부채, 자본, 수익 또는 비용의 충실한 표현은 해당 항목의 인식뿐만 아니라 그 항목의 측정 및 표시와 관련 정보의 공시(제6장과 제7장을 참조)에도 적용된다. 따라서 자산이나 부채의 인식으로 그 자산이나 부채를 충실하게 표현할 수 있는지를 평가할 때 이에 대한 설명과 측정뿐만 아니라 다음을 고려할 필요가 있다.

① 인식의 결과로 발생하는 수익, 비용 및 자본 변동에 대한 서술 : 기업이 거래의 대가로 자산을 취득한 경우 자산을 인식하지 않으면, 비용을 인식하게 되고 기업의 이익과 자본을 감소시킬 수 있다. 어떤 경우에는 기업이 그 자산을 즉시 소비하지 않으면 이로 인해 기업의 재무상태가 악화되었다는 오해를 유발할 수도 있다.

② 관련된 자산과 부채의 인식여부 : 관련된 자산과 부채가 인식되지 않으면, 인식은 인식불일치(recognition inconsistency, 또는 회계불일치(accounting mismatch)라고도 함)를 초래할 수 있다. 비록 주석에 설명정보가 제공된다 하더라도, 이러한 경우에 자산이나 부채를 발생시키는 거래나 그 밖의 사건의 전반적인 영향에 대해서 이해가능하거나 충실한 표현을 제공하지 못할 수 있다.

③ 자산이나 부채 그리고 이에 따른 결과로 발생하는 수익, 비용 또는 자본 변동에 대한 정보의 표시와 공시 : 완전한 서술에는 서술된 경제현상을 이해하는 데 필요한 모든 정보(필요한 모든 기술과 설명을 포함)가 포함된다. 따라서 관련 정보의 표시와 공시는 인식된 금액이 자산, 부채, 자본, 수익 또는 비용을 충실하게 표현할 수 있도록 한다.

3 제 거

제거(derecognition)는 기업의 재무상태표에서 인식된 자산이나 부채의 전부 또는 일부를 삭제하는 것이다. 제거는 일반적으로 해당 항목이 더 이상 자산 또는 부채의 정의를 충족하지 못할 때 발생한다. 일반적으로 자산은 기업이 인식한 자산의 전부 또는 일부에 대한 통제를 상실하였을 때 그리고 부채는 일반적으로 기업이 인식한 부채의 전부 또는 일부에 대한 현재의무를 더 이상 부담하지 않을 때 제거한다.

제거회계의 목표와 이를 달성하기 위한 방법을 살펴보자.

[제거회계의 목표]

제거회계는 다음 두 가지를 모두 충실히 표현하는 것을 목표로 한다.

〈목표 1〉 제거를 초래하는 거래나 그 밖의 사건 후의 잔여 자산과 부채(그 거래나 그 밖의 사건의 일부로 취득, 발생 또는 창출한 자산이나 부채 포함)

〈목표 2〉 그 거래나 그 밖의 사건으로 인한 기업의 자산과 부채의 변동

[제거회계의 방법]

제거회계의 목표는 일반적으로 다음 방법에 의해 달성될 수 있다.

〈방법 1〉 만료되었거나 소비, 회수, 이행 또는 이전된 자산이나 부채(이전된 구성요소, transferred components)를 제거하고, 이에 따

른 결과로 발생하는 수익과 비용을 인식하여 달성한다.

〈방법 2〉 만일 잔여 자산이나 부채(잔여구성요소, retained components)가 있다면, 이를 계속하여 해당 자산 또는 부채로 인식한다. 잔여구성요소는 이전된 구성요소와 별도의 회계단위가 된다. 따라서 제거로 인해 잔여구성요소에 적용되는 측정 요구사항이 변동되지 않는 한, 이전된 구성요소의 제거로 인하여 잔여구성요소에 대한 수익이나 비용은 인식하지 않는다.

〈방법 3〉 필요한 경우 다음 절차 중 하나 이상을 적용한다.

① 재무상태표에서 잔여구성요소를 별도로 표시

② 재무성과표에서 이전된 구성요소의 제거로 인하여 인식된 수익 및 비용을 별도로 표시

③ 설명정보를 제공

어떤 경우에는 기업이 자산이나 부채를 이전하는 것처럼 보일 수 있지만, 그 자산이나 부채가 기업에 남아 있을 수 있다. 그러한 예는 다음과 같다.

① 기업이 자산을 이전했지만 여전히 그 자산에서 발생할 수 있는 경제적효익의 변동위험에 상당부분 노출되는 경우. 이는 때때로 기업이 그 자산을 계속 통제할 수 있음을 나타낸다.

② 기업이 다른 당사자에게 자산을 이전하였으나 그 다른 당사자가 그 기업의 대리인으로서 자산을 보유하고 있는 경우. 이 경우 양도인은 여전히 자산을 통제한다.

위에 언급한 경우에 해당 자산이나 부채를 제거하는 것은 두 가지 제거회계의 목표 중 하나를 달성하지 못하기 때문에 적절하지 않다.

기업이 이전된 구성요소를 더 이상 보유하지 않을 경우에는 이전된 구성요소의 제거는 해당 사실을 충실하게 표현한다. 그러나 제거가 거래나 그 밖의 사건으로 인하여 기업의 자산이나 부채가 얼마나 변동됐는지를 충실하게 표현하지 못하는 경우가 있다. 즉, 이전된 구성요소를 제거하면 기업의 재무상태가 실제보다 더 유의적으로 변동한 것으로 나타날 수 있다. 예를 들면, 다음과 같은 경우에 그러하다.

① 기업이 자산을 이전하면서 동시에 다른 거래를 체결하여 그 자산을 재취득하는 현재의 권리 또는 현재의 의무가 생기는 경우. 그러한 현재의 권리 또는 현재의 의무는 예를 들어 선도계약, 풋옵션 발행 또는 콜옵션 매입에서 발생할 수 있다.
② 기업이 더 이상 통제하지 않는 이전된 구성요소에서 발생될 수 있는 경제적효익의 변동위험에 상당부분 노출되어 있는 경우

이전된 구성요소를 제거하지 않고 계속 인식함으로써 제거회계의 목표를 달성할 수 있는 경우도 있다. 제거회계처리를 하지 않는 경우 다음과 같은 결과가 발생한다.

① 거래나 그 밖의 사건의 결과로 잔여구성요소 또는 이전된 구성요소에 대해 수익이나 비용이 인식되지 않는다.
② 자산(또는 부채)의 이전에 따라 수취(또는 지급)한 대금은 대여금(또는 차입금)으로 처리한다.
③ 기업이 더 이상 이전된 구성요소로 인한 어떠한 권리나 의무도 보유하고 있지 않다는 사실을 나타내기 위해 재무상태표에 이전된 구성요소를 별도로 표시하거나 설명정보를 제공해야 한다. 마찬가지로 이전 후에 이전된 구성요소에서 발생된 수익이나 비용에 대한 정보를 제공해야 할 수도 있다.

기존 권리나 의무를 줄이거나 없애는 방식으로 계약을 변경할 때가 제거에 대해 의문이 발생하는 경우 중 하나이다. 계약변경에 대한 회계처리방법을 결정할 때에는 어떤 회계단위가 변경 후의 잔여 자산과 부채가 되고 또한 변경으로 인해 기업의 자산과 부채가 어떻게 변동되었는지에 대해서 가장 유용한 정보를 제공하는지를 고려할 필요가 있다.

① 계약변경으로 기존 권리나 의무만 없어지는 경우. 그러한 권리나 의무를 제거할지 결정할 때에는 앞에서 제시된 논의를 고려한다.
② 계약변경으로 새로운 권리나 의무만 추가되는 경우. 추가된 권

리나 의무를 별도의 자산이나 부채로 처리할 것인지 또는 기존 권리 및 의무와 동일한 회계단위의 일부로 처리할 것인지를 결정해야 한다.

③ 계약변경으로 기존 권리나 의무가 없어지고 새로운 권리나 의무가 추가되는 경우. 변경에 대한 각각의 효과와 결합된 효과를 모두 고려할 필요가 있다. 이 경우 일부 계약은 실질적으로 기존 자산이나 부채를 새로운 자산이나 부채로 대체해야 할 정도로 변경된다. 광범위한 변경이라면, 기업은 최초의 자산이나 부채를 제거하고 새로운 자산이나 부채를 인식할 필요가 있다.

제거회계의 접근법

제거에 대해서는 아래와 같은 두 가지 대비되는 접근법이 사용되어 왔다.

① 통제접근법(control approach) : 제거는 인식과 대칭된 이미지(mirror image)이다. 따라서 기업은 인식기준을 더 이상 충족하지 못할 때(또는 더 이상 존재하지 않거나 더 이상 기업의 자산이나 부채가 아닌 경우) 자산이나 부채를 제거한다.

② 위험과보상접근법(risks-and-rewards approach) : 기업은 자산이나 부채로 발생하는 대부분의 위험과 보상에 더 이상 노출되지 않을 때까지 자산이나 부채를 계속 인식한다.

통제접근법과 위험과보상접근법 간의 일부 명백한 상충을 다루기 위해 개념체계에서 다음과 같이 설명하고 있다.

① 기업이 자산을 이전했지만 자산에서 발생할 수 있는 경제적효익의 변동위험에 상당부분 노출되어 있는 경우. 이는 때때로 기업이 그 자산을 계속 통제할 수 있음을 나타낸다.

② 기업이 다른 당사자에게 자산을 이전하였으나 그 다른 당사자가 그 기업의 대리인으로서 자산을 보유하고 있는 경우. 이 경우 양도인은 여전히 자산을 통제한다.

본문에서 '제거회계의 목표'로 다음 두 가지를 충실히 표현하는 것을 제시하고 있다.

〈목표 1〉 제거 후의 잔여 자산과 부채
〈목표 2〉 그 거래나 그 밖의 사건으로 인한 기업의 자산과 부채의 변동

통제접근법은 〈목표 1〉에 중점을 두고 있으며, 위험과보상접근법은 〈목표 2〉에 보

다 중점을 두고 있다.

기업이 전체 자산이나 전체 부채를 이전하고 이러한 자산이나 부채에 발생하는 위험에 전혀 노출되지 않는다면, 통제접근법과 위험과보상접근법은 모두 동일한 결과를 가져온다.

기업이 자산이나 부채의 일부만을 이전하거나 일부 변동에 계속 노출되는 경우에는 이에 대한 회계기준을 제정하는 데 어려움을 겪는다. 이 경우에 통제접근법은 위험과보상접근법과 항상 동일한 결과를 가져오지 않으며, 위에 기술된 두 가지 목표가 때로는 상충된다. 개념체계에서는 두 가지 목표 모두 유효하다고 보고 있다. 따라서 개념체계에서 통제접근법이나 위험과보상접근법의 사용을 특정하지는 않고, 다음에 설명하는 방법을 채택하고 있다.

〈개념체계상 제거회계의 방법〉

① 이전된 구성요소를 제거

② 잔여구성요소가 있는 경우, 이를 계속 인식

③ 제거회계의 목표 중 하나 또는 모두를 달성하기 위하여 필요한 경우, 다음 절차 중 하나 이상을 적용

(가) 재무상태표에서 잔여구성요소를 별도로 표시

(나) 재무성과표에 이전된 구성요소의 제거로 인하여 인식된 수익과 비용을 별도로 표시

(다) 설명정보를 제공

④ 이전된 구성요소의 제거에 대해 별도로 표시하거나 설명정보를 통해 뒷받침하더라도 앞에서 기술된 두 가지 '제거회계의 목표'를 충분히 달성하지 못한다면, 마지막 수단으로 이전된 구성요소를 계속 인식하는 것이 그 목표를 달성하게 하는지를 고려해야 한다. 이러한 계속 인식은 별도로 표시하거나 설명정보를 제공함으로써 뒷받침되어야 하는데, 이는 재무제표가 재무제표요소에 대한 정의를 충족하지 못하는 항목을 자산과 부채로, 그리고 관련 수익과 비용으로 포함하기 때문이다.

제거에 대한 회계 요구사항의 목표 설명에 충실한 표현의 질적특성 외에 목적적합성의 질적특성을 명시적으로 언급해야 하는가? 그렇지 않다. 기술된 제거회계의 목표가 제거를 고려할 때 경제적 현상이 무엇을 충실하게 표현할 필요가 있는지를 식별하고 있다. 이러한 경제현상에 대한 정보는 목적적합할 것이다. 따라서 목적적합성에 대한 명시적인 언급을 추가한다고 해서 두 가지 목표를 달성하는 방법이 바뀌지 않을 것이다.

CHAPTER 6

측 정

재무제표에 인식된 요소는 화폐단위로 수량화되어 있다. 화폐금액으로 나타내기 위해서는 측정기준을 선택해야 한다. 측정기준(measurement bases, 또는 측정속성(measurement attributes))은 측정대상 항목에 대해 식별된 속성(예를 들면, 역사적원가 또는 현행가치와 같이 화폐로 측정된 가치)이다. 자산이나 부채에 측정기준을 적용하면, 해당 자산이나 부채, 그리고 관련 수익과 비용의 측정치가 산출된다.[1)]

유용한 재무정보의 질적특성과 원가제약을 고려함으로써 서로 다른 자산, 부채, 수익과 비용에 대해 서로 다른 측정기준을 선택하는 결과가 발생할 수 있다.

혼합측정(mixed measurement)

단일 측정기준(single measurement base)을 사용하면, 다음과 같은 이점이 있다.

- 재무제표에 포함된 금액이 보다 의미 있게 가감되고 비교될 수 있을 것이다.
- 재무제표는 덜 복잡해지고 틀림없이 더 이해하기 쉬울 것이다.

또한, 재무제표이용자의 정보수요를 충족시킬 수 있는 부(wealth) 또는 자본의 개념을 식별하는 경우 이를 측정하기 위해 단일 측정기준을 이용하는 것이 바람직하다고 볼 수 있을 것이다.

단일 측정기준이 모든 자산, 부채, 수익과 비용에 대해 항상 가장 목적적합한 정보를 제공하지는 않을 것이다. 대신, 상황에 따라 그에 적합한 다른 측정기준을 사용함으로써 목적적합한 정보를 제공할 수 있다. 상황에 따라 특정 측정기준을 사용하는 것은 다음과 같은 장점을 제공할 수 있다.

- 이해하기 쉽고 적용하기 쉽다.
- 검증가능하거나 오류 발생가능성이 낮거나 측정불확실성이 낮다.
- 적용원가가 적다.

따라서 유용한 재무정보의 질적특성과 원가제약을 고려하면, 서로 다른 자산, 부채, 수익과 비용에 대해 상이한 측정기준을 선택하게 될 것이다. 개념체계에서는 이 접근법(혼합측정, mixed measurement)을 택하고 있다. 그러나 회계기준을 제정할 때에는 그 기준에서 사용하고자 하는 기본 측정기준을 설명해야 할 것이다.

---

1) 여기에서 사용하고 있는 '가치(value)'라는 용어는 일반적으로 장부금액 또는 공정가치와 같은 특정 현행가치가 아니라 '자산이나 부채의 경제적 가치'를 지칭한다. 예를 들면, 이 용어는 화폐의 시간가치와 같은 요인으로 인해 경제적 가치가 미래현금지급액이나 미래현금수취액과 다를 수 있는 경우에 사용된다.

개별 회계기준에는 그 기준에서 선택한 측정기준을 적용하는 방법이 기술될 필요가 있을 것이다. 이러한 기술에는 다음 내용을 포함할 수 있겠다.

① 특정 측정기준을 적용하여 측정치를 추정하기 위해 사용할 수 있거나 사용해야 하는 기법의 명시
② 선호하는 측정기준이 제공하는 정보와 유사한 정보를 제공할 수 있는 단순화된 측정접근법 명시
③ 측정기준을 예외적으로 수정할 수 있는 방법에 대한 설명(예를 들면, 기업이 부채를 이행하지 못할 가능성(자신의 신용위험)의 영향을 부채의 이행가치에서 배제)

특정 측정기준이 적합한 상황

특정 측정기준의 적합여부는 사실과 상황에 따라 달라진다. 따라서 특정 측정기준이 언제 적합한지에 대한 세부지침을 제공하기가 어렵다. 개념체계는 단지 다음 사항을 고려할 것을 제시하고 있다.

① 측정기준들과 이들이 제공하는 정보
② 측정기준을 선택할 때 고려할 요소

단순히 측정기준을 설명하고 측정기준을 선택할 때 고려해야 할 요소를 논의하는 것만으로 회계기준에서 측정 요구사항을 개발하기 위한 충분한 지침이 되지 못할 수 있다. 따라서 측정기준에 대한 보다 완전한 개념과 원칙이 정립될 때까지 사용할 수 있는 측정에 대한 개략적이고 잠정적인 지침을 개발하는 것이 낫지 않을까? 그러나 개념체계에서는 이러한 접근법을 택하지 않았다. 개념체계는 제시된 지침만으로 각 회계기준에서 측정 요구사항을 개발하는 데 도움이 된다고 본다.

개념체계에서 별도로 측정의 전반적인 목표를 설정하는 것이 필요할까? 그러나 별도의 측정목적이 측정 요구사항을 개발하는 데 도움이 되는 유용한 지침을 제공하지 못할 것이다. 따라서 개념체계는 단지 측정이 일반목적재무제표의 목적에 어떻게 기여하는지를 설명하고 있다.

1 측정기준들과 이들이 제공하는 정보

측정기준

개념체계는 두 가지 측정기준, 역사적원가와 현행가치를 식별하고 있다.[2] 현금흐름기준 측정은 별도의 측정기준이 아니고 특정 측정기준의 측정치를 추정하기 위해 사용할 수 있는 기법이다.

개념체계는 회계기준을 제정할 때 선택할 수 있는 측정기준을 설명하고 있다. 한편, 개별 회계기준에서는 선택된 측정기준을 적용하는 방법을 기술해야 한다. 또한 개념체계는 특정 측정기준에 의해 제공되는 정보에 대해 논의하고 있다. 이러한 정보를 식별하면, 특정 상황에서 특정 측정기준이 유용한 정보를 제공할 수 있는지를 파악하는 데 도움이 된다.

(1) 역사적원가

역사적원가(historical cost, 또는 취득원가(aquisition cost)) 측정치는 적어도 부분적으로 자산, 부채 및 관련 수익과 비용을 발생시키는 거래나 사건의 가격에서 도출된 정보를 사용하여 자산, 부채 및 관련 수익과 비용에 관한 화폐적 정보를 제공한다. 그러나 역사적원가는 자산의 손상이나 손실부담에 따른 부채와 관련되는 변동을 제외하고는 가치의 변동을 반영하지 않는다.

자산을 취득하거나 창출할 때의 역사적원가는 자산의 취득 또는 창출에 발생한 원가의 가치로서, 자산을 취득 또는 창출하기 위하여 지급한 대가와 거래원가(transaction costs)를 포함한다. 부채가 발생하거나 인수할 때의 역사적원가는 발생시키거나 인수하면서 수취한 대가

---

2) 기업의 경영활동에 투입되는 원가에 대한 정보(역사적원가, 현행원가와 같은 유입가치)를 제공하는지 또는 기업의 경영활동에서 산출되는 원가에 대한 정보(공정가치, 사용가치, 이행가치와 같은 유출가치)를 제공하는지에 따라 측정기준을 분류하는 방법도 있다. 개념체계에서는 이 방법을 택하지 않았다. 왜냐하면 대부분의 경우 동일한 시장에서의 유입가치(entry value)와 유출가치(exit value)의 차이가 거래원가를 제외하고는 작기 때문에 특정 회계기준에서 사용하기 위한 측정기준을 선택할 때 그러한 분류가 유용하지 못하기 때문이다.

에서 거래원가를 차감한 가치이다.

시장조건에 따른 거래가 아닌 사건의 결과로 자산을 취득하거나 창출할 때 또는 부채를 발생시키거나 인수할 때 원가를 식별할 수 없거나 그 원가가 자산이나 부채에 관한 목적적합한 정보를 제공하지 못할 수 있다. 이러한 경우 그 자산이나 부채의 현행가치가 최초 인식시점의 간주원가(deemed cost)로 사용되며, 그 간주원가는 후속 측정을 위한 역사적원가의 대용치로 사용된다.

자산의 역사적원가는 다음 상황을 반영하기 위하여 필요하다면 시간의 경과에 따라 조정하여야 한다.

① 자산을 구성하는 경제적자원의 일부 또는 전부의 소비(감가상각 또는 상각)
② 자산의 일부 또는 전부를 소멸시키면서 받는 대금
③ 자산의 역사적원가의 일부 또는 전부를 더 이상 회수할 수 없게 하는 사건(손상)의 영향
④ 자산의 금융요소를 반영하는 이자의 발생

부채의 역사적원가는 다음 상황을 반영하기 위하여 필요하다면 시간의 경과에 따라 갱신되어야 한다.

① 부채의 일부 또는 전부의 이행(예를 들면, 부채의 일부 또는 전부를 소멸시키는 지급이나 재화를 인도할 의무의 이행)
② 부채의 이행에 필요한 경제적자원을 이전해야 하는 의무의 가치를 (손실부담한도까지) 증가시키는 사건의 영향. 부채의 역사적원가가 부채를 이행할 의무를 충분히 반영하지 못한다면, 이는 손실부담부채(onerous liability)를 가산하여 부채의 장부금액을 조정하여야 함
③ 부채의 금융요소를 반영하는 이자의 발생

역사적원가 측정기준을 금융자산과 금융부채에 적용하는 한 가지 방법은 상각후원가로 측정하는 것이다. 금융자산과 금융부채의 상각후원가(amortized cost)는 최초 인식시점에 결정된 이자율로 할인한 미래

현금흐름 추정치를 반영한다. 변동금리상품은 할인율인 변동금리의 변동을 반영하기 위해 공정가치로 조정한다. 한편, 상각후원가로 측정하는 금융상품은 역사적 할인율을 적용하기 때문에 원가기조를 유지하면서 이자의 발생, 금융자산의 손상 및 수취 또는 지급과 같은 후속 변동을 반영하기 위해 시간의 경과에 따라 장부금액을 조정한다.

[역사적원가가 제공하는 정보]

역사적원가는 자산이나 부채를 발생시킨 거래나 사건의 가격에서 도출된 정보를 적어도 부분적으로 사용하기 때문에 역사적원가로 자산이나 부채를 측정하여 제공하는 정보는 목적적합할 수 있다.

기업이 시장조건에 따라 최근 거래에서 자산을 취득한다면, 일반적으로 그 자산이 최소한 자산의 원가를 회수하는 데 충분한 경제적 효익을 제공할 것으로 기대한다. 마찬가지로 시장조건에 따른 최근 거래의 결과로 부채를 발생시키거나 인수한다면, 일반적으로 부채를 이행하기 위해 경제적자원을 이전해야 하는 의무의 가치가 수취한 대가에서 거래원가를 차감한 가치를 초과하지 않을 것으로 기대된다. 따라서 이러한 경우에 자산이나 부채를 역사적원가로 측정하는 것은 자산과 부채를 발생시킨 거래의 가격과 자산이나 부채 모두에 대한 목적적합한 정보를 제공한다.

역사적원가는 자산의 소비와 손상을 반영하여 감소하기 때문에, 역사적원가로 측정된 자산에서 회수될 것으로 예상되는 금액은 적어도 장부금액과 같거나 장부금액보다 크다. 마찬가지로, 부채의 역사적원가는 손실부담이 되는 경우 증가하기 때문에 부채를 이행하기 위하여 필요한 경제적자원을 이전할 의무의 가치는 부채의 장부금액을 초과하지 않는다.

금융자산 외의 자산을 역사적원가로 측정할 경우, 일부 또는 전체 자산의 소비 또는 매각은 그러한 사용 또는 매각된 일부 또는 전체 자산의 역사적원가로 측정된 비용을 발생시킨다. 자산의 매각으로 발생하는 비용은 자산의 매각대가를 수익으로 인식할 때 동시에 인식한다. 수익과 비용의 차이는 매각으로 인한 이익이다. 자산의 소비로 발생하는 비용은 이익(net income)에 관한 정보를 제공하기 위해 관련 수익(income)과 비교할 수 있다. 마찬가지로 금융부채 외의 부채가 발생하거나 대가의 교환으로 인수되고 역사적원가로 측정되는 경우에는 부채의 전부 또는 일부의 이행에 따라 이행된 부분에 대해 수취한 대가의 가치로 측정된 수익이 발생한다. 그 수익과 부채의 이행으로 발생한 비용의 차이는 이행에서 생기는 이익이다.

즉시 소비되는 재화와 용역을 포함하여 매각이나 소비되는 자산의 원가에 대한 정보와 수취한 대가에 대한 정보는 예측가치를 가질 수 있다. 이 정보는 미래에 재화(기업이 현재 보유하고 있지 않은 재화 포함)나 용역을 판매함에 따른 미래의 이익을 예측하는 투입변수로 사용하고, 이에 따라 미래순현금유입에 대한 기업의 전망을 평가하는 데 사용될 수 있다. 미래현금흐름에 대한 기업의 전망을 평가하기 위해, 재무제표이용자들은 종종 이미 보유하고 있는 재화에서 이익을 창출할 것이라는 전망뿐만 아니라, 여러 기간에 걸쳐 미래이익을 창출할 수 있는 기업의 전망에 초점을 맞춘다.

역사적원가로 측정한 수익과 비용은 현금흐름이나 이익에 관한 그들의 종전 예측에 대해 피드백을 제공하기 때문에 확인가치를 가질 수 있다. 판매하거나 사용한 자산의 원가에 관한 정보는 경영진이 그 기업의 경제적자원을 사용하는 책임을 얼마나 효율적이고 효과적으로 수행했는지를 평가하는 데 도움이 될 수 있다.

이와 비슷한 이유로 상각후원가로 측정하는 자산(부채)에서 가득(발생)하는 이자에 대한 정보는 예측가치와 확인가치를 가질 수 있다.

역사적원가

자산이나 부채의 역사적원가는 최초 가치인데, 회계기준에서는 이러한 최초의 가치를 결정하는 방법을 특정할지를 결정해야 한다.

자산을 전부 또는 일부 소비하면, 소비된 자산을 제거하게 된다. 자산을 역사적원가로 측정하는 경우에는 제거는 자산의 감가상각 또는 상각으로 반영된다. 마찬가지로 부채를 전부 또는 일부 이행하면, 이행된 부채를 제거하게 된다.

자산이 손상되었거나 부채가 손실부담을 초래하는 경우에는 최초 인식시점에 결정한 원가를 갱신하지 않는다면 목적적합한 정보를 제공하지 못할 것이다. 따라서 자산의 역사적원가는 이의 일부가 더 이상 회수가능하지 않다는 사실을 반영하여 갱신(즉, 손상을 반영하기 위해 자산의 장부금액은 감액)해야 한다. 마찬가지로, 부채의 역사적원가는 부채가 손실부담을 초래하는(즉, 부채를 발생시키거나 인수할 때 수취한 대가가 부채를 이행하는 의무를 더 이상 충분히 설명하지 못하게 되는) 변화를 반영하여 조정해야 한다. 그러나 역사적원가는 손상되지 않은 자산의 가치변동이나 손실을 부담하지 않은 부채의 가치변동을 반영하지는 않는다.

금융자산이나 금융부채의 상각후원가는 자산이나 부채가 변동이자율을 갖지 않는 한 최초 인식시의 이자율로 할인한 미래현금흐름의 추정치를 반영한다. 지급하거나 수취한 대여금의 경우 이자가 정기적으로 회수가능하거나 지급가능하다면, 대여금의 상각후원가는 일반적으로 원래 지급되거나 수취한 금액과 비슷하다. 또한 대여금이 손상된 경우 장부금액이 감소한다. 따라서 금융자산과 금융부채의 상각후원가는 역사적원가로 분류된다.

(2) 현행가치

현행가치(current value) 측정치는 측정일의 조건을 반영하기 위한 최근 정보를 사용하여 자산, 부채 및 관련 수익과 비용의 화폐적 정보를 제공한다. 이와 같이 최근 정보를 반영한 자산과 부채의 현행가치는 이전 측정일 이후의 변동, 즉 현행가치에 반영되는 현금흐름과 그 밖의 요소의 추정치의 변동을 반영한다.

역사적원가와는 달리, 자산이나 부채의 현행가치는 자산이나 부채를 발생시킨 거래나 사건의 가격으로부터 도출되지 않는다. 현행가치 측정기준은 다음을 포함한다.

① 공정가치
② 자산의 사용가치 및 부채의 이행가치
③ 현행원가

1) 공정가치

공정가치(fair value)는 측정일에 시장참여자 사이의 정상거래에서 자산을 매도할 때 받거나 부채를 이전할 때 지급하게 될 가격이다. 공정가치는 기업이 접근할 수 있는 시장의 참여자 관점을 반영한다. 시장참여자가 경제적으로 최선의 행동을 한다면, 자산이나 부채의 가격을 결정할 때 사용할 가정과 동일한 가정을 사용하여 그 자산이나 부채를 측정한다.

공정가치는 활성시장에서 관측되는 가격으로 직접 결정될 수 있다. 활성시장에서 관측되지 않는다면, 측정기법(예를 들면, 현금흐름기준 측정기법)을 사용하여 간접적으로 결정된다.[3)]

공정가치는 자산이나 부채를 발생시킨 거래나 그 밖의 사건의 가격으로부터 도출되지 않기 때문에, 공정가치는 자산을 취득할 때 발생한 거래원가로 인해 증가하지 않으며 부채를 발생시키거나 인수할 때 발생한 거래원가로 인해 감소하지 않는다. 또한 공정가치는 자산의 궁극적인 처분이나 부채의 이전 또는 결제에서 발생할 거래원가를 반영하지 않는다.

공정가치는 회계기준에서 널리 사용되고 있기 때문에 K-IFRS 제1113호(공정가치 측정)에서 공정가치의 개념 및 이의 측정방법에 대해서 상세히 제시하고 있다(본장의 [보론]을 참조).

[공정가치가 제공하는 정보]

공정가치로 자산과 부채를 측정하여 제공하는 정보는 예측가치를 가질 수 있다. 공정가치는 미래현금흐름의 금액, 시기 및 불확실성에 대한 시장참여자의 현재 기대를 반영하기 때문이다. 이러한 기대치는 시장참여자의 현재 위험선호도를 반영하는 방식으로 가격에 반영된다.

이러한 정보는 이전의 기대에 대한 피드백을 제공함으로써 확인가치를 가질 수 있다. 시장참여자의 현재 기대를 반영한 수익과 비용은 미래의 수익과 비용을 예측할 때 투입요소로 사용될 수 있기 때문에 예측가치가 있을 수 있다. 이러한 수익과 비용은 기업의 경영진이 그 기업의 경제적자원을 사용하는 책임을 얼마나 효율적이고 효과적으로 수행했는지를 평가하는 데 도움이 될 수 있다.

자산이나 부채의 공정가치 변동은 다양한 요인들에 의해 발생할

3) 이러한 측정기법에는 다음 요인을 모두 반영해야 한다.
① 미래현금흐름 추정치
② 측정대상 자산이나 부채에 대한 미래현금흐름의 추정 금액이나 시기가 그 현금흐름에 내재된 불확실성으로 인해 변동할 가능성
③ 화폐의 시간가치
④ 현금흐름에 내재된 불확실성을 부담하는 것에 대한 가격(위험할증 또는 위험할인)
⑤ 기타 요소(예를 들면, 상황에 따라 시장참여자들이 유동성을 고려한다면 그 유동성)
위의 ②와 ④에 언급된 요인에는 상대방이 기업에 대한 부채를 이행하지 못할 가능성(신용위험)과 기업이 자신의 부채를 이행하지 못할 가능성(자신의 신용위험)이 포함된다.

수 있다. 이러한 요인들이 서로 다른 특성을 지닐 때, 이러한 요인들로 인한 수익과 비용을 개별적으로 식별하는 것은 재무제표이용자들에게 유용한 정보를 제공할 수 있다.

기업이 한 시장에서 자산을 취득하고 다른 시장(기업이 자산을 매각하고자 하는 시장)의 가격을 이용하여 공정가치를 결정한다면, 이 두 시장의 가격 차이는 공정가치를 처음 결정할 때 수익으로 인식된다.

공정가치를 측정할 때 사용되는 가격의 원천인 시장에서 거래가 발생하는 경우, 자산의 매각이나 부채의 이전에 대한 대가는 일반적으로 그 자산이나 부채의 공정가치와 유사한 금액일 것이다. 이 경우 자산이나 부채를 공정가치로 측정한다면, 거래원가의 효과가 중요하지 않는 한 매각이나 이전시점에 발생하는 순이익이나 순손실은 일반적으로 적을 것이다.

2) 사용가치와 이행가치

사용가치(value in use)는 기업이 자산의 사용과 궁극적인 처분으로 얻을 것으로 기대하는 현금흐름 또는 기타 경제적효익의 현재가치이다. 이행가치(fulfillment value)는 기업이 부채를 이행할 때 이전해야 하는 현금이나 기타 경제적자원의 현재가치이다. 이러한 현금이나 그 밖의 경제적자원의 금액은 거래상대방에게 이전되는 금액뿐만 아니라 기업이 그 부채를 이행할 수 있도록 하기 위해 다른 당사자에게 이전해야 할 것으로 기대하는 금액도 포함한다.

사용가치와 이행가치는 미래현금흐름에 기초하기 때문에 자산을 취득하거나 부채를 인수할 때 발생하는 거래원가는 포함하지 않는다. 그러나 이에는 기업이 자산을 궁극적으로 처분하거나 부채를 이행할 때 발생할 것으로 기대되는 거래원가의 현재가치가 포함된다.

사용가치와 이행가치는 시장참여자의 가정보다는 기업 특유의 가정(entity-specific assumptions)을 반영한다. 사용가치와 이행가치는 직접 관측될 수 없으며, 현금흐름기준 측정기법으로 결정된다. 이 경우 공정가치에 대해 기술한 것과 동일한 요소를 반영하지만 시장참여자의 관점보다는 기업 특유의 관점을 반영한다.

[사용가치와 이행가치가 제공하는 정보]

사용가치는 자산의 사용과 궁극적인 처분으로부터 발생하는 추정현금흐름의 현재가치에 관한 정보를 제공한다. 이 정보는 미래순현금유입에 대한 예상치를 평가하는 데 사용할 수 있기 때문에 예측가치를 가질 수 있다. 이행가치는 부채의 이행에 필요한 추정현금흐름의 현재가치에 관한 정보를 제공한다. 따라서 이행가치는 부채가 이전되거나 협상으로 결제될 때보다는 특히 이행될 경우에 예측가치를 가질 수 있다.

사용가치나 이행가치 추정치가 미래현금흐름의 금액, 시기와 불확실성으로 추정된 정보와 결합되어 갱신될 경우, 갱신된 추정치는 사용가치나 이행가치의 종전 추정치에 관한 피드백을 제공하기 때문에 확인가치를 가질 수 있다.

3) 현행원가

자산의 현행원가(current cost)는 측정일 현재 동등한 자산의 원가로서 측정일에 지급할 대가와 그날에 발생할 거래원가를 포함한다. 부채의 현행원가는 측정일 현재 동등한 부채에 대해 수취할 수 있는 대가에서 그날에 발생할 거래원가를 차감한다. 현행원가는 역사적원가와 마찬가지로 유입가치(entry value)이다. 이는 기업이 자산을 취득하거나 부채를 발생시킬 시장에서의 가격을 반영한다. 이런 이유로 현행원가는 유출가치(exit value)인 공정가치, 사용가치 또는 이행가치와 다르다. 그러나 현행원가는 역사적원가와 달리 측정일의 조건을 반영한다. 예를 들면, 특정 상품을 과거에 ₩1,000에 취득했고 이를 현재시점에 시장에서 재취득한다면 ₩1,200을 지급해야 한다. 이 경우 ₩1,000은 이 상품의 역사적원가이며 ₩1,200은 현행원가로서, 이 둘은 취득시장(유입시장)에서 상품을 취득할 때 지출해야 하는 유입가치이다.

현행원가를 활성시장에서 가격을 관측하여 직접 결정할 수 없다면, 다른 방법을 통해 간접적으로 결정해야 한다. 예를 들면, 새로운 자산에 대한 가격만을 이용할 수 있는 경우, 기업이 보유하여 사용하고 있는 자산의 현행원가는 자산의 현재 연령과 상태를 반영하기 위해 새로운 자산의 현재가격을 조정하여 추정해야 할 것이다.

[현행원가가 제공하는 정보]

현행원가로 측정한 자산과 부채에 관한 정보는 현행원가가 측정일 현재 동등한 자산을 취득하거나 창출할 수 있는 원가를 반영하거나, 동등한 부채를 발생시키거나 인수하기 위해 수취할 대가를 반영하기 때문에 목적적합할 수 있다.

역사적원가와 마찬가지로 현행원가는 소비된 자산의 원가나 부채의 이행에서 생기는 수익에 관한 정보를 제공한다. 이 정보는 현재 이익을 도출하는 데 사용될 수 있으며, 미래이익을 예측하는 데도 사용될 수 있다. 역사적원가와 달리 현행원가는 소비하거나 이행하는 시점의 일반적인 가격을 반영한다. 가격변동이 유의적일 경우, 현행원가를 기반으로 한 이익은 역사적원가를 기반으로 한 이익보다 미래이익을 예측하는 데 더 유용할 수 있다.

소비에 대한 현행원가(또는 이행에 따른 현재 수익)를 보고하기 위해, 보고기간의 장부금액 변동을 소비에 대한 현행원가(또는 이행에 따른 현재 수익)와 가격변동 효과로 나누어야 한다. 가격변동 효과는 때로는 '보유이익' 또는 '보유손실'로 불린다.

현행가치

개념체계는 현행가치 측정을 측정일의 조건을 반영하기 위해 갱신된 정보를 사용하여 자산, 부채 및 관련 수익 및 비용에 대한 화폐적 정보를 제공하는 것으로 식별한다. 현행 측정기준은 공정가치, 사용가치(자산의 경우), 이행가치(부채의 경우)와 현행원가가 포함된다.

개념체계의 공정가치에 대한 설명은 K-IFRS 제1113호(공정가치 측정)에서 기술한 내용과 일치한다. 사용가치와 이행가치의 설명은 K-IFRS 제1036호(자산손상)에서 사용되는 가치의 정의에서 파생되며, 이는 개념체계 이전에 개발된 회계기준의 기업특유의 가치에 대한 다양한 정의 중 가장 명시적인 것이다.

현행원가에 대한 설명은 다양한 학술 자료의 현행원가에 대한 설명에서 도출되었다. 사용가치는 개념체계 이전에 개발된 일부 회계기준에서 사용되었으나 별도의 측정기준으로서 사용된 것은 아니었다. 이들 회계기준에서 사용가치는 역사적원가로 측정되고 손상될 수 있는 자산의 회수가능액을 결정하는 데 사용된다. 이러한 맥락에서 사용가치를 사용하여 손상된 자산의 회수가능액을 결정하는 경우, 손상차손이 인식된 직후 자산의 장부금액은 사용가치와 동일하다. 그러나 개념체계에서는 다음 이유로 별도의 측정기준으로 사용가치와 이행가치를 식별한다.

> "사용가치와 이행가치는 공정가치와 동일한 요소를 반영하지만 시장참여자의 가정이 아니라 기업 특유의 가정을 사용한다. 따라서 사용가치와 이행가치는 현금흐름에 내재하는 불확실성의 부담에 대한 가격(위험프리미엄)을 반영한다. 그러한 위험프리미엄을 포함시키면 다른 불확실성 수준에 따라 항목간 경제적 차이를 반영하기 때문에 목적적합한 정보가 생성된다. 위험프리미엄은 K-IFRS 제1036호(자산손상)에서 설명된 사용가치에 암묵적으로 포함되어 있다."

현행원가는 K-IFRS에서 널리 사용되지는 않지만 현행원가를 사용하는 것을 지지하는 유의적인 학계 문헌이 있다. 따라서 개념체계에서 현행원가를 측정기준으로 식별하고 있다.[4)]

:: **사례** 자산평가와 이익측정

슬기(주)는 계속기록법을 사용하여 재고자산을 평가하고 있으며, 20×1년도의 거래와 관련된 정보가 다음과 같다. 회계연도는 12월 31일에 종료된다.

1월 1일 상품구입(현금구입) : 200개 @₩60
7월 1일 상품판매(현금판매) : 100개 @₩75　　기말재고 : 100개

한편, 현행원가는 각각 다음과 같이 변동하였다.

1월 1일 ₩60,　7월 1일 ₩65,　12월 31일 ₩68

이 경우 역사적원가 또는 현행원가 측정기준을 따를 때 20×1년 1월 1일, 7월 1일 및 12월 31일에 필요한 분개는 다음과 같다.

---

4) 그러나 개념체계는 다음과 같은 현행가치 측정기준을 설명하지는 않는다.

① 자산의 박탈(deprival)가치 또는 부채의 면제(relief)가치 : 자산의 박탈가치는 측정대상 자산을 박탈할 경우 기업이 겪게 될 손실이다. 마찬가지로 부채의 면제가치는 측정대상 부채를 면제할 경우 기업이 누릴 수 있는 이익이다. 이들 측정기준이 다른 측정기준보다 더 복잡하고 소수의 국가에서만 사용되기 때문에 이들에 대한 논의를 포함하지 않았다.

② 순실현가능가치 : 순실현가능가치는 자산매각으로 인한 예상대가에서 매각예정원가를 차감한 것을 나타낸다. 순실현가능가치는 다른 현행측정치에서 파생된 것이므로 별도로 설명할 필요가 없다.

③ 해제(release)원가 : 해제원가는 거래상대방과의 협상을 통해 부채에서 해제되는 추정원가(거래원가 포함)를 나타낸다. 기업이 부채에서 해제되는 것이 상대적으로 드문 일이기 때문에 개념체계에서 이 측정기준을 설명할 필요가 없다.

일 자	취득원가				현행원가			
1월 1일 (매입)	재고자산	12,000	현 금	12,000	재고자산	12,000	현 금	12,000
7월 1일 (판매)					재고자산	1,000	보유이익	1,000*
	현 금	7,500	매 출	7,500	현 금	7,500	매 출	7,500
	매출원가	6,000	재고자산	6,000	매출원가	6,500	재고자산	6,500
12월 31일 (기말)	– 분개 없음 –				재고자산	300	보유이익	300*

* 재고자산의 보유이익을 가격변동시점에 인식한다고 가정함.

또한 이 경우 20×1년 취득원가와 현행원가 당기순이익은 다음과 같이 산출된다.

취득원가		현행원가	
매 출	₩7,500	매 출	₩7,500
매출원가	(6,000)	매출원가	(6,500)
당기순이익	₩1,500	당기순이익	₩1,000
		보유이익(₩1,000+₩300)	₩1,300

거래원가

거래원가는 다음과 같은 경우에 발생할 수 있다.

① 자산을 취득하거나 부채가 발생하거나 인수되는 경우

② 자산을 매각 또는 처분하거나 부채를 결제 또는 이전하는 경우

어떤 원가가 거래원가인지 정의하는 것은 개념체계의 범위를 벗어난다. 일반적으로 거래원가(transaction costs)는 특정 회계기준에서 거래가격 외의 증분원가, 즉 측정되는 특정 자산(또는 부채)을 취득(발생) 또는 매각 또는 처분(이전 또는 결제)하지 않았다면 발생하지 않았을 원가로 정의된다.

자산을 취득하거나 부채가 생길 때 발생하는 거래원가는 자산을 취득하거나 부채가 생기는 거래의 특성이다. 따라서 다음과 같이 거래원가가 반영된다.

① 자산이나 부채의 역사적원가와 현행원가는 이러한 거래원가를 반영한다. 거래원가는 거래가격의 일부가 아니지만, 거래원가를 부담하지 않고는 자산을 취득하거나 부채를 발생시킬 수 없다.

② 측정치가 자산 또는 부채의 공정가치, 이행가치 또는 사용가치를 나타내도록 의도된 것이라면, 이러한 측정치에는 거래원가를 반영하지 않는다. 거래원가는 자산이나 부채의 현행가치에 영향을 주지 않는다.

자산을 매각 또는 처분하거나 부채를 결제 또는 이전할 때 발생하는 거래원가는 미래에 발생할 수 있는 거래의 특성이다. 따라서

① 사용가치와 이행가치에는 거래원가가 발생할 것으로 예상하는 경우 그 거래원가를 반영한다.
② 공정가치에는 거래원가를 반영하지 않는다.
③ 역사적원가와 현행원가는 유입가치(이는 자산을 취득하거나 부채가 발생할 때의 원가를 반영함)이기 때문에 자산의 매각이나 처분 또는 부채의 결제나 이전으로 발생하는 거래원가를 반영하지 않는다.

측정기준을 선택할 때 측정기준이 재무상태표와 재무성과표에서 만들어 낼 정보의 성격을 고려하는 것이 중요하다. 이러한 정보가 본장의 마지막 [별첨]에 요약되어 첨부되고 있다.

2 측정기준을 선택할 때 고려할 요인

자산이나 부채, 이와 관련된 수익과 비용의 측정기준을 선택할 때, 그 측정기준으로 재무상태표와 재무성과표에서 산출할 정보의 성격뿐만 아니라 그 밖의 요인을 고려할 필요가 있다.

측정기준이 제공하는 정보와 측정기준의 선택

개념체계에서 특정 측정치가 재무성과표에 미치는 영향에 더 많은 비중을 두어야 할까? 이를 지지하는 견해는 재무성과표가 재무상태표보다 더 유용하다고 보기 때문이다. 그러나 재무제표에서 생성된 정보의 상대적 중요성은 이용자가 분석에서 산출된 정보를 어떻게 이용하는가에 따라 다르며, 결과적으로 사실과 상황에 따라 다르다.

대부분의 경우 어떤 측정기준을 선택해야 하는지를 결정할 때에는 여러 가지 요인을 고려한다. 각 요인의 상대적 중요성은 사실과 상

황에 따라 달라질 것이다.

측정기준에 의해 제공되는 정보는 재무제표이용자들에게 유용해야 한다. 이를 달성하기 위해서는 정보가 목적적합해야 하고 나타내고자 하는 바를 충실하게 표현해야 한다. 또한, 제공되는 정보는 가능한 한 비교가능하고 검증가능하며 적시성이 있고 이해가능해야 한다.

근본적 질적특성을 적용하기 위한 가장 효율적이고 효과적인 절차는 일반적으로 경제적 현상에 대한 가장 목적적합한 정보를 식별해내는 것일 것이다. 만일 해당 정보가 유용하지 않거나 경제적 현상을 충실하게 표현하는 방법으로 제공될 수 없다면, 그 다음으로 가장 목적적합한 정보의 유형을 고려해야 한다.

개념체계에서는 인식된 자산과 부채의 측정기준을 선택할 때 고려해야 할 요소들에 초점을 맞추고 있다. 그러나 이 설명 중 일부는 인식된 항목 또는 인식되지 않은 항목에 대해 주석으로 제공되는 정보의 측정기준을 선택할 때 적용될 수 있다.

또한 최초 인식시점에 측정기준을 선택할 때 고려할 추가요인에 대해 설명한다. 최초 측정기준이 후속적 측정기준과 일치하지 않는 경우, 첫 번째 후속 측정시점에 측정기준의 변경으로 인하여 수익과 비용이 인식될 수도 있다. 이러한 수익과 비용을 인식하는 것은 실제로 이러한 거래나 사건이 발생하지 않았지만 어떤 거래나 그 밖의 사건을 설명하는 것처럼 보일 수 있다. 따라서 자산이나 부채, 관련 수익과 비용에 대한 측정기준의 선택은 최초 측정과 후속 측정 모두를 고려하여 결정된다.

측정기준의 선택

재무제표의 목적을 달성하기 위해서는 특정 측정기준에 의해 제공되는 정보가 재무제표이용자들에게 유용해야만 한다. 이는 측정기준이 목적적합하고 나타내고자 하는 바를 충실하게 표현하는 정보를 제공하는 경우에 달성된다. 개념체계는 목적적합성과 표현충실성이 측정기준의 선택에 어떻게 영향을 미치는지를 설명한다.

측정기준을 선택할 때 고려해야 할 요소의 순서(예를 들면, 서열체계 또는 의사결정도의 사용)를 정해야 할까? 이것은 가능하지도 바람직하지도 않다. 왜냐하면 요소들의 상대적 중요성은 사실과 상황에 달려 있기 때문이다. 실제로 많은 경우 측정기준을 선택할 때 여러 요소를 고려하는 것이 필요하다.

(1) 목적적합성

측정기준에 의해 제공된 정보의 목적적합성은 ① 자산이나 부채의 특성과 ② 자산이나 부채가 미래현금흐름에 기여하는 방식에 영향을 받는다.

1) 자산이나 부채의 특성

측정기준에 의해 제공되는 정보의 목적적합성은 부분적으로 자산이나 부채의 특성, 특히 현금흐름의 변동성, 그리고 자산이나 부채의 가치가 시장요인이나 기타 위험에 민감한지 여부에 따라 달라진다. 자산이나 부채의 가치가 시장요인이나 기타 위험에 민감하다면, 그 자산이나 부채의 역사적원가는 현행가치와 유의적으로 다를 수 있다. 따라서 가치변동에 관한 정보가 중요할 경우 역사적원가는 목적적합한 정보를 제공하지 못할 수 있다. 예를 들면, 상각후원가는 파생금융자산 또는 파생금융부채에 대해 목적적합한 정보를 제공할 수 없다.

역사적원가를 사용한다면, 가치변동의 효과는 가치가 변동할 때가 아니라 처분, 손상 또는 이행과 같은 사건이 발생할 때 보고된다. 이는 자산이나 부채를 보유하는 기간이 아닌 해당 사건이 발생한 때 모든 수익과 비용이 인식된다는 것을 의미하는 것으로 잘못 해석될 수 있다. 또한 역사적원가로 측정하면, 가치의 변동에 관한 정보를 적시에 제공하지 않기 때문에 그 기준에 따라 보고된 수익과 비용은 보고기간에 자산이나 부채의 보유에서 발생하는 위험에 기업이 노출된 영향을 완전하게 설명하지 못하므로 예측가치와 확인가치가 결여될 수 있다.

자산이나 부채의 공정가치 변동은 시장참여자의 기대 및 위험선호도의 변동을 반영한다. 측정대상 자산이나 부채의 특성 및 기업의 사업활동의 성격에 따라 이러한 변동을 반영한 정보가 예측가치나 확인가치를 제공하지는 못할 수도 있다. 기업의 사업활동이 자산의 매각이나 부채의 이전을 포함하지 않고, 예를 들면 자산을 단지 사용하거나 계약상 현금흐름의 회수만을 위해 보유하거나 부채를 직접 이행하기 위한 경우가 이에 해당한다. 즉 만기까지 보유할 투자채권은 정해진 원금과 원금에 대한 이자로만 구성된 현금을 받기 때문에 보유 중 가격변동에 영향을 받지 않는다.

2) 미래현금흐름에 기여하는 방식

경제적자원은 현금흐름을 직접 창출하기도 하며, 간접적으로는 다른 경제적자원과 결합하여 사용되어 현금흐름을 창출한다. 경제적자원을 사용하는 방식, 즉 자산과 부채가 현금흐름을 창출하는 방식은 부분적으로 기업이 수행하는 사업활동(business activities)의 성격에 달려 있다.

기업의 사업활동이 고객에게 재화나 용역을 생산하고 판매하기 위해 간접적으로 현금흐름을 생산하는 여러 가지 경제적자원을 결합하여 사용하는 경우에는 역사적원가나 현행원가는 그 활동에 목적적합한 정보를 제공할 것이다. 예를 들면, 유형자산은 일반적으로 기업의 다른 경제적자원과 함께 사용된다. 마찬가지로, 재고자산은 일반적으로 기업의 다른 경제적자원을 광범위하게 사용(예를 들면, 생산 및 마케팅 활동)하지 않는다면 고객에게 판매될 수 없다. 개념체계에서는 그러한 자산을 역사적원가 또는 현행원가로 측정하는 것이 어떻게 그 기간에 달성된 이익을 도출하는 데 사용할 수 있는 목적적합한 정보를 제공할 수 있는지에 대해 설명하고 있다.

독립적으로 그리고 유의적인 경제적 불이익 없이(예를 들면, 유의적인 사업중단이 없이) 판매될 수 있는 자산과 같이 현금흐름을 직접 창출하는 자산과 부채의 경우에는 가장 목적적합한 정보를 제공하는 측정기준은 미래현금흐름의 금액, 시기와 불확실성의 현재 추정치를 반영한 현행가치일 것이다.

사업활동이 계약상 현금흐름을 수취하기 위한 목적으로 금융자산과 금융부채를 관리하는 것과 관련된 경우에는 상각후원가는 자산에서 가득한 이자와 부채에서 발생한 이자 간의 이익을 도출하는 데 사용할 수 있는 목적적합한 정보를 제공할 수 있다. 그러나 상각후원가가 유용한 정보를 제공하는지 평가할 때 금융자산이나 금융부채의 특성도 고려해야 한다. 상각후원가는 원금과 이자 외의 요소에 의존하는 현금흐름에 목적적합한 정보를 제공하지 못할 것이다.

사업활동 : 미래현금흐름에 기여하는 방식

일부 경제적자원은 현금흐름을 직접 창출하는 반면, 다른 경제적자원은 결합하여 사용되어 현금흐름을 생성한다. 이를 바탕으로 개념체계는 자산이나 부채가 미래현금흐름에 기여하는 방식을 측정기준 선택에서 하나의 요소로 식별한다.

자산이나 부채가 미래현금흐름에 기여하는 방식은 부분적으로 기업이 수행하는 사업활동(business activities)의 성격에 따라 다르다. 예를 들면, 기업의 사업활동의 성격에 따라 동일한 자산을 재고자산으로 판매하거나, 다른 기업에 임대하거나 기업의 사업에 사용할 수 있다. 현금흐름에 다른 방식으로 기여하는 자산이나 부채를 동일하게 측정한다면, 서로 다른 것들을 같게 보이게 함으로써 비교가능성이 낮아질 수 있다.5)

측정기준을 선택할 때 기업의 사업활동의 성격을 고려하면 주관적일 수 있다는 우려도 있다. 그러나 많은 경우 기업의 사업활동의 성격은 경영진의 의도가 아니라 사실의 문제이다. 물론 이것이 사실이 아니라면, 주관성을 다루는 방법을 고려해야 할 것이다.6)

(2) 표현충실성

자산과 부채가 어떤 방식으로든 관련된 경우 해당 자산과 부채에 대해 서로 다른 측정기준을 사용하면 측정불일치(measurement inconsistency, 회계불일치(accounting inconsistency))가 발생할 수 있다. 재무제표에 측정불일치가 포함될 경우 해당 재무제표는 기업의 재무상태와 재무성과의 일부 측면을 충실하게 표현하지 못할 수 있다. 이 상황에서는 관련된 자산과 부채에 동일한 측정기준을 사용함으로써 유용한 정보를 제공할 수 있다. 이는 특정 자산이나 부채의 현금흐름이 다른 자산이나 부채의 현금흐름에 직접 관련되어 있을 때에 그러할 수 있다.

완벽하게 충실한 표현에는 오류가 없어야 하지만, 이것은 모든 측면에서 측정이 완벽하게 정확해야 한다는 것을 의미하지는 않는다.

활성시장의 가격을 직접 관측하여 측정할 수 없어 추정해야만 하는 경우에는 측정불확실성이 발생한다. 특정 측정기준과 관련된 측정

5) 개념체계에서 다음을 명시한다. '비교가능성은 통일성이 아니다. 정보가 비교가능하기 위해서는 비슷한 것은 비슷하게 보여야 하고 다른 것은 다르게 보여야 한다.'

6) 개념체계는 장기투자와 같은 특정 사업활동을 명시적으로 언급하지 않는다. 측정기준의 선택을 돕기 위해 개념체계는 역사적원가 또는 현행가치 측정기준이 금융자산과 금융부채에 대한 목적적합한 정보를 언제 제공할 수 있는지에 대한 지침도 제공한다. 이러한 지침은 K-IFRS 제1009호(금융상품)의 개발에서 식별된 개념을 토대로 하고 있다. K-IFRS 제1009호의 결론도출근거에서는 이러한 개념을 사용하기로 결정한 이유를 설명하고 있다.

불확실성의 수준은 그 측정기준으로 제공하는 정보가 기업의 재무상태 및 재무성과의 표현충실성에 영향을 줄 수 있다. 측정불확실성의 수준이 높다고 해서 목적적합한 정보를 제공하는 측정기준을 반드시 사용하지 못하는 것은 아니다. 그러나 어떤 경우에는 측정불확실성의 수준이 너무 높아서 측정기준에 의해 제공된 정보가 충분히 충실한 표현을 제공하지 못할 수도 있다. 이러한 경우에는 목적적합한 정보를 얻을 수 있는 다른 측정기준을 선택하는 것을 고려해야 할 것이다.

측정불확실성(measurement uncertainty)은 결과불확실성이나 존재불확실성과는 다르다.

① 결과불확실성(outcome uncertainty)은 자산이나 부채에서 발생할 경제적효익의 유입이나 유출의 금액 또는 시기에 대한 불확실성이 있을 때 발생한다.
② 존재불확실성(existence uncertainty)은 자산이나 부채의 존재 여부가 불확실할 때 발생한다.

결과불확실성 또는 존재불확실성이 있다면, 측정불확실성으로 이어지는 경우도 있다. 그러나 결과불확실성 또는 존재불확실성이 반드시 측정불확실성을 초래하는 것은 아니다. 예를 들면, 활성시장에서 가격을 관측하여 자산의 공정가치를 직접 결정할 수 있는 경우에는 비록 자산이 궁극적으로 얼마나 많은 현금을 산출할지 불확실하여 결과불확실성이 있다고 하더라도, 그 공정가치의 측정과 관련된 측정불확실성은 없다.

표현충실성

개념체계는 특정 측정기준에 의해 제공되는 정보가 나타내고자 하는 경제적 현상을 충실하게 표현하는지 여부에 영향을 미칠 수 있는 요소를 다음과 같이 식별한다.

① 자산과 부채가 어떤 식으로든 관련이 있는지 여부
② 측정불확실성

측정기준을 선택할 때 해당 측정기준과 관련된 측정불확실성의 수준을 고려해야 할까? 이를 고려하기 위해서는 신뢰성(reliability)이라는 용어를 사용해야 한다. 그러나 개념체계에서는 더 이상 신뢰성이라는 용어를 사용하지 않는다. 또한, 개념체계에서는 추정할 때 높은 수준의 불확실성이 포함될 경우 이는 다른 정보가 더욱 유용할 수 있음을 나타낼 수 있다고 설명하고 있다. 또한 '측정'에서 측정불확실성이 측정기준 선택에 미치는 영향을 설명하고 있다.

신중성의 개념을 적용한다면, 자산보다 부채가 허용가능한 수준의 측정불확실성이 항상 높음을 암시하지 않을까? 허용가능한 수준의 측정불확실성은 사실과 상황에 따라 다르며, 이는 회계기준을 제정할 때만 결정할 수 있을 것이다.

(3) 보강적 질적특성과 원가제약

보강적 질적특성(단, 적시성은 제외함)은 측정기준의 선택에 영향을 미친다. 원가가 다른 재무보고결정을 제약하는 것처럼, 측정기준의 선택에도 원가가 제약요인으로 작용한다. 따라서 측정기준을 선택할 때 그 측정기준에 의해 정보의 효익이 그 정보를 제공하고 사용하는 데 발생한 원가를 정당화할 것인지를 고려하는 것이 중요하다.

한 보고기업 내에서 기간간 또는 같은 기간 동안에 기업간에 동일항목에 대해 동일한 측정기준을 일관되게 사용하면, 보다 비교가능한 재무제표를 작성하는 데 도움이 될 수 있다.

측정기준이 변경되면, 재무제표의 이해가능성이 감소할 수 있다. 그러나 예를 들어, 변경으로 인한 이해가능성 감소보다 다른 요소가 가져다주는 효익이 크다면, 변경이 정당화된다. 변경이 이루어지면, 변경의 영향을 이해시키기 위해 설명정보가 필요할 수 있다.

이해가능성은 얼마나 많은 다른 측정기준을 사용하고 있는지 그리고 시간의 경과에 따라 측정기준이 변경되는지 여부에 달려 있다. 일반적으로 전체 재무제표에 더 많은 측정기준을 사용하면, 그에 따른 정보는 더 복잡해져서 이해하기 어려워지고 재무제표의 총계 또는 소계는 덜 유용해진다. 그러나 유용한 정보를 제공하기 위해 필요하다면 더 많은 측정기준을 사용하는 것이 적절할 수 있다.

검증가능성은 가격을 관측하는 것과 같이 직접 또는 모형의 투입요소를 확인하는 것과 같은 간접·독립적으로 확인될 수 있는 측정기준을 사용함으로써 향상된다. 측정을 검증할 수 없는 경우에는 그 측정이 어떻게 결정되었는지 이해하기 위해 설명정보가 필요할 수 있다. 이러한 경우에는 다른 측정기준을 사용하도록 특정하는 것이 필요할 수도 있다.

보강적 질적특성과 원가제약이 각 측정기준에 미치는 의미를 살펴보자.

1) 역사적원가

많은 경우 역사적원가를 측정하는 것이 현행가치를 측정하는 것보다 더 단순하고 비용이 적게 든다. 또한, 역사적원가 측정기준을 적용하여 결정한 측정값은 일반적으로 잘 이해되며 대부분 검증가능하다. 그러나 자산의 소비를 추정하고 자산에 대한 손상차손을 추정하거나 부채에 대한 손실부담부채를 식별하고 측정하는 것은 주관적일 수 있다. 따라서 때로는 자산이나 부채의 역사적원가도 현행가치만큼 측정하거나 검증하기 어려울 수 있다.

역사적원가 측정기준을 사용할 경우, 다른 시점에 취득한 동일한 자산이나 발생한 동일한 부채가 재무제표에 각각의 취득금액으로 인식되어 다른 금액으로 보고될 수 있다. 이것은 보고기업의 기간간 또는 같은 기간의 기업간 비교가능성을 저하시킬 수 있다.

2) 현행가치

공정가치는 개별 기업의 관점이 아닌 시장참여자의 관점에서 결정되고 자산이 취득되거나 부채가 발생하는 시점과는 독립적이기 때문에, 공정가치로 측정된 동일한 자산이나 부채는 원칙적으로 동일한 시장에 접근할 수 있는 보고기업에 의해 동일한 금액으로 측정된다. 이는 보고기업의 기간간 또는 같은 기간의 기업간 비교가능성을 높일 수 있다.

반면에 사용가치와 이행가치는 개별 기업의 관점을 반영하기 때문에 이러한 측정은 동일한 자산이나 부채를 다른 기업이 보유할 경우 다를 수 있다. 이러한 차이는, 특히 자산이나 부채가 유사한 방식으로 현금흐름에 기여하는 경우, 비교가능성을 저하시킬 수 있다.7)

7) 예컨대 어느 두 회사가 보유한 동일한 자산이 현금흐름에 기여하는 방식이 동일하더라도 자산의 활용수준에 따라 현금흐름이 달라질 것이기 때문에 기업간 사용가치가 달라질 수 있을 것이다.

공정가치를 활성시장의 관측가격으로 직접 결정할 수 있다면, 공정가치 측정과정은 비용이 적게 들고, 단순하며, 이해하기 쉽다. 또한, 공정가치는 직접 관측을 통해 검증될 수 있다.

현금흐름기준 측정기법의 사용을 포함한 평가기법은 활성시장에서 직접 관측할 수 없는 공정가치를 측정하기 위해 필요할 수 있으며, 일반적으로 사용가치나 이행가치를 결정할 때에도 필요하다. 사용되는 기법에 따라 다음과 같은 현상이 나타난다.

① 평가에 필요한 투입요소를 추정하고 평가기법을 적용하는 것은 비용이 많이 들고 복잡할 수 있으며,
② 과정에 투입되는 요소는 주관적일 수 있으며, 투입요소와 과정 자체의 타당성을 검증하는 것이 어려울 수 있다. 결과적으로, 동일한 자산이나 부채의 측정치가 다를 수 있다. 이는 비교가능성을 저하시킬 것이다.

다른 자산과 함께 사용하는 개별 자산의 사용가치는 의미 있게 결정하기가 어렵다. 이 경우 자산집합의 사용가치가 결정되면, 그 결과를 개별 자산에 배분해야 할 수도 있다. 이 과정은 주관적이고 자의적일 수 있다. 또한, 자산의 사용가치의 추정치는 의도치 않게 집합 내의 다른 자산과의 시너지 효과가 반영될 수 있다. 따라서 다른 자산과 결합하여 사용하는 자산의 가치를 결정하는 것은 비용이 많이 드는 과정이 될 수 있으며, 그 복잡성과 주관성으로 인해 검증가능성이 저하된다. 이러한 이유로, 사용가치는 그러한 자산을 정기적으로 재측정하기 위한 실무적인 측정기준이 아닐 수 있다. 그러나 예를 들어, 역사적원가가 완전히 회수가능한지를 판단하기 위해 손상검사에서 사용될 때와 같이 자산의 부정기적 재측정에는 유용할 수 있다.

현행원가 측정기준을 사용할 경우, 다른 시점에 취득하거나 발생한 동일한 자산이나 부채를 재무제표에 같은 금액으로 보고한다. 이는 보고기업의 기간간 그리고 같은 기간의 기업간 비교가능성을 향상시킬 수 있다. 그러나 현행원가를 결정하는 것은 복잡하고 주관적이며 비용이 많이 들 수 있다. 예를 들면, 기업이 보유하고 있는 자산의 연식과 상태를 반영하기 위해 새로운 자산의 현재가격을 조정하여 자산

의 현행원가를 측정해야 할 수도 있다. 또한 기술의 변화와 사업관행의 변화로 인해 많은 자산이 동일한 자산으로 대체되지는 않을 것이다. 따라서 기존 자산과 동등한 자산의 현행원가를 추정하기 위해서는 새로운 자산의 현재가격에 대한 주관적인 조정이 더 필요할 것이다. 또한 현행원가 장부금액의 변동을 소비한 부분의 현행원가와 가격변동 효과로 나누는 것은 복잡하고 자의적인 가정이 필요할 수 있다. 이러한 어려움 때문에 현행원가 측정치는 검증가능성과 이해가능성이 결여될 수 있다.

보강적 질적특성과 측정기준

개념체계는 재무정보를 더욱 유용하게 만드는 네 가지 '보강적 질적특성', 즉 비교가능성, 검증가능성, 적시성 및 이해가능성을 식별하고 있다. 그러나 적시성은 측정기준의 선택에 영향을 미치지 않는다고 보고 있다. 따라서 비교가능성, 검증가능성 및 이해가능성이 측정기준의 선택에 대해 갖는 일반적인 의미를 설명하고 있다.

개념체계에서는 추가로 다음 사항을 검토하였다.

- 검증가능성은 측정기준을 선택할 때 보다 중요한 역할을 해야 할까?
- 회계기준을 개발할 때 재무제표의 작성자에게 측정기준을 선택하지 못하게 하면 비교가능성이 향상될 수 있을까?

개념체계에서 측정기준을 선택할 때 검증가능성의 역할을 적절히 반영하고 있다. 또한, 동일한 경제적 현상에 대해 대체적인 회계처리방법을 허용하면 비교가능성이 감소됨을 인정하기 때문에 대체적 측정기준의 선택을 허용하는 단점에 대한 추가 논의는 불필요하다.

(4) 기타 관련 사항

1) 최초 측정에 관련된 특정 요인들

앞에서 최초 인식과 후속 측정을 위해 측정기준을 선택할 때 고려할 요인들을 설명하였다. 여기에서는 최초 인식시 고려할 몇 가지 요인을 추가로 설명하고자 한다.

최초 인식시점에, 시장조건에 따른 거래에서 취득한 자산이나 발생한 부채의 원가는 거래원가가 유의적이지 않다면 일반적으로 그 시점의 공정가치와 비슷하다. 그러나 이 두 금액이 유사하더라도 최초 인식할 때 사용한 측정기준이 무엇인지 기술할 필요가 있다. 역사적원가를 후속적으로 사용한다면, 그 측정기준은 일반적으로 최초 인식시점에도 적절하다. 마찬가지로 현행가치를 후속적으로 사용한다면, 일반적으로 그 측정기준은 최초 인식시점에도 적절하다. 최초 인식과 후속 측정에 동일한 측정기준을 사용하면, 후속 측정시점에 측정기준의 변경과 관련된 수익이나 비용을 인식하지 않게 된다.

기업이 시장조건[8]에 따른 거래를 하면서 다른 자산이나 부채를 이전하는 대가로 자산을 취득하거나 부채를 발생시키는 경우, 취득한 자산이나 발생한 부채의 최초 측정에 의해 그 거래에서 수익이나 비용의 발생 여부가 결정된다. 자산이나 부채를 원가로 측정하는 경우, 이전된 자산이나 부채의 제거로 인해 수익과 비용이 발생하거나 자산이 손상되거나 손실부담부채가 생기는 경우가 아닌 한, 최초 인식시점에 수익이나 비용이 발생하지 않는다.

시장조건에 따른 거래가 아닌 사건의 결과로 자산을 취득하거나 부채가 발생하는 경우가 있다. 예를 들면, 다음과 같다.

① 거래가격이 당사자간의 관계 또는 당사자 중 일방의 재정적 어려움이나 그 밖의 강박에 의해 영향을 받을 수 있다.
② 자산을 정부가 무상으로 기업에 부여하거나 다른 당사자가 기업에 기부할 수 있다.
③ 부채가 법령이나 규정에 의해 부과될 수 있다.
④ 위반행위로 인해 보상하거나 벌과금을 납부할 부채가 발생할 수 있다.

이러한 경우, 취득한 자산이나 발생한 부채를 역사적원가로 측정하는 것은 거래나 사건에서 발생하는 기업의 자산, 부채, 수익 및 비용을 충실하게 표현하지 못할 수도 있다. 따라서 취득한 자산이나 발생한 부채를 간주원가(deemed cost)로 측정하는 것이 적절할 수 있다.

8) 동종가치 상품교환과 이종가치 상품교환을 논의할 수도 있다. 그러나 '동종가치'와 '이종가치'라는 용어의 의미가 불분명하다. 이에 대응하기 위해 개념체계는 거래조건이 시장조건인지 여부를 언급한다.

이 경우에 간주원가와 지급하거나 수취한 대가의 차이는 최초 인식시점에 수익이나 비용으로 인식될 것이다.

시장조건에 따른 거래가 아닌 사건으로 인해 자산을 취득하거나 부채가 발생한 경우, 거래나 사건의 모든 관련 측면을 파악하고 고려해야 한다. 예를 들면, 거래나 사건이 기업의 재무상태표에 미치는 영향과 기업의 재무성과와 관련된 모든 영향의 실질을 충실하게 표현하기 위하여, 다른 자산이나 부채, 자본청구권 보유자의 출자 또는 자본청구권 보유자에 대한 분배로 인식할 필요가 있다.

2) 둘 이상의 측정기준

때로는 기업의 재무상태와 재무성과를 충실히 표현하는 목적적합한 정보를 제공하기 위해 자산이나 부채, 관련된 수익과 비용에 대해 둘 이상의 측정기준이 필요할 수도 있다. 대부분의 경우 그러한 정보를 제공하는 가장 이해하기 쉬운 방법은 재무상태표상 자산이나 부채, 재무성과표상 관련 수익과 비용 모두에 대해 단일 측정기준을 사용하고, 다른 측정기준을 적용한 추가 정보를 주석에 제공하는 것이다.

경우에 따라서는 다음과 같은 방법으로 그러한 정보를 더 목적적합하게 하거나 기업의 재무상태와 재무성과를 보다 충실히 표현할 수 있다.

① 재무상태표상 자산 또는 부채에 대한 현행가치 측정기준의 사용, 그리고
② 손익계산서[9]상 관련 수익 및 비용에 대한 다른 측정기준의 사용

이 경우에는 자산이나 부채의 현행가치 변동으로 인해 발생한 총수익과 총비용은 다음과 같이 분리하여 분류한다.

① 손익계산서에는 여기에서 선택한 측정기준을 적용하여 측정한 수익이나 비용을 포함한다.

9) 개념체계는 재무성과표가 단일의 표로 구성되는지 두 개의 표로 구성되는지 대해 규정하지 않고 있다. 개념체계에서 '손익계산서'라는 용어는 별도의 보고서와 단일의 재무성과표 내 별도의 부분 모두를 의미한다.

② 기타포괄손익은 모든 잔여 수익이나 비용을 포함한다. 결과적으로 해당 자산이나 부채와 관련된 누적기타포괄손익은 다음 (가)와 (나)의 차이와 동일하다.
(가) 재무상태표상의 자산이나 부채의 장부금액
(나) 손익계산서에서 선택한 측정기준을 적용한다면 산출되었을 장부금액

둘 이상의 측정기준

개념체계는 유용한 정보를 제공하기 위해 자산이나 부채, 이와 관련된 수익과 비용에 대해 둘 이상의 측정기준이 필요한 상황을 논의하고 있다.

그러나 예외적인 상황에서만 이러한 방식으로 정보를 제공하도록 요구해야 하며, 이는 해당 기간의 재무성과에 대해 더 목적적합하거나 더 충실한 표현을 제공하는 정보를 가져올 경우로 제한해야 한다.

3 자본의 측정

자본의 총장부금액(총자본)은 직접 측정하지 않는다.[10] 이는 인식된 총자산의 장부금액에서 인식된 총부채의 장부금액을 차감한 금액과 동일하다.

총자본은 직접 측정하지 않지만, 자본의 일부 종류와 자본의 일부 구성요소에 대한 장부금액은 직접 측정하는 것이 적절할 수 있다. 그럼에도 불구하고, 총자본은 잔여지분으로 측정되기 때문에 적어도 자본의 한 종류는 직접 측정할 수 없다. 마찬가지로 적어도 자본의 한 구성요소는 직접 측정할 수 없다.

---

10) 일반목적재무제표는 기업의 가치를 보여주도록 설계되지 않았기 때문에 자본의 총장부금액은 일반적으로 다음과 동일하지 않을 것이다.
① 기업의 자본청구권에 대한 시가총액
② 계속기업을 전제로 하여 기업 전체를 매각하여 조달할 수 있는 금액
③ 기업의 모든 자산을 매각하고 모든 부채를 상환하여 조달할 수 있는 금액

자본의 개별 항목 또는 자본의 구성요소의 장부금액은 일반적으로 양(+)의 값이지만 일부 상황에서는 음(−)의 값을 가질 수 있다. 마찬가지로 총자본은 일반적으로 양(+)의 값이지만 어떤 자산과 부채가 인식되는지와 어떻게 측정되는지에 따라 음(−)의 값을 가질 수 있다.

자본의 측정

자본의 일부 종류나 자본의 구성요소를 직접 측정할 수 있을까? 직접 측정에 동의하지 않는 이유로 다음과 같은 사항이 제시되었다.

① 자본이 잔여지분으로 정의되기 때문에 자본의 항목이나 자본의 구성요소를 직접 측정하는 것은 부적절할 것이다.

② 자본의 항목이나 구성요소로 총자본을 나누는 것은 보고기업 전체에 재무적 영향을 미치지 않는 항목의 보고로 이어질 수 있으므로 보고기업 관점과 일치하지 않을 것이다.

그러나 자본의 일부 종류 또는 자본의 일부 구성요소를 직접 측정하는 것은 해당 정의와 상반되지 않으며, 총자본을 직접 측정하는 것과는 다르다. 자본의 일부 종류 또는 자본의 구성요소가 직접 측정되더라도 총자본은 인식된 모든 자산의 총장부금액에서 인식된 모든 부채의 총장부금액을 차감한 금액과 동일하게 유지될 것이다. 결과적으로, 기업이 둘 이상의 자본항목 또는 자본의 구성요소를 가지고 있는 경우, 그중 적어도 하나는 잔여로 측정된다.

또한 자본의 일부 종류 또는 자본의 구성요소의 직접 측정이 재무제표에 적용된 기업의 관점과 모순되지 않는다. 이러한 직접 측정은 재무제표이용자들에게 기업에 자원을 제공하는 것과 관련된 의사결정에 유용한 정보를 제공할 수 있다. 이러한 정보는 기업의 관점에서 제공되며 기업에 대해 보유한 자본청구권을 반영한다. 즉, 이러한 정보는 특정 청구권 보유자의 관점에서는 제공되지 않을 것이다.

4 현금흐름기준 측정기법

때로는 측정치를 직접 관측할 수 없다. 이러한 경우 측정치를 추정하는 한 가지 방법은 현금흐름기준 측정기법(cash-flow-based measurement techniques)을 사용하는 것이다. 이 기법은 측정기준이 아니라 측정기준을 적용하는 데 사용되는 기법이다. 따라서 이러한 기법을 사용할 때 어떤 측정기준이 사용되는지 그리고 그 기법이 그 측정기준에 적용될 수 있는 요인을 어느 정도 반영하는지 확인하는 것이 필요하다. 측정기준이 공정가치인 경우에 적용가능한 요인은 앞의 공정가치 설명에서 제시하였다.

현금흐름기준 측정기법은 예를 들어, 기업이 부채를 이행하지 못할 가능성(자신의 신용위험)의 영향을 배제하기 위해 수정된 이행가치와 같은 수정된 측정기준을 적용하는 데 사용될 수 있다. 수정된 측정기준은 보다 목적적합한 정보를 제공하거나 재무제표를 작성하거나 이해하는 데 비용이 적게 들게 할 수 있다. 그러나 수정된 측정기준을 이해하기는 더 어려울 수도 있다.

결과불확실성은 미래현금흐름의 금액이나 시기에 대한 불확실성에서 발생한다. 이러한 불확실성은 자산과 부채의 중요한 특성이다. 불확실한 미래현금흐름의 추정치를 참조하여 자산이나 부채를 측정할 때 고려해야 할 한 가지 요인은 이러한 현금흐름의 추정 금액 또는 시기의 변동가능성이다. 이러한 변동은 가능한 현금흐름 범위 내에서 단일 금액을 선택할 때 고려된다. 선택한 금액 자체는 때로는 가능한 결과의 금액이지만 항상 그렇지는 않다. 가장 목적적합한 정보를 제공하는 금액은 일반적으로 범위의 중앙 부분의 값(중앙추정치, a central estimate) 중 하나이다. 다음과 같이 상이한 중앙추정치는 다른 정보를 제공한다.

① 기댓값(확률가중평균, 통계적으로는 평균(mean)이라고도 함) : 전체 범위에 속한 각 가능한 결과에 각각의 확률을 곱하여 구한 적률을 합산하여 구한 값이다. 그러나 기댓값은 그 자산이나 부

채에서 발생하는 현금이나 기타 경제적효익의 궁극적인 유입이나 유출을 예측하기 위한 것이 아니다.

② 일어날 가능성이 일어나지 않을 가능성보다 높은 최대금액(통계적으로는 중간값(median)과 유사) : 후속적으로 손실이 일어날 확률이 50% 이하이고 후속적으로 이익이 일어날 확률이 50% 이하임을 나타낸다.

③ 가장 가능성이 높은 결과(통계적으로는 최빈값(mode)) : 자산이나 부채에서 발생할 가능성이 가장 높은 단일의 궁극적인 유입액 또는 유출액이다.

중앙추정치는 미래현금흐름의 추정치들과 그 금액이나 시기의 변동가능성에 따라 달라진다. 중앙추정치는 궁극적인 결과와 다를 수 있다는 불확실성을 부담하는 것에 대한 가격(즉 위험프리미엄)을 반영하지는 않는다. 어떠한 중앙추정치도 가능한 결과의 범위에 대한 완전한 정보를 제공하지는 않는다. 따라서 이용자들은 가능한 결과의 범위에 대한 정보가 필요할 수 있다.

[별첨] 특정 측정기준에 의해 제공되는 정보 요약

Part A : 자 산

(1) 재무상태표

	역사적원가	공정가치 (시장참여자 가정)	사용가치 (기업 특유 가정)[1]	현행원가
장부금액	잔여자산의 역사적원가 (거래원가 포함) (발생이자 포함)	자산 매도 예상가격 (처분거래원가 차감 전)	자산의 사용과 처분에서 발생할 미래현금흐름의 현재가치 (처분거래원가의 현재가치 차감 후)	잔여자산의 현행원가 (거래원가 포함)

(2) 재무성과표

사 건	역사적원가	공정가치 (시장참여자 가정)	사용가치 (기업 특유 가정)	현행원가
최초 인식[2]		취득대가와 공정가치의 차이[3] 취득거래원가	취득대가와 사용가치의 차이 취득거래원가	
자산 처분/소비[4)5)]	자산의 매각/사용시 역사적원가와 동일한 비용 수취한 수익(총액 또는 순액 표시가능) 매각거래원가 해당 비용	자산의 매각/사용시 공정가치와 동일한 비용 수취한 수익(총액 또는 순액 표시가능) 매각거래원가 해당 비용	자산의 매각/사용시 사용가치와 동일한 비용 수취한 수익(총액 또는 순액 표시가능)	자산의 매각/사용시 현행원가와 동일한 비용 수취한 수익(총액 또는 순액 표시가능) 매각거래원가 해당 비용
이자수익	역사적이자율(변동금리인 경우 업데이트된 역사적이자율)에 따라 산정된 이자수익	공정가치 변동을 수익/비용에 반영 (별도로 식별할 수 있음)	사용가치의 변동을 수익/비용에 반영 (별도로 식별할 수 있음)	현행이자율에 따라 산정된 이자수익
손상	역사적원가를 더 이상 회수할 수 없기 때문에 발생하는 비용	공정가치 변동을 수익/비용에 반영 (별도로 식별할 수 있음)	사용가치 변동을 수익/비용에 반영 (별도로 식별할 수 있음)	현행원가를 더 이상 회수할 수 없기 때문에 발생하는 비용
가치변동	불인식(손상은 제외) 금융자산 : 추정현금흐름의 변동으로 인한 손익	공정가치 변동을 수익/비용에 반영	사용가치 변동을 수익/비용에 반영	가격변동을 반영한 수익/비용(보유손익)

1) 사용가치는 정기적으로 재측정하기 위한 실무적인 측정기준이 아닐 수 있다.
2) 시장조건에 따라 취득하지 않은 자산을 최초로 인식할 때 수익/비용이 발생할 수 있다.
3) 자산취득 시장이 공정가치 측정에서 사용되는 가격의 원천인 시장과 다를 경우 수익/비용이 발생할 수 있다.
4) 자산의 소비는 일반적으로 매출원가, 감가상각 또는 상각으로 보고된다.
5) 수취한 수익은 종종 수취한 대가와 동일하지만, 관련 부채에 사용된 측정기준에 따라 달라질 것이다.

Part B : 부 채

(1) 재무상태표

	역사적원가	공정가치 (시장참여자 가정)	이행가치 (기업 특유 가정)	현행원가
장부금액	부채 미이행부분에 대한 인수 대가(거래원가 차감순액) 추정현금유출액이 그 대가를 초과할 때 증가 (발생이자 포함)	부채 미이행부분에 대해 지급될 가격(이전시 발생할 거래원가는 제외)	부채 미이행부분에 대해 발생될 미래현금흐름의 현재가치(이행시 발생할 거래원가의 현재가치 포함)	부채 미이행부분을 인수하기 위해 현재 수취하게 될 대가(거래원가 차감순액) 추정현금유출액이 그 대가를 초과할 때 증가

(2) 재무성과표

사 건	역사적원가	공정가치 (시장참여자 가정)	이행가치 (기업 특유 가정)	현행원가
최초 인식[1]		수취대가와 공정가치의 차이[2] 부채 발생시 거래원가	수취대가와 이행가치의 차이 부채 발생시 거래원가	
부채이행	이행된 부채(역사적대가 반영)의 역사적원가와 동일한 수익 부채이행 발생원가 해당 비용 (총액/순액 표시가능)	이행된 부채의 공정가치와 동일한 수익 부채이행 발생원가 해당 비용 (총액/순액 표시가능; 총액이면, 역사적대가는 구분 표시가능)	이행된 부채의 이행가치와 동일한 수익 부채이행 발생원가 해당 비용 (총액/순액 표시가능; 총액이면, 역사적대가는 구분 표시가능)	이행된 부채(현행대가 반영)의 현행원가와 동일한 수익 부채이행 발생원가 해당 비용 (총액/순액 표시가능; 총액이면, 역사적대가는 구분 표시가능)
부채이전	이전된 부채(역사적대가 반영)의 역사적원가와 동일한 수익 부채이전 지급원가(거래원가 포함) 해당 비용 (총액/순액 표시가능)	이전된 부채의 공정가치와 동일한 수익 부채이전 지급원가(거래원가 포함) 해당 비용 (총액/순액 표시가능)	이전된 부채의 이행가치와 동일한 수익 부채이전 지급원가(거래원가 포함) 해당 비용 (총액/순액 표시가능)	이전된 부채(현행대가 반영)의 현행원가와 동일한 수익 부채이전 지급원가(거래원가 포함) 해당 비용 (총액/순액 표시가능)
이자비용	역사적이자율(변동금리부채는 업데이트된 역사적이자율)로 산정된 이자비용	공정가치의 변동을 수익과 비용에 반영 (별도 식별가능)	이행가치의 변동을 수익과 비용에 반영 (별도 식별가능)	현행이자율로 산정된 이자비용
손실부담 초래사건의 영향	부채의 역사적원가를 초과하는 추정현금유출액 또는 그 초과액의 후속변동액	공정가치의 변동을 수익과 비용에 반영 (별도 식별가능)	이행가치의 변동을 수익과 비용에 반영 (별도 식별가능)	부채의 현행원가를 초과하는 추정현금유출액 또는 그 초과액의 후속변동액
가치변동	불인식(부채에 대한 손실부담은 제외) 금융부채의 경우 추정현금흐름의 변동으로 인한 수익/비용	공정가치의 변동을 수익/비용에 반영	이행가치의 변동을 수익/비용에 반영	가격변동 효과를 반영한 수익/비용 (보유손익)

1) 시장조건에 따라 발생시키거나 인수하지 않은 부채를 최초 인식할 때 수익/비용이 발생할 수 있다.
2) 부채를 발생시키거나 인수한 시장이 공정가치를 측정할 때 사용되는 시장과 다를 경우 수익/비용이 발생할 수 있다.

보론 공정가치의 의의와 측정

K-IFRS에서는 다양한 자산과 부채를 공정가치로 평가하는 것을 의무화하거나 선택할 수 있도록 함으로써 공정가치정보를 강조하고 있다. 여기에서는 K-IFRS 제1113호(공정가치 측정)에 기초하여 설명한다.

1 공정가치의 의의

공정가치(fair value)는 "측정일에 시장참여자 사이의 정상거래에서 자산을 매도할 때 받거나 부채를 이전할 때 지급하게 될 가격"을 의미한다. 이러한 공정가치 정의는 다음과 같은 특징을 갖는다.

첫째, 공정가치는 이를 측정함에 있어서 유출가치 개념을 원칙으로 채택하고 있다. 유출가치(exit value)는 자산을 매도하면서 수취하거나 부채를 이전하면서 지급하게 될 가격을 말한다.

둘째, 공정가치개념은 시장참여자의 관점을 택하고 있다. 시장참여자란 주된 시장(또는 가장 유리한 시장)에서의 매도자와 매입자로서 서로 독립적이고, 합리적 판단력이 있으며, 거래를 체결할 능력과 의사를 가진 자를 말한다.

셋째, 공정가치는 정상거래에서 형성된 가치를 말한다. 정상거래(orderly transactions)란 강제된 거래(청산이나 재무적 어려움에 따른 매각 등)가 아닌 거래로서, 통상적이고 관습적인 거래를 할 수 있는 시장에서의 거래를 말한다. 주된 시장이 있는 경우에는 우선적으로 주된 시장에서 입수가능한 공정가치를 사용하고, 주된 시장이 없는 경우에는 가장 유리한 시장을 이용하여 공정가치를 측정할 수 있다.

여기에서 주된 시장(principal market)이란 해당 자산이나 부채에 대한 거래의 규모와 빈도가 가장 큰 시장을 의미한다. 가장 유리한 시장(most advantageous market)은 자산 매도로 인한 수취금액을 최대화하거나 부채 이전으로 인한 지급액을 최소화하는 시장을 말한다.

2 공정가치의 측정

(1) 가치평가기법

공정가치를 시장에서 직접 입수할 수 없을 경우에는 가치평가기법(valuation techniques)을 사용할 수 있다. 가치평가기법을 이용할 때에는 관측가능한 투입변수(observable inputs)를 최대한 사용하고 관측불가능한 투입변수(unobservable inputs)는 사용을 최소화함으로써 측정오류를 줄여야 한다. 투입변수(input)란 공정가치 측정에 사용할 측정금액을 의미한다. 예를 들면 주식가격은 거래소시장의 주가가 투입변수이고 부동산은 최근의 실거래가가 투입변수가 된다. 투입변수 개념을 이용하는 이유는 정상거래에서의 공정가치를 추정하는 데 필요하기 때문이다.

일반적으로 많이 이용되는 가치평가기법은 다음과 같다.

① 시장접근법(market approach) : 동일하거나 유사한 항목에 대해 시장에서 형성된 가격 또는 기타 관련 정보를 사용하는 방법이다. 따라서 시장에서 관측가능한 정보를 이용하기 때문에 공정가치의 추정을 위해서 가장 선호되어야 하는 방법이라고 할 수 있다. 예를 들면 시가배수(market multiple)를 이용하여 공정가치를 추정하는 것은 시장접근법에 해당한다. 시가배수법은 예컨대 주가이익비율(price-to-earnings ratio), 주가장부금액비율(price-to-book value ratio)을 이용하여 주식의 가격을 추정하는 방법이다.

② 이익접근법(income approach) : 미래현금흐름, 미래이익 등의 금액을 현재가치로 전환하는 평가법으로서 현재가치법이라고도 불린다. 이익접근법은 미래현금흐름의 현재가치평가, 옵션가격결정모형(option pricing model)에 의한 가치평가, 일부 무형자산의 공정가치 추정 등에 주로 사용된다.

③ 원가접근법(cost approach) : 자산의 사용능력을 대체하는 데 필요한 금액을 반영하는 평가법으로서, 일반적으로 현행원가법이라고 부른다.

공정가치는 원칙적으로 유출가치로 측정하지만, 유출가치가 이용가능하지 않은 경우에는 유입가치인 현행원가를 사용할 수 있다.

(2) 공정가치의 서열체계

공정가치 서열체계(fair value hierarchy)란 가치평가기법의 사용에서 투입변수의 우선순위를 부여하기 위한 개념이며, 가치평가기법(시장접근법, 이익접근법, 원가접근법)의 우선순위를 결정하는 것은 아니다. 공정가치 서열체계는 투입변수를 세 가지 수준(수준 1, 수준 2, 수준 3)으로 구분한다.

- **수준 1 투입변수**(level 1 inputs) : 활성시장의 공시가격(quoted prices)을 조정하지 않고 그대로 사용할 수 있는 투입변수를 말한다. 〈수준 1 투입변수〉는 가치평가기법의 가장 바람직한 투입변수이기 때문에 가능한 한 많이 사용해야 한다. 예를 들어 투입변수가 관측가능한 시장으로는 거래소시장, 딜러시장, 중개시장, 직거래시장[11] 등이 있다. 거래소시장(exchange markets)은 한국거래소, 뉴욕증권거래소 등과 같이 상품이 빈번하게 거래되고 가격이 항상 공시되어 이용가능하며 일반적으로 공정가치를 대표한다고 볼 수 있는 시장을 말한다. 딜러시장(dealer markets)은 딜러가 시장을 조성할 목적으로 재고를 보유하여 유동성을 공급하는 시장으로서, 장외시장, 중고차시장 등이 딜러시장의 대표적인 예이다.
- **수준 2 투입변수**(level 2 inputs) : 평가대상항목의 공시가격이 이용가능하지 않을 때 사용할 수 있는 시장변수로서 직접적 또는 간접적으로 관측가능한 투입변수(observable inputs)이다. 〈수준 2 투입변수〉는 유사한 항목의 활성시장의 공시가격, 동일 또는 유사한 항목의 비활성시장의 공시가격, 이자율 등을 들 수 있다.
- **수준 3 투입변수**(level 3 inputs) : 평가대상항목에 대한 관측불가

---

11) 중개시장(brokered market)은 부동산시장 등과 같이 중개인이 판매인과 구매인을 중개하여 형성되는 시장을 말하고, 직거래시장(principal-to-principal market)은 판매인과 구매인이 서로 상대방을 물색하여 형성되는 시장을 말한다.

능한 투입변수(unobservable inputs)를 말한다. 〈수준 3 투입변수〉는 서열체계에서 가장 하위에 있는 변수로서 측정오류를 줄이기 위해서는 그 사용이 최소화되는 것이 바람직한 변수이다. 예컨대, 특정한 금융상품에 대한 시장정보가 이용불가능한 경우 가치평가를 위해 기업 자체의 자료를 이용하여 개발된 재무예측을 사용하는 것은 〈수준 3 투입변수〉에 해당한다.

(3) 금융상품과 비금융자산의 공정가치의 측정

1) 금융상품의 공정가치 측정

금융상품(채무증권, 지분증권)에 대한 공정가치는 공정가치의 측정일에 금융상품이 매각되는 것을 가정하여 측정한다. 즉, 금융상품의 측정은 공시가격에 근거한다. 예를 들어 주식이나 사채는 형성된 시장가격이 공시가격이다. 만일 활성시장의 공시가격이 이용가능하지 않다면 이론적 가치평가기법을 사용한다. 금융상품의 가치평가기법은 시장접근법 또는 이익접근법을 사용한다. 금융상품의 공정가치를 평가할 때 또 고려해야 할 사항으로서 불이행위험, 시장위험, 신용위험 등이 있다. 또한 금융상품은 위험회피를 위하여 순매입포지션(자산) 또는 순매도포지션(부채)으로 관리되기도 한다. 이런 경우에는 금융자산과 금융부채 집합의 순액에 대하여 공정가치를 측정할 수 있다.

2) 비금융자산의 공정가치 측정

비금융자산의 공정가치 측정에 있어서는 시장참여자가 경제적효익을 창출하기 위해서 그 자산을 가장 효율적으로 사용할 것이라는 가정에 근거하여 측정한다. 이러한 가정을 최고최선의 사용(highest and best use)이라고 부른다. 최고최선의 사용 개념은 교환가치보다는 사용가치에 근거하고 있다.

교환가치(value in exchange)는 유입시장에서 측정했을 때 현행대체원가가 되며, 유출시장에서 측정했을 때 유출가격이 된다. 사용가치(value in use)란 특정 기업이 관련 자산을 사용함으로써 산출할 수 있는 기업 특유가치를 말하는데, 당해 자산을 사용해서 창출하는 미래현금흐름의 현재가치를 이용한 사용가치의 대표적인 측정치로 간주된다.

비금융자산의 최고최선의 사용을 고려할 때에는 물리적 사용가능성(예를 들면, 자산의 위치 또는 크기), 법적 허용가능성(예를 들면, 부동산 용도제한 규정), 재무적 실행가능성(예를 들면, 현금흐름) 등을 감안해야 한다. 또한 비금융자산은 독립적으로 사용될 수 있고, 다른 자산과 함께 집합적으로 사용되거나(예를 들면, 설비의 일부), 다른 자산 및 부채와 함께 사업단위의 일부로 사용될 수도 있다.

사용형태에 관계없이 비금융자산은 최고최선의 사용을 전제로 측정한다.

3 공정가치평가손익의 처리

공정가치평가에서 발생하는 미실현보유손익, 즉 평가손익은 관련 자산의 분류에 따라 상이하게 처리한다.12)

첫째, 단기보유목적 또는 투기목적의 금융자산(단기매매금융상품, 위험회피목적이 아닌 파생금융상품 등)은 당기손익-공정가치측정금융자산(financial assets at fair value through profit or loss)에 대한 평가손익은 당기손익에 포함한다. 이러한 금융자산의 취득성과인 평가손익을 당기순이익에 반영함으로써 보다 유용한 회계정보를 제공할 수 있기 때문이다.

둘째, 기타포괄손익-공정가치측정금융자산(financial assets at fair value through other comprehensive income)에 대한 평가손익은 당기손익에는 반영하지 않고 기타포괄손익에 포함하며 자본 중 기타포괄손익누계액으로 누적시켜 나간다. 미실현평가손익을 당기손익에 직접 반영하면 기업의 순이익이 금융상품의 공정가치 변동에 의해 큰 영향을 받기 때문이다. 특히 비교적 장기간 보유하는 금융상품의 경우에는 미실현평가손익이 그대로 실현될 가능성이 높지 않은데도 이를 당기손익에 반영한다면 보유기간 동안 각 연도의 손익에 미치는 영향이 지

12) 공정가치회계를 적용하지 않는 금융자산은 상각후원가측정금융자산(financial assets at amortized cost)으로 회계처리하고, 보유기간 중의 공정가치의 변화에 대한 회계처리를 하지 않는다.

나치게 커지게 된다는 우려가 있다. 그러나 이 방법을 택하더라도 미실현보유이익이 자본의 별도항목인 누적기타포괄손익으로 보고되기 때문에 자본의 변동성을 방지할 수는 없다. 자본의 적절성을 규제받는 금융기관의 경우에 특히 문제가 된다.

셋째, 비금융자산인 유형자산과 무형자산은 취득시점에는 취득원가로 인식하지만 취득시점 이후에는 원가모형이나 재평가모형을 선택할 수 있다. 원가모형(cost model)이란 자산의 취득시점 이후 공정가치가 변해도 취득시점의 원가로 평가하는 방법이지만, 재평가모형(revaluation model)은 공정가치가 변하면 공정가치로 재평가하고 재평가된 금액을 장부금액으로 수정하는 방법이다. 재평가모형을 선택했을 때 기존의 장부금액과 재평가된 공정가치의 차이인 평가손익은 당기손익에 반영하지 않고 기타포괄손익에 반영해야 하는 경우가 있는데, 이때에는 평가손익을 자본 중 재평가잉여금(기타포괄손익누계액의 한 계정)으로 누적시켜 나간다.

넷째, 비금융자산 중에서 투자부동산도 취득시점에는 원가로 인식한다. 취득시점 이후에는 원가모형이나 공정가치모형을 선택할 수 있다. 공정가치모형을 선택한 경우에는 최초 인식 후 모든 투자부동산을 공정가치로 측정하고 공정가치의 변동으로 발생하는 손익은 당기손익에 반영한다. 즉, 유형·무형자산에 재평가모형을 적용하는 것과 투자부동산에 공정가치모형을 적용하는 것은 공통적으로 공정가치모형에 해당하지만, 이들 모형의 적용 결과 발생하는 평가손익을 유형·무형자산의 재평가모형에서는 기타포괄손익으로 회계처리하고 투자부동산의 공정가치평가모형에서는 당기손익에 반영해야 하는 차이점이 있다. 이와 같은 차별적 회계처리에는 합리적인 이유가 있다. 즉, 유형·무형자산은 장기인 내용연수에 걸쳐 영업활동에 사용할 자산이지만, 투자부동산은 시세차익을 목적으로 보유하는 것이 일반적이기 때문에 공정가치의 변동을 투자성과인 당기손익에 반영하는 것이 합리적이라고 본다.

4 공정가치의 적용

전통적으로 자산은 취득원가로 측정해 왔다. 그러나 K-IFRS에서는 공정가치평가를 선호하여 여러 자산의 평가에 적용하고 있다. 대표적으로 금융자산은 취득시점에 공정가치로 측정하고, 그 이후에도 상각후원가측정금융자산을 제외하고는 모두 공정가치로 평가하고 있다. 유형자산과 무형자산도 취득시점 이후에는 공정가치로 평가할 수 있도록 허용하고 있다.

공정가치평가가 적용되는 분야를 살펴보면 다음과 같다.

① 공정가치개념이 적용되는 대표적인 자산과 부채는 금융상품이다. 금융자산의 성격에 따라 공정가치변동에 따른 평가손익을 당기순손익에 반영시키기도 하고 기타포괄손익에 반영시키기도 한다.

② 유형자산 및 무형자산 등의 자산에도 재평가모형을 사용할 수 있도록 허용하고 있는데, 이것도 공정가치개념에 근거한 것이다.

③ 투자부동산, 생물자산에도 공정가치회계를 적용할 수 있다.

④ 각종 자산에 대해서 손상차손회계를 의무화하고 있는데, 이것은 공정가치의 하향변동의 경우에만 적용하는 공정가치개념에 근거하고 있다.[13]

⑤ 재고자산의 저가기준에도 손상차손회계와 마찬가지로 부분적으로 공정가치개념이 적용되고 있다.

---

13) 재평가모형을 적용하는 경우의 특수한 예로서 손상차손이 발생하는 경우 이전에 인식하였던 재평가잉여금이 존재하는 경우 먼저 재평가잉여금을 제거시켜야 한다. 그 결과 재평가잉여금을 초과하는 손상차손만을 당기손실로 인식하게 된다. 이와 반대로 이전에 손상차손을 인식하였던 자산에서 재평가이익이 발생할 경우 기존에 인식하였던 손상차손만큼을 당기이익으로 우선 처리하고, 기존 손상차손을 초과한 금액만을 재평가잉여금으로 기록하여야 한다. 이와 같은 회계처리는 손상차손은 재평가모형의 특수한 형태라는 것에 근거하고 있다.

5 공정가치의 유용성

공정가치는 재무정보의 주요정보이용자들이 합리적인 투자와 신용판단 등의 의사결정을 하는 데 적합한 정보라고 본다. 일부 자산의 경우 공정가치가 의사결정에 유용하다고 보는 주된 이유를 살펴보자.

첫째, 기업은 유휴자금을 일시적으로 운용하기 위하여 현금화가 용이한 금융상품에 투자한다. 이 경우 이러한 금융상품의 공정가치는 기업의 현금창출능력을 측정하는 데 적합한 정보이다. 일시적 소유의 금융상품에서 야기되는 현금유입의 대부분이 금융상품의 공정가치로 결정되기 때문이다.

둘째, 금융상품의 공정가치는 금융상품을 일정 시점에 매수하고 특정 기간 동안 보유하는 경영자 의사결정의 성과를 가장 잘 반영한다. 예를 들면, 기업이 고정이자부 금융상품에 투자했는데 그 이후에 시장이자율이 하락했다면 당해 금융상품의 가치가 상승하고 평가이익이 발생한다. 이 경우 금융상품을 보유하고 있는 기간 동안의 공정가치변화는 경영자가 적절하게 투자했는지를 평가할 수 있는 기초자료를 제공한다. 공정가치회계는 성과에 영향을 미치는 사건(예를 들면 이자율의 변동 등)이 발생한 기간에 즉시 반영한다.

셋째, 공정가치평가는 이익거래를 예방한다. 이익거래(gains trading)[14]란 미실현보유이익이 발생한 금융상품은 처분하여 이익을 조기 인식하고, 미실현보유손실이 발생한 금융상품은 보유함으로써 손실을 이연하여 기업의 당기순이익을 높이는 것을 말한다. 예컨대 상각후원가측정금융자산의 공정가치가 변동하면 선택적으로 이익거래를 할 수 있다.[15] 그러나 모든 금융상품을 공정가치로 평가하게 되면 이러한 이익거래의 기회가 소멸한다.

공정가치의 가변성과 평가기법에 의한 공정가치 측정은 정보의

---

14) 이를 cherry picking이라고도 한다.

15) 금융자산은 회계처리 목적상 상각후원가측정금융자산, 당기손익-공정가치측정금융자산, 기타포괄손익-공정가치측정금융자산으로 구분하는데, 이들간의 재분류는 사업모형(business model)을 변경하는 경우에만 가능하며 자의적으로 재분류를 할 수 없도록 되어 있다. 자의적인 재분류를 금지하는 주된 이유는 이익거래 등을 방지하기 위함이다.

표현충실성을 저해할 가능성이 있기 때문에 공정가치의 전면적인 채택에 부정적인 견해를 갖는 경우도 있다. 그러나 목적적합하지 못한 정보를 제공하는 것보다는 다소 표현충실성이 떨어지더라도 목적적합한 정보를 제공하는 것이 합리적이라고 보기 때문에 공정가치회계가 많은 지지를 받고 있는 추세이다.

CHAPTER 7

표시와 공시

개념체계의 표시와 공시에 대한 주제[1)]

- 재무제표에 정보를 표시하고 공시하는 방법을 설명하는 개념 : 회계기준에서 표시 및 공시 요구사항을 정하고 기업이 재무제표에 정보를 제공하는 데 도움을 준다.
- 수익과 비용을 손익계산서(당기손익)에 포함할지 또는 기타포괄손익에 포함할지를 결정할 때 사용할 수익과 비용의 분류 지침
- 기타포괄손익에 포함된 수익과 비용을 후속적으로 손익계산서에 재분류해야 하는지 여부와 시기에 대한 지침

1 정보소통수단으로서의 표시와 공시

보고기업은 재무제표에 정보를 표시(presentation)하고 재무제표 주석에 공시(disclosure)함으로써 기업의 자산, 부채, 자본, 수익 및 비용에 관한 정보를 전달한다.[2)]

재무제표의 정보가 효과적으로 소통되면 그 정보를 보다 목적적합하게 하고 기업의 자산, 부채, 자본, 수익 및 비용을 충실하게 표현하는 데 기여한다. 또한 이는 재무제표의 정보에 대한 이해가능성과 비교가능성을 향상시킨다. 재무제표의 정보가 효과적으로 소통되려면 다음 사항을 달성하는 것이 필요하다.

① 규칙에 초점을 맞추기보다는 표시와 공시의 목적과 원칙에 초점을 맞춘다.

② 유사한 항목은 모으고 상이한 항목은 분리하는 방식으로 정보를 분류한다.

---

1) 본 개념체계가 발표될 때 다음 프로젝트가 수행되고 있었다.
① 공시개선(disclosure initiative) 프로젝트 : 개념체계에서 정한 표시와 공시 개념을 기반으로 한 추가지침을 제공함으로써 재무제표의 공시를 개선하고자 하는 적용 및 연구 프로젝트이다.
② 주요재무제표(primary financial statement)에 대한 연구프로젝트 : 재무성과표와 현금흐름표 그리고 관련되면 재무상태표와 자본변동표의 구조와 내용의 개선을 목표로 검토하고 있다.

2) 회계기준을 대별하면 인식과 측정에 관한 기준과 표시와 공시에 관한 기준으로 구분할 수 있다. 따라서 모든 회계기준은 어떻게 회계처리할 것인가에 대한 인식 및 측정 기준과 어떤 내용을 어떤 방식으로 전달할 것인가에 대한 표시와 공시 기준을 함께 포함하고 있다.

③ 불필요한 세부사항 또는 과도한 통합에 의해 정보가 가려져서 불분명하게 되지 않도록 통합한다.

정보원가가 다른 재무보고 결정을 제약하는 것처럼 표시와 공시의 결정도 원가제약을 고려해야 한다. 따라서 표시와 공시를 결정할 때 특정 정보를 표시하거나 공시함으로써 재무제표이용자들에게 제공되는 효익이 그 정보를 제공하고 사용하는 데 드는 원가를 정당화할 수 있는지를 고려해야 한다.

완전공시와 정보과부하

완전공시의 원칙(full disclosure principle)이란 재무정보이용자들의 의사결정에 영향을 미칠 수 있는 모든 재무적 사실은 재무보고의 대상이 되어야, 즉 공시되어야 한다는 것이다. 또한, 특정 정보이용자가 회계정보를 독점한다면, 정보불균형이 발생할 수 있다. 따라서 공시되는 정보는 관심 있는 모든 정보이용자가 동시에 이용할 수 있도록 공시제도를 운영해야 한다. 이를 **공정공시**(fair disclosure)제도라고 하는데, 이는 재무정보를 이용하는 모든 정보이용자에게 균등한 효익이 돌아가도록 공시해야 한다는 윤리적인 측면을 강조하는 개념이다. 우리나라 증권시장의 공시제도를 관할하는 금융감독원에서도 2002년부터 공정공시제도를 공식적으로 도입하여 운용하고 있다.

기업에 대한 공시요구가 증가하는 이유는 다음과 같다.

① **기업환경의 복잡성** : 기업의 모든 사건을 재무제표에 표현하기가 매우 어렵다. 따라서 이러한 사건과 그 사건의 영향을 설명하기 위하여 **주석**이 크게 확대되고 있다.

② **적시정보의 필요성** : 과거 어느 때보다 신속한 정보가 요구되고 있다. 따라서 **중간재무보고**가 요구되고 있으며, **미래예측정보**까지도 주요 공시사항으로 등장하기에 이르렀다.

③ **통제 및 감시수단** : 이해관계자들이 기업을 통제하고 감시하는 수단으로 이용하기 위하여 경영자에 대한 보상, 환경오염, 내부관계자간의 거래 등의 정보를 요구하고 있다.

공시는 원가를 수반하게 되는데, 많은 경우 공시에 수반되는 효익과 원가를 평가하기 어렵기 때문에 적정공시수준을 설정하기가 쉽지 않다. 공시의 원가로 빈번히 거론되는 것 중의 하나는 보고되는 정보가 너무 상세하고 많아서 이를 제공하는 기업에는 비용이 많이 들고, 이용자가 이를 충분히 이해할 수 없다는 것이다. 이러한 경우를 **정보과부하(information overload)**의 상태에 있다고 본다.

특히 현행의 '중요성 기준'이 완전하지 못해 중요성을 판단하는 경영자들이 차후에 문제될 것을 우려하여 불필요한 공시까지도 제공하게 된다는 것이다. 이를 해소하고 공시의 체계를 세우기 위하여 IASB는 회계기준의 목적에 적합한 공시를 유도하는 **목적기준공시(objective-oriented disclosures)** 원칙을 채택하고 있으며, 보다 근원적으로 **공시개념체계(disclosure frameworks)**를 세우기 위한 노력을 하고 있다.

정보과부하를 해소하기 위하여 **차별적 공시(differential disclosures)**제도를 도입하고 있는데, 이는 상대적으로 과다한 정보원가가 소요되는 경우 특정 기업에 대해서 보고를 생략할 수 있도록 하는 것이다. 예를 들면, IASB는 2009년에 중소기업에만 적용되는 별도의 회계기준을 발표하였고, 우리나라에서도 K-IFRS를 적용하지 않아도 되는 일반기업에게 적용되는 일반기업회계기준과 중소기업에게 적용되는 중소기업회계기준을 운영하고 있다.

2 표시와 공시의 목적과 원칙

재무제표의 정보가 쉽고 효과적으로 소통되기 위해 회계기준의 표시와 공시 요구사항을 제정할 때 다음 사이의 균형이 필요하다.

① 기업의 자산, 부채, 자본, 수익 및 비용을 충실히 표현하는 목적적합한 정보를 제공할 수 있도록 기업에 융통성을 부여한다.
② 한 보고기업의 기간간 그리고 같은 보고기간의 기업간 비교가능한 정보를 요구한다.

표시와 공시의 목적을 회계기준에 포함시킴으로써 정보가 재무제표에서 효과적으로 소통되는 데 도움을 준다. 왜냐하면 그러한 목적은 기업이 유용한 정보를 식별하고 가장 효과적인 방식으로 정보가 소통되는 방법을 결정하는 데 도움이 되기 때문이다.

다음의 원칙을 고려하면 재무제표에서 효과적인 소통에 도움이 된다.

① 기업 특유의 정보가 표준문안(boilerplate)이라고 불리는 표준적 설명보다 유용할 수 있다.
② 재무제표의 서로 다른 부분에서 정보를 중복하여 작성하는 것은 일반적으로 불필요하며 재무제표를 이해하기 어렵게 만들 수 있다.

재무제표의 표시에 대해서 본장의 [보론] 제1부 : 재무제표 표시에서 상세히 설명하고 있다. 또한 본장의 [보론] 제2부에서는 오늘날 경영자의 주요 공시수단으로 이용되고 있는 '경영진설명서 작성을 위한 개념체계'를 소개하고 있다.

3 분 류

분류(classification)란 표시와 공시를 위해 자산, 부채, 자본, 수익이나 비용을 공유되는 특성에 따라 구분하는 것을 말한다. 이러한 특성에는 항목의 성격, 기업이 수행하는 사업활동 내에서의 역할(또는 기능), 이들 항목을 측정하는 방법이 포함되나 이들에만 국한되지는 않는다.

상이한 자산, 부채, 자본, 수익이나 비용을 함께 분류하면 목적적합한 정보를 가려서 불분명하게 하고 이해가능성과 비교가능성이 낮아질 수 있으며, 표현하고자 하는 내용을 충실하게 표현하지 못할 수 있다.

(1) 자산과 부채의 분류

분류는 자산 또는 부채에 대해 선택된 회계단위별로 적용하여 분류한다. 그러나 자산이나 부채의 특성으로 인해 다른 구성요소를 구분하여 별도로 분류하는 것이 적절할 수도 있다. 이는 이러한 구성요소를 별도로 분류한 결과로 재무정보의 유용성이 향상되는 경우에 적절할 것이다. 예를 들면, 자산이나 부채를 유동항목과 비유동항목으로 구분하고 이러한 구성요소를 별도로 분류하는 것이 적절할 수 있다.

상계(offsetting)는 기업이 자산과 부채를 별도의 회계단위로 인식하고 측정하지만 재무상태표에서 단일의 순액으로 합산하는 경우에 발생한다. 상계는 서로 다른 항목을 함께 분류하는 것이므로 일반적으로는 적절하지 않다.[3] 또한 자산과 부채의 상계는 유사한 성격의 권리와 의무의 집합을 단일의 회계단위로서 취급하는 것과 다르다.

(2) 자본의 분류

유용한 정보를 제공하기 위해, 자본청구권이 다른 특성을 가지고 있는 경우에는 그 자본청구권을 별도로 분류해야 할 수도 있다. 마찬가지로, 유용한 정보를 제공하기 위해, 자본의 일부 구성요소에 특정 법률, 규제 또는 기타 요구사항이 있는 경우에는 자본의 그 구성요소를 별도로 분류해야 할 수 있다. 예를 들면, 우리나라와 같이 일부 국가에서는 기업이 분배가능하다고 인정되는 특정한 준비금이 기업에 충분히 있는 경우에만 자본청구권의 보유자에게 분배를 허용한다. 이러한 준비금을 별도로 표시하거나 공시하면 유용한 정보를 제공할 수 있다.

자본의 분류

개념체계는 자본청구권을 별도 분류하거나 자본의 구성요소를 별도로 표시하는 것이 적절한 경우에 대해서 개략적인 지침만을 제공한다. 이 지침은 앞에서 설명한 분류 개념을 기반으로 한다.

(3) 수익과 비용의 분류

수익과 비용의 분류에 다음 항목을 적용하고 있다.

① 자산이나 부채에 대해 선택된 회계단위에서 발생하는 수익과 비용

3) 따라서 상계는 원칙적으로 금지되며 상계로 인해 관련된 항목들을 보다 적절히 표시할 수 있을 것으로 판단되는 제한적인 경우에만 인정된다.

② 수익이나 비용의 구성항목의 특성이 서로 다르며 이들 구성항목이 별도로 식별되는 경우 그러한 수익과 비용의 구성항목. 예를 들면, 자산의 현행가치 변동에는 가치변동의 영향과 이자의 발생이 포함될 수 있다(제6장의 [별첨]을 참조). 이 경우 그러한 구성항목을 별도로 분류하면 결과적인 재무정보의 유용성이 향상될 수 있으므로 별도로 분류하는 것이 적절할 것이다.

수익과 비용은 분류되어 손익계산서(당기손익)[4]나 기타포괄손익 중 하나에 포함된다. 손익계산서는 보고기간의 기업 재무성과에 관한 정보의 주요 원천이다. 손익계산서에는 해당 기간의 기업 재무성과에 대한 축약된 설명을 제공하는 당기손익의 합계가 포함된다. 많은 재무제표이용자들이 분석의 시작점으로 또는 그 기간의 재무성과의 주요 지표로 이 합계를 이용한다. 그러나 해당 기간의 재무성과를 이해하려면 재무제표에 포함된 그 밖의 정보의 분석뿐만 아니라 인식된 모든 수익과 비용(기타포괄손익에 포함된 수익과 비용 포함)의 분석이 필요하다.

수익과 비용의 표시와 공시에 관한 지침에 대한 접근법

회계기준에서는 이미 수익과 비용의 여러 항목들을 당기손익이 아닌 것으로 인식해야 하거나 인식할 수 있다고 인정해 왔다. 이러한 관행은 특정 프로젝트에서 특정한 이유로 이루어졌으며, 개념적으로 일관되게 적용한 이유가 존재하지는 않았다.

개념체계에서 수익과 비용이나 기타포괄손익에 대해 논의하는 것이 중요하다. 그러나 수익과 비용을 단일의 재무성과표로 표시할지 두 개의 보고서로 표시할지 여부는 회계기준을 제정할 때 내려야 할 결정이다. 이러한 결정은 K-IFRS 제1001호(재무제표 표시)에서 이루어져 왔다. 단, 개념체계에서는 다음 사항을 고려하였다.

① 당기손익을 정의하거나 기술하는 방법
② 손익계산서에 포함되는 수익과 비용 및 기타포괄손익에 포함되는 수익과 비용을 결정하는 방법
③ 기타포괄손익에 포함된 금액이 손익계산서에 재분류되어야 하는지 여부와 시기

---

4) 개념체계는 재무성과표가 단일의 보고서로 구성되는지 두 개의 보고서로 구성되는지 특정하지 않는다. 개념체계에서 '손익계산서'라는 용어는 별도의 보고서와 단일의 재무성과표 내의 별도의 부분 모두를 의미한다. 마찬가지로, '당기손익 합계'라는 용어는 별도 보고서에서는 합계의 의미로, 단일의 재무성과표 내의 부분의 중간합계의 의미로 사용한다.

당기손익에 대한 설명

개념체계는 ① 보고기간의 기업의 재무성과에 대한 정보의 주요 원천인 손익계산서와, ② 해당 기간의 기업의 재무성과에 대한 매우 요약된 설명인 당기손익(net income)의 총계 또는 중간합계를 설명하고 있다. 이러한 설명은 많은 재무제표이용자들이 기업 재무성과 분석의 출발점 또는 주요 지표로서 당기손익의 총계 또는 중간합계를 포함한다는 사실과 일치한다.

개념체계의 손익계산서에 대한 기술은 당기손익의 정의를 요구하거나 보다 정확한 설명을 요구한 사람들을 만족시키지 못할 것이다. 그러나 손익계산서에 포함된 모든 항목에 의해서는 공유되지만 기타포괄손익에 포함되는 항목에 의해 공유되지는 않는 특성이 존재하지 않는다. 따라서 당기손익이나 기타포괄손익에 대하여 확고한 개념적 정의를 할 수 없다. 즉, 손익계산서에 가장 적절하게 포함되는 모든 범주의 항목에 대한 목록을 작성할 수 없다. 그러한 목록은 결코 완전할 수 없으며, 작성한다고 하더라도 일반적으로 손익계산서에 포함되는 것이 더 적절하다고 간주되는 일부(또는 아마도 많은) 항목이 기타포괄손익에 포함될 것이다.

당기손익을 정의하는 방법이나 기타포괄손익에 포함될 수익과 비용을 구별하는 방법이 제안되기도 했다.[5] 그러나 실제로 실행가능한 접근법에 대한 일치된 의견은 없었다.

당기손익이나 기타포괄손익에 대한 확고한 개념적 정의를 제정하거나 손익계산서에 가장 적절하게 포함된 모든 범주의 규범적 목록을 제정하는 것은 불가능하다. 그러나 개념체계는 기타포괄손익에 수익이나 비용을 포함하는 적절한 시기에 대한 지침을 처음으로 도입했다.

---

5) 개념체계에 대한 토론서(2013)에서 다음 두 조건을 만족하는 모든 수익과 비용은 당기손익으로 분류해야 한다고 명시했다.

① 자산과 부채에 관련된 수익과 비용이 역사적원가로 측정됨

② 현행가치로 측정된 자산과 부채에 관련된 수익과 비용의 한 부분이지만 그 부분은 그 관련된 자산과 부채가 원가로 측정되면서 발생하는 것이며 다른 수익과 비용이 별도로 분리될 경우(예, 채무증권이 당기손익인식금융자산으로 분류될 때 이자는 역사적원가에 근거하여 당기비용으로 측정되며, 채무증권 자체는 공정가치로 측정되는 경우 해당 이자)

한편, 다음 모두를 만족하는 경우 예외사항에 해당(즉, 기타포괄손익에 해당)한다.

① 위에서 설명한 당기손익으로 귀결되는 두 조건에 해당하지 않으며, 수익과 비용이 현행가치로 측정되는 자산과 부채에 관련됨

② 그러한 수익과 비용을 손익계산서에서 제외하는 것(즉, 당기손익에 포함하지 않는 것)이 오히려 손익계산서 정보의 목적적합성을 증대시키는 경우

예를 들면, 재무상태표의 자산과 부채는 현행가치로 측정되며, 손익계산서(당기손익)에는 다른 측정기준을 사용하는 경우 그 차이는 기타포괄손익에 해당한다.

그러나 이 접근법은 의미 있는 지지를 받지는 못해 개념체계에는 포함되지 않았다.

손익계산서는 해당 기간의 기업 재무성과에 관한 정보의 주요 원천이기 때문에 모든 수익과 비용은 원칙적으로 이 재무제표에 포함된다. 그러나 회계기준을 제정할 때 자산이나 부채의 현행가치의 변동으로 인한 수익과 비용을 기타포괄손익에 포함하는 것이 그 기간의 기업 재무성과에 대한 보다 목적적합한 정보를 제공하거나 보다 충실한 표현을 제공하는 예외적인 상황에서는 그러한 수익이나 비용을 기타포괄손익에 포함하도록 결정할 수도 있다.

당기손익과 기타포괄손익

손익계산서의 모든 항목에서 공유되는 특성을 식별하기 어렵다. 또한 기타포괄손익에 포함되거나 포함될 수 있는 항목의 특정 범주를 정의하기 어렵다.

개념체계에서 손익계산서에 대한 기술에 기초하여 수익과 비용의 분류방법을 개발했다. 손익계산서는 보고기간의 기업의 재무성과에 대한 정보의 주요 원천이다. 따라서 설득력 있는 이유도 없이 특정 수익과 비용을 손익계산서에서 제외하면 손익계산서가 덜 유용해진다. 따라서 개념체계는 모든 수익과 비용이 손익계산서에 포함된다는 원칙을 제시한다. 이는 손익계산서가 수익과 비용의 기본 위치임을 강조하는 것이었다.

손익계산서에서 어떤 수익과 비용을 제외하여 기타포괄손익에 포함하는 결정은 매우 예외적인 경우에만 가능하다.[6] 예외적인 상황이란 손익계산서에서 수익과 비용의 특정 항목을 배제하도록 요구하거나 허용하면, 해당 기간 기업의 재무성과에 대한 더욱 목적적합하고 보다 충실하게 표현하는 손익계산서가 되는 경우이다. 그러나 개념체계는 그 결론에 도달하는 방법에 대한 구체적인 지침을 제시하지 않는다. 회계기준을 제정할 때 그러한 결정을 내리고, 그 이유를 설명해야 할 것이다.

6) 기타포괄손익은 자산이나 부채의 보유기간 중에 발생한 미실현손익이라는 공통점을 갖는다. 그러나 미실현손익이라고 해서 모두 기타포괄손익으로 회계처리하는 것이 아니라 제한적인 경우에만 기타포괄손익으로 처리하고, 나머지는 당기손익에 포함한다. 역사적으로 기타포괄손익으로 처리하지 않으면 당기손익에 막대한 영향을 미칠 수 있는 미실현손익을 기타포괄손익으로 처리하도록 허용하여 왔다. 대표적인 예가 해외자회사의 재무상태표 환산과정에서 발생하는 해외사업환산손익, 자산재평가잉여금, 확정급여제도의 퇴직급여부채 및 자산에서 발생하는 재측정요소 등이다. 그러나 회계기준에서 이와 같이 선별적으로 기타포괄손익을 요구하거나 허용하는 것은 단단한 이론에 근거하기보다는 다소 재량적인 이유에 근거하여 이루어지고 있다.

역사적원가 측정기준에서 발생한 수익과 비용(제6장 [별첨])은 손익계산서에 포함된다. 이는 그러한 유형의 수익이나 비용이 자산이나 부채의 현행가치 변동의 구성요소로서 별도로 식별되는 경우에도 그러하다. 예를 들면, 금융자산이 현행가치로 측정되고 이자수익이 그 밖의 가치변동과 별도로 식별된다면 그 이자수익은 손익계산서에 포함된다.

원칙적으로 한 기간에 기타포괄손익에 포함된 수익과 비용은 미래기간에 기타포괄손익에서 당기손익으로 재분류(reclassification)한다. 이는 그러한 재분류가 보다 목적적합한 정보를 제공하는 손익계산서가 되거나 미래기간의 기업 재무성과를 보다 충실하게 표현하는 결과를 가져오는 경우에 그렇다. 그러나 예를 들어 재분류되어야 할 기간이나 금액을 식별할 명확한 근거가 없다면, 회계기준을 제정할 때 기타포괄손익에 포함된 수익과 비용이 후속적으로 재분류되지 않도록 결정할 수도 있다.

손익계산서로 재분류하는 항목

기타포괄손익에 포함된 수익과 비용을 후속적으로 손익계산서로 재분류(이를 **재순환**(recycling)이라고도 함)해야 하는가?

종전의 일부 회계기준은 그러한 재분류를 요구하고 있는 반면, 다른 기준은 재분류를 금지하고 있다. 이러한 요구사항의 차이는 시대적 상황에 따라 다른 접근법을 취해 왔기 때문이다. 때로는 재무성과표를 하나의 성과표로 보고 수익과 비용의 각 항목을 손익계산서에 한 번만 나타나도록 했다. 그러한 접근법에 따를 때 재분류를 금지했다. 또 다른 시기의 접근법은 모든 수익과 비용이 어느 시점에서는 손익계산서에 포함되어야 한다는 것이었다. 이러한 목표를 달성하기 위해서는 재분류가 필요할 것이다.

재분류에 관한 결정이 시간에 따라 변동한다면 바람직하지 않다. 따라서 개념체계는 재분류에 관한 결정을 내리는 데 적용할 원칙을 제시한다.

손익계산서가 해당 기간의 재무성과에 대한 정보의 주요 원천이라면, 해당 계산서에 포함된 누적금액은 가능한 한 완전할 필요가 있다. 따라서 수익과 비용은 분명하고 합당한 이유가 있는 경우에만 손익계산서에서 영구적으로 제외해야 한다. 이에 따라 기타포괄손익에 포함된 수익과 비용이 후속적으로 손익계산서로 재분류된다는 원칙을 제시한다. 재분류가 발생하는 보고기간은 손익계산서에 더욱 목적적합한 정보를 제공하거나 해당 기간의 기업의 재무성과를 충실하게 표현하는 기간이다.

앞의 제6장(측정)에서 재무상태표에서 하나의 측정기준(예를 들면, 공정가치)을 사용하고 손익계산서에서 다른 분류기준(당기손익, 기타포괄손익)을 사용하는 접근법을 설명했다. 이 접근법을 사용할 때 재분류는 자산이나 부채의 보유기간에 해당 자산이나 부채에 대한 손익계산서에 포함된 누적 수익이나 비용이 손익계산서에서 선택한 측정기준을 사용하여 결정한 금액임을 확인하는 유일한 방법이다.

경우에 따라 수익과 비용을 손익계산서에 재분류하면 손익계산서에 더욱 목적적합한 정보를 제공하거나 해당 기간의 기업의 재무성과를 충실하게 표현하는 기간을 파악하는 것이 불가능할 수도 있다. 그러한 경우 재분류를 위한 적절하고 명시적인 근거가 있지 않다면, 재분류는 유용한 정보를 제공하지 못할 것이다.

개념체계는 재분류가 유용한 정보를 제공하지 못할 경우에 대한 구체적인 지침을 포함하지 않는다. 회계기준을 제정할 때 그러한 결정을 내리고, 그 이유를 설명해야 하며, 기업이 자의적으로 그러한 결정을 내릴 수 있도록 허용하는 것은 옳지 않다.

용 어

개념체계는 손익계산서(또는 당기손익)와 함께 기타포괄손익을 보여주는 계산서(또는 기타포괄손익부문)를 언급하기 위해 '재무성과표'라는 용어를 도입했다. 이는 회계기준에서 사용된 '재무상태표'라는 용어와 일관되고, 포괄손익계산서라는 용어보다 더 명확하다.

이전에 이미 당기손익에 반영되지 않은 모든 수익과 비용을 포괄손익계산서에 표시하는 규정을 도입했다. 또한 이때 '기타포괄손익'이라는 용어도 도입했는데, 이 용어는 손익계산서에 포함되지 않은 수익과 비용을 말한다. '기타포괄손익'이라는 용어가 특히 기술적이지도 않고 재무제표이용자들이 잘 이해하지도 못한다는 의견도 있다. 그러나 이 용어의 사용을 회피하거나 다른 용어를 사용하는 것은 혼란스러울 수 있기 때문에 개념체계에서는 이를 사용하고 있다.

4 통 합

통합(aggregation)은 특성을 공유하고 동일한 분류에 속하는 자산, 부채, 자본, 수익 또는 비용을 합하는 것이다. 통합은 많은 양의 세부사항을 요약함으로써 정보를 더욱 유용하게 만든다. 그러나 통합은 세부사항 중 일부를 숨기기도 하는 단점이 있다. 따라서 목적적합한 정보가 많은 양의 중요하지 않은 세부사항과 섞이거나 과도한 통합으로 인해 가려져서 불분명해지지 않도록 균형을 찾아야 한다.

재무제표의 서로 다른 부분에서는 다른 수준의 통합이 필요할 수 있다. 예를 들면, 일반적으로 재무상태표와 재무성과표는 요약된 정보를 제공하고 자세한 정보는 주석에서 제공한다.

보론 재무보고 전달방식

국제회계기준위원회(IASB)에서는 기업의 재무제표에 나타난 정보를 보다 효과적으로 전달하는 것을 목적으로 하는 "재무보고 전달방식의 개선(Better Communication in Financial Reporting)"이라는 프로젝트를 추진하고 있는데, 이는 다음과 같이 구성되어 있다.

재무보고 전달방식의 개선(Better Communication in Financial Reporting)			
내용	주요 재무제표 (Primary Financial Statements)	공시 개선 (Disclosure Initiative)	경영진설명서 (Management Commentary)
전달		IFRS Taxonomy	

이들 각 프로젝트의 현재 진행상황을 살펴보면 다음과 같다.

(1) 주요 재무제표(Primary Financial Statements)

본 프로젝트의 목적은 기업의 성과를 보고하는 데 있어서 비교가능성과 투명성을 높이고자 하는 것으로서 K-IFRS 제1001호(재무제표 표시)를 보완하고 또한 일부를 추가할 것이다. 2019년에 'General Presentation and Disclosures'에 관련된 공개초안이 발표되었는데, 그 내용은 다음과 같이 요약된다. 요약에서 나타나듯이 본 공개초안은 손익계산서에 나타나는 정보에 초점을 맞추고 있다.

1) 손익계산서 중간합계 표시

손익계산서 항목을 아래와 같이 4개 범주로 나누고 3가지 중간합계(subtotals)를 표시(〈표 보-1〉을 참조)하도록 한다. 4개의 범주는 다음과 같이 구분된다.

[손익계산서 항목의 범주]

영업범주 : • 주요 사업활동에서 발생하는 수익과 비용을 포함함
• 다른 범주에 포함되지 않는 모든 수익과 비용
〈예〉 - 매출채권에서 발생한 이자수익
- 유무형자산의 감가상각, 상각, 손상차손, 처분손익

핵심 관계기업과 공동기업 범주 : 주요 사업활동에 필수적인 관계기업과 공동기업 투자로 발생하는 지분법손익 및 관련된 수익과 비용

투자범주 : 개별적으로 그리고 회사의 다른 자산과는 독립적으로 발생하는 투자수익(예 : 투자부동산수익)을 포함함
〈예〉 - 필수적이지 않은 관계기업과 공동기업 투자로 발생하는 수익과 비용
- 투자하지 않았다면 발생하지 않았을 비용(증분비용)
- 금융자산 투자에서 발생하는 이자, 공정가치평가손익, 배당금
- 부동산 투자에서 발생하는 손익

재무범주 : 회사의 자금조달과 관련된 자산과 부채에서 발생한 수익과 비용
〈예〉 - 현금및현금성자산에서 발생하는 수익과 비용
- 재무활동(예 : 대여금, 사채, 리스부채, 통상적 신용공여기간보다 연장하여 합의된 매입채무)에서 생긴 부채에서 발생하는 수익과 비용
- 기타 부채에서 발생하는 이자수익과 이자비용(예 : 퇴직급여의 할인액 상각 금액)

(주) 1. 투자활동이나 재무활동이 주요 사업활동인 기업(예 : 은행과 투자회사)은 투자범주나 재무범주에 포함될 손익을 영업범주에 포함할 수 있도록 함. 예를 들어 은행이 다른 일반기업과 마찬가지로 이자비용을 재무범주로 표시한다면, 순이자손익을 영업범주의 중간합계로 표시할 수 없게 됨
2. 재무활동에서 발생하는 모든 손익을 영업범주에 포함하는 기업은 '재무손익'을 표시하지 않음
3. 여기에서 정의한 투자범주는 현금흐름표에서 정의한 투자활동과는 동일하지 않음

〈표 보-1〉 요약 포괄손익계산서(예)

수　익	₩100,000	영업범주
영업비용	(10,000)	
① *영업손익*	₩90,000	
핵심지분법손익	500	핵심 관계기업과 공동기업 범주
② *영업손익 및 핵심지분법손익*	₩90,500	
비핵심지분법손익	400	투자범주
투자이익	600	
③ *재무손익 및 법인세비용차감전손익*	₩91,500	
현금 및 현금등가물로 인한 이자수익	1,000	재무범주
재무활동 부채에서 발생한 비용	(500)	
퇴직급여와 충당부채의 할인액 상각	(3,000)	
법인세비용차감전순이익	₩89,000	

2) 재무정보의 역할, 세분화와 통합

① 영업비용 표시와 공시 : 회사가 영업비용의 상세내역을 손익계산서에 표시할 때 성격별 분류(classification by nature)와 기능별 분류(classification by function) 중 투자자에게 가장 유용한 정보를 주는 방법으로 보고하도록 제안하고 있다.

- 규정을 강화하여 회사가 임의로 분류방법을 선택할 수 없도록 하며,
- 지표를 제공하여 어떤 분류방법이 투자자에게 가장 유용한 정보를 주는 방법인지를 결정할 때 참고할 수 있도록 함

또한 영업비용 상세내역을 기능별 분류방법으로 재무제표 본문에 보고한 회사는 총영업비용의 상세내역을 주석의 한곳에 모아서 성격별 분류방법으로 공시하도록 제안하고 있다.

② 비경상손익 공시 : 비경상손익(unusual income and expenses)을 정의하였으며, 비경상손익 항목마다 다음 내용을 주석의 한곳에 모아서 공시하도록 제안하고 있다.

- 보고기간 동안 인식된 금액
- 비경상손익이 발생한 이유와 비경상손익의 정의를 충족하는 근거를 기술
- 손익계산서 개별 항목 중 어디에 포함되는지를 기술
- 회사가 기능별 분류방법으로 영업비용을 재무제표 본문에 표시하였다면 기능별 분류방법에 따른 영업비용 내역

③ 기타 제안으로는 다음과 같은 사항이 있다.

- 어떤 항목을 재무제표에 표시할지 주석으로 공시할지를 결정하는 데 도움을 주고자 주요 재무제표와 주석의 역할을 명시
- 통합화와 세분화의 원칙을 제시
- 상이하고 중요하지 않은 항목을 통합할 때 '기타비용'이라는 명칭 대신에 의미 있는 명칭을 사용
- 주요 재무제표에서 추가로 특정 항목(예 : 재무상태표에서 영업권)을 재무제표에 표시

3) 경영진의 성과측정치 공시

경영진의 성과측정치(management performance measures)를 다음과 같이 정의하고 있다.

- 외부 이해관계자에게 재무제표가 아닌 다른 방법으로 정보를 전달할 때 사용
- IFRS 기준서에서 요구되는 합계나 중간합계 정보를 보충
- 회사 재무성과에 대한 경영진의 견해를 전달

또한 경영진의 성과측정치를 주석의 한곳에 모아서 다음 사항을 공시하도록 제안하고 있다.

- IFRS 기준서에 따라 표시되는 합계나 중간합계 중 가장 직접적으로 비교가능한 항목과 경영진의 성과측정치를 차이조정(reconciliation)한 내용

- 차이조정한 항목과 관련하여 세금과 비지배지분에 미치는 효과
- 경영진의 성과측정치가 회사 재무성과에 대한 경영진의 견해를 전달한다고 보는 이유와 성과측정치 산출 근거
- 경영진의 성과측정치를 산출하는 방법이 변경되거나 보고하는 성과측정치가 변경되었을 때 변경내용에 대한 설명

4) 현금흐름표 분류와 표시

본 프로젝트는 현금흐름표를 전면 검토하는 프로젝트가 아니며, 일부 내용만을 개정하기 위해 다음 세 가지 사항을 제안하고 있다.

- 간접법으로 영업활동 현금흐름을 보고할 때 영업손익만 계산의 출발점으로 사용
- 손익계산서 표시에 대한 제안과 일관되게, 핵심지분법손익 및 비핵심지분법손익과 관련된 현금흐름을 현금흐름표에서도 구분하여 표시
- 이자 및 배당 관련 현금흐름의 분류선택권을 제한하고 아래 〈표 보-2〉와 같이 제한

〈표 보-2〉 현행 현금흐름표 분류와 공개초안 분류 비교

<table>
<tr><th rowspan="2">현금흐름표
항목</th><th rowspan="2">국제회계기준 제7호
(현금흐름표)</th><th colspan="2">공개초안의 내용</th></tr>
<tr><th>일반회사</th><th>은행 등 특정 사업활동을 하는 회사</th></tr>
<tr><td>이자 지급</td><td>영업 또는 재무 활동</td><td>재무활동</td><td rowspan="3">손익계산서에 관련 손익을 어떻게 분류하는가에 따라 달라짐</td></tr>
<tr><td>이자 수취</td><td>영업 또는 투자 활동</td><td>투자활동</td></tr>
<tr><td>배당금 수취</td><td>영업 또는 투자 활동</td><td>투자활동</td></tr>
<tr><td>배당금 지급</td><td>영업 또는 재무 활동</td><td>재무활동</td><td></td></tr>
</table>

(2) 공시 개선 – 회계정책(Disclosure Initiative–Accounting Policies)

본 프로젝트는 회계정책의 공시에서 중요성의 개념을 재정립하는 것을 목적으로 하고, Disclosure Initiative - Principle of Disclosure의 일환으로 수행되었다. 여기에서는 K-IFRS 제1001호(재무제표 표시)에서 중대한(significant) 회계정책 대신에 중요한(material) 회계정책을 공시하도록 요구하고 있다.

또한 회계정책의 공시에 ‘중요성 판단의 4단계’를 적용하여 설명할 수 있도록 제2장의 [보론]에서 언급한 ‘중요성에 대한 판단(IFRS 실무서 제2호)’을 수정하였다. 이에 대한 공개초안이 2019년에 발표되었다(이 공개초안의 내용은 이미 앞에서 언급하였음).

(3) 경영진설명서(Management Commentary)

본 프로젝트는 ‘경영진설명서 작성을 위한 개념체계(IFRS 실무서 제1호)’를 수정하기 위한 것이다. 여기에서는 재무제표를 보완하기 위해 재무보고가 얼마만큼 광범위해야 하는지를 검토하고 있다. 예를 들면, 지속가능보고(sustainability reporting) 등이 재무보고의 범주에 포함되어야 할지 여부를 검토하고 있다.

(4) IFRS Taxonomy

IFRS Taxonomy는 공시의 전자화로 재무제표 정보의 작성자와 이용자 간의 의사소통을 증진시킨다. Taxonomy는 새로운 회계기준이 발표되거나 회계기준이 수정될 때마다 필요하다면 갱신되고 있다.

제1부 : 재무제표 표시(K-IFRS 제1001호)

여기에서는 과거기간의 재무제표나 다른 기업의 재무제표와 비교가능하도록 '일반목적재무제표'의 표시에 관한 기준을 정한다. 그러나 구체적인 거래나 기타 사건에 대한 인식, 측정 및 공시에 대한 요구사항은 다른 K-IFRS에서 정한다.

"재무제표 표시(K-IFRS 제1001호)"에서 용어의 정의

일반목적 재무제표 (이하 '재무제표')	특정 필요에 따른 특수보고서의 작성을 기업에 요구할 수 있는 위치에 있지 아니한 재무제표이용자의 정보요구를 충족시키기 위해 작성되는 재무제표
실무적으로 적용할 수 없는	기업이 모든 합리적인 노력을 했어도 요구사항을 적용할 수 없는 경우에 그 요구사항은 실무적으로 적용할 수 없다.
한국채택 국제회계기준 (K-IFRS)	한국회계기준원 회계기준위원회가 국제회계기준을 근거로 제정한 회계기준으로 K-IFRS와 K-IFRS해석서로 구성된다.
중요한	특정 보고기업에 대한 재무정보를 제공하는 일반목적재무제표에 정보를 누락하거나 잘못 기재하거나 불분명하게 하여, 이를 기초로 내리는 주요이용자의 의사결정에 영향을 줄 것으로 합리적으로 예상할 수 있다면 그 정보는 중요하다. 중요성은 정보의 성격이나 크기 또는 둘 다에 따라 결정된다. 기업은 전체적인 재무제표의 맥락에서 정보가 개별적으로나 다른 정보와 결합하여 중요한지를 평가한다. 그 정보를 누락하거나 잘못 기재하는 것과 비슷한 영향을 재무제표 주요이용자에게 제공하는 방식으로 정보가 소통된다면 그 정보는 불분명한 것이다. 다음은 결과적으로 중요한 정보가 불분명해질 수 있는 상황의 예이다. ① 중요한 항목, 거래, 사건에 관한 정보가 재무제표에 공시되지만 사용되는 언어가 모호하거나 불명확하다. ② 중요한 항목, 거래, 사건에 관한 정보가 재무제표 곳곳에 흩어져 있다. ③ 서로 다른 항목, 거래, 사건이 부적절하게 통합되었다. ④ 비슷한 항목, 거래, 사건이 부적절하게 세분화되었다. ⑤ 주요이용자가 중요한 정보가 무엇인지를 판단할 수 없을 정도로 중요한 정보가 중요하지 않은 정보에 가려져 재무제표의 이해가능성이 떨어진다. 정보가 특정 보고기업의 일반목적재무제표 주요이용자의 의사결정에 영향을 줄 것으로 합리적으로 예상할 수 있는지를 평가할 때에 기업은 그 기업의 상황을 고려하면서 재무제표 주요이용자의 특성도 고려해야 한다. 현재 및 잠재적 투자자, 대여자와 기타 채권자 다수는 그들에게 직접 정보를 제공하도록 보고기업에 요구할 수 없고, 그들이 필요한 재무정보의 많은

	부분을 일반목적재무보고서에 의존해야 한다. 따라서 그들은 일반목적재무제표가 대상으로 하는 주요이용자이다. 재무제표는 사업활동과 경제활동에 대해 합리적인 지식이 있고, 부지런히 정보를 검토하고 분석하는 이용자를 위해 작성된다. 때로는 박식하고 부지런한 이용자도 복잡한 경제적 현상에 대한 정보를 이해하기 위해 조언자의 도움을 받는 것이 필요할 수 있다.
주 석	재무제표에 표시하는 정보에 추가하여 제공된 정보. 주석은 재무제표에 표시된 항목을 구체적으로 설명하거나 세분화하며, 재무제표 인식요건을 충족하지 못하는 항목에 대한 정보를 제공한다.
기타포괄손익 (OCI, other comprehensive income)	다른 K-IFRS에서 요구하거나 허용하여 당기손익으로 인식하지 않은 수익과 비용 항목(재분류조정 포함)을 포함한다. OCI는 다음의 항목을 포함한다. ① 재평가잉여금의 변동(K-IFRS 제1016호(유형자산)와 K-IFRS 제1038호(무형자산) 참조) ② 확정급여제도의 재측정요소(K-IFRS 제1019호(종업원급여) 참조) ③ 해외사업장의 재무제표 환산으로 인한 손익(K-IFRS 제1021호(환율변동효과) 참조) ④ K-IFRS 제1109호(금융상품)에 따라 기타포괄손익-공정가치측정 항목으로 지정한 지분상품에 대한 투자에서 발생한 손익 ⑤ K-IFRS 제1109호에 따라 기타포괄손익-공정가치로 측정하는 금융자산에서 발생한 손익 ⑥ K-IFRS 제1109호에 따라 기타포괄손익-공정가치로 측정하는 지분상품 투자에 대한 위험회피에서 위험회피수단의 평가손익 중 효과적인 부분과 현금흐름위험회피에서 위험회피수단의 평가손익 중 효과적인 부분(K-IFRS 제1109호) ⑦ 당기손익-공정가치측정 항목으로 지정한 특정 부채의 신용위험 변동으로 인한 공정가치 변동 금액(K-IFRS 제1109호) ⑧ 옵션계약의 내재가치와 시간가치를 분리할 때와 내재가치의 변동만을 위험회피수단으로 지정할 때 옵션 시간가치의 가치변동(K-IFRS 제1109호) ⑨ 선도계약의 선도요소와 현물요소를 분리하고 현물요소의 변동만 위험회피수단으로 지정할 때 선도계약의 선도요소의 가치변동과 금융상품의 외화 베이시스 스프레드 가치변동을 위험회피수단 지정에서 제외할 때 외화 베이시스 스프레드의 가치변동(K-IFRS 제1109호)
소유주	자본으로 분류되는 금융상품의 보유자
당기순손익	수익에서 비용을 차감한 금액(기타포괄손익의 구성요소 제외)
재분류조정	당기나 과거기간에 OCI로 인식되었으나 당기손익으로 재분류된 금액
총포괄손익	거래나 사건으로 인한 기간 중 자본의 변동(소유주로서의 자격을 행사하는 소유주와의 거래로 인한 자본의 변동 제외) 총포괄손익은 '당기순손익'과 '기타포괄손익'의 모든 구성요소를 포함한다.

(주) 여기에서는 'OCI', '당기순손익', '총포괄손익'이라는 용어를 사용하고 있지만 의미가 명확하다면 그러한 합계를 표현하기 위하여 다른 용어를 사용할 수 있다. 예를 들면, 당기순손익을 표현하기 위하여 '순이익'이라는 용어를 사용할 수 있다.

1 재무제표

재무제표(financial statements)는 기업의 재무상태와 재무성과를 체계적으로 표현한 것이다. 재무제표의 목적은 광범위한 정보이용자의 경제적 의사결정에 유용한 기업의 재무상태, 재무성과와 재무상태변동에 관한 정보를 제공하는 것이다. 또한 재무제표는 위탁받은 자원에 대한 경영진의 수탁책임(stewardship) 결과도 보여준다. 이러한 목적을 충족하기 위하여 재무제표는 자산, 부채, 자본, 수익과 비용, 소유주에 의한 출자와 소유주에 대한 배분, 그리고 현금흐름과 같은 기업 정보를 제공한다.

이러한 정보는 주석에서 제공되는 정보와 함께 재무제표이용자가 기업의 미래현금흐름, 특히 그 시기와 확실성을 예측하는 데 도움을 준다.

(1) 전체 재무제표

재무제표는 [그림 보-1]과 같이 구성되어 있다.[7]

많은 기업은 재무제표 이외에도 그 기업의 재무성과와 재무상태의 주요 특성 및 기업이 직면한 주요 불확실성을 설명하는 경영진의 재무검토보고서를 제공한다. 또한 많은 기업은 특히 환경 요인이 유의적인 산업에 속해 있는 경우나 종업원이 주요 재무제표이용자인 경우에 재무제표 이외에도 환경보고서나 부가가치보고서와 같은 보고서를 제공한다. 재무제표 이외의 보고서는 K-IFRS의 적용범위에 해당하지 않는다.

7) 여기에서 사용하는 재무제표의 명칭이 아닌 다른 명칭을 사용할 수 있다. 명칭의 사용을 강제하지 않는 것이 기업에게 새로운 명칭에 보다 친숙해지면서 점차적으로 변경하기 위한 시간을 부여할 것이다.

[그림 보-1] 재무제표의 구성

[전체 재무제표]*

① 기말 재무상태표
② 기간 재무성과표[8)]
③ 기간 자본변동표
④ 기간 현금흐름표
⑤ 주석(주요 회계정책 및 기타 설명으로 구성)
⑥ 전기에 관한 비교정보
⑦ 회계정책을 소급하여 적용하거나, 재무제표의 항목을 소급하여 재작성 또는 재분류하는 경우 전기 기초 재무상태표

* 각각의 재무제표는 전체 재무제표에서 동등한 비중으로 표시한다.

[재무제표 이외에 작성가능한 보고서]

- 경영진의 재무검토보고서
- 환경보고서
- 부가가치보고서[9)]

(2) 일반사항

1) 공정한 표시와 K-IFRS의 준수

재무제표는 기업의 재무상태와 재무성과를 공정하게 표시해야 한다. 공정한 표시를 위해서는 '개념체계'에서 정한 자산, 부채, 수익 및 비용에 대한 정의와 인식요건에 따라 거래, 사건 및 상황의 효과를 충실하게 표현해야 한다. K-IFRS에 따라 작성된 재무제표(필요에 따라 추가 공시한 경우 포함)는 공정하게 표시된 재무제표로 본다.[10)]

---

8) 개념체계에 따라 손익과기타포괄손익계산서라는 명칭 대신에 재무성과표를 사용한다.

9) 기업의 모든 이해관계자(stakeholders)에게 유용한 보고서로서 일부 국가에서는 부가가치보고서를 요구하는 경우도 있다. 부가가치보고서는 전통적인 생산요소(토지, 노동, 자본)를 기업에 제공하는 종업원, 토지 및 설비소유자 및 자본제공자(지분소유자와 대여자)에 대한 배분되는 부가가치 또는 산출액에서 투입액을 차감한 가치로 측정되는 부가가치를 보여주는 보고서이다.
보다 구체적으로는 부가가치는 임금 및 급여(종업원), 임차료(토지 및 설비 소유자), 이자비용(대여인), 당기손익(소유주), 세금(정부) 및 감가상각비의 합계로 구성된다. 따라서 부가가치를 극대화한다는 개념에 따르면 소유주에게 귀속되는 이익의 극대화와 상충되게 된다. 즉, 당기손익을 극대화하기 위해서는 다른 이해관계자에게 분배되는 생산요소에 대한 비용을 최소화해야 하기 때문이다.

10) 또한 공정한 표시를 위해 다음과 같은 사항이 준수되어야 한다.
① K-IFRS 제1008호(회계정책, 회계추정의 변경 및 오류)를 준수하여 회계정책을 선택하고 적

K-IFRS를 준수하여 재무제표를 작성하는 기업은 그러한 준수 사실을 주석에 명시적이고 제한 없이 기재하여야 한다. 재무제표가 K-IFRS의 요구사항을 모두 충족한 경우가 아니라면 K-IFRS를 준수하여 작성되었다고 기재하여서는 아니 된다.[11]

부적절한 회계정책은 이에 대하여 공시나 주석 또는 보충 자료를 통해 설명하더라도 정당화될 수 없다.

극히 드문 상황으로서 K-IFRS의 요구사항을 준수하는 것이 오히려 '개념체계'에서 정하고 있는 재무제표의 목적과 상충되어 재무제표 이용자의 오해를 유발할 수 있다고 경영진이 결론을 내리는 경우[12]에는 다음 모든 항목을 공시하는 방법으로 요구사항을 달리 적용하도록 되어 있다.

① 재무제표가 기업의 재무상태와 재무성과를 공정하게 표시하고 있다고 경영진이 결론을 내렸다는 사실
② 공정한 표시를 위해 특정 요구사항을 달리 적용하는 것을 제외하고는 K-IFRS를 준수했다는 사실
③ 기업이 달리 적용하는 해당 K-IFRS의 제목, 그 K-IFRS에서 요구하는 회계처리의 방법과 이에 대한 일탈의 내용, 그러한 회계처리가 해당 상황에서 재무제표이용자의 오해를 유발할 수 있어 '개념체계'에서 정한 재무제표의 목적과 상충되는 이유, 그리고 실제로 적용한 회계처리방법
④ 표시된 각 회계기간에 대해, K-IFRS 요구사항으로부터의 일탈

용한다. K-IFRS 제1008호는 구체적으로 적용할 K-IFRS가 없는 경우 경영진이 고려할 관련 기준의 우선순위를 규정하고 있다.
② 회계정책을 포함하여 목적적합하고, 표현충실하고, 비교가능하며 이해가능한 정보를 표시한다.
③ K-IFRS의 구체적인 요구사항을 준수하더라도 특정 거래, 그 밖의 사건 및 상황이 기업의 재무상태와 재무성과에 미치는 영향을 재무제표이용자가 이해하기에 충분하지 않은 경우 추가공시를 제공한다.

11) K-IFRS를 준수하면, 국제회계기준(IFRS)을 준수하여 작성된 재무제표임을 공시할 수 있다.

12) 개념체계에서 정한 재무제표의 목적과 상충되는지를 평가할 때에는 다음 사항을 모두 고려한다.
① 특정 상황에서 재무제표의 목적이 달성되지 못하는 이유
② 당해 기업의 상황이 요구사항을 준수하고 있는 다른 기업의 상황과 다를 경우 그 내용
비슷한 상황에 있는 다른 기업이 요구사항을 준수하고 있다면, 당해 기업이 요구사항을 준수하는 것이 개념체계에서 정하고 있는 재무제표의 목적과 상충될 정도로 재무제표이용자의 오해를 유발하는 것이 아닐 수도 있다는 반증이 가능한 가정이 된다.

이 이를 준수하였다면 보고되었을 재무제표의 각 항목에 미치는 재무적 영향

과거기간에 K-IFRS의 요구사항을 달리 적용한 결과 그러한 일탈이 당기 재무제표의 인식금액에 영향을 미친 경우에는 위의 ③과 ④의 항목을 공시한다. 예를 들면, 과거기간에 자산이나 부채의 측정에 대해 K-IFRS의 요구사항을 달리 적용하여 그러한 일탈이 당기 재무제표에 인식된 자산과 부채의 변동금액 측정에 영향을 미치는 경우이다.

K-IFRS로부터의 일탈

K-IFRS의 요구사항으로부터 일탈해야 하는 경우를 극히 드문 상황으로 한정한다. 제공된 정보가 표시하려고 의도하거나 표시할 것이라고 합리적으로 기대되는 거래, 그 밖의 사건과 상황을 충실히 표현하지 못하여 결과적으로 재무제표이용자의 경제적 의사결정에 영향을 미칠 가능성이 있는 경우가 이에 해당한다.

K-IFRS로부터의 일탈에 대하여 언급하지 않는다면, 일탈이 필요한 상황에 대한 기준을 규정할 수 있는 회계기준제정기구의 권한을 포기하는 것이 될 것이다.

2) 계속기업

재무제표를 작성할 때 계속기업(going concern)으로서의 존속가능성을 평가해야 한다. 기업을 청산하거나 경영활동을 중단할 의도를 가지고 있지 않거나, 청산 또는 경영활동의 중단 외에 다른 현실적 대안이 없는 경우가 아니면 계속기업을 전제로 재무제표를 작성한다. 계속기업으로서의 존속능력에 유의적인 의문이 제기될 수 있는 사건이나 상황과 관련된 중요한 불확실성을 알게 된 경우, 그러한 불확실성을 공시해야 한다.

재무제표가 계속기업의 기준하에 작성되지 않는 경우에는 그 사실과 함께 재무제표가 작성된 기준 및 그 기업을 계속기업으로 보지 않는 이유를 공시해야 한다.

계속기업의 가정이 적절한지의 여부를 평가할 때 적어도 보고기간말로부터 향후 12개월 기간에 대하여 이용가능한 모든 정보를 고려한다. 각 상황의 사실내용에 따라 고려의 정도를 결정한다.

3) 발생기준 회계

기업은 현금흐름 정보를 제외하고는 발생기준 회계(accrual basis accounting)를 사용하여 재무제표를 작성한다. 발생기준 회계를 사용하는 경우, 각 항목이 개념체계의 정의와 인식요건을 충족할 때 자산, 부채, 자본, 수익 및 비용(재무제표의 요소)으로 인식한다.

4) 중요성과 통합표시

유사한 항목은 중요성(materiality) 분류에 따라 재무제표에 구분하여 표시한다. 상이한 성격이나 기능을 가진 항목은 구분하여 표시한다. 다만 중요하지 않은 항목은 성격이나 기능이 유사한 항목과 통합하여 표시할 수 있다. 재무제표에는 중요하지 않아 구분하여 표시하지 않은 항목이라도 주석에서는 구분하여 표시해야 할 만큼 충분히 중요할 수 있다.

일부 K-IFRS에서는 재무제표(주석 포함)에 포함하도록 요구하는 정보를 명시하고 있다. K-IFRS의 요구에 따라 공시되는 정보가 중요하지 않다면, 그 공시를 제공할 필요는 없다. 공시되는 정보가 중요하지 않다면, K-IFRS에 특정 요구사항이 열거되어 있거나 최소한의 요구사항으로 기술되어 있더라도 그 정보를 공시할 필요가 없다. 반면, K-IFRS의 특정 규정을 준수하는 것만으로는 재무제표이용자가 특정 거래, 사건 및 상황이 기업의 재무상태와 재무성과에 미치는 영향을 이해하는 데 충분하지 않은 경우 기업은 추가적인 공시를 제공할지를 고려해야 한다.

5) 상 계

K-IFRS에서 요구하거나 허용하지 않는 한 자산과 부채 그리고 수익과 비용은 상계하지 아니한다.[13] 상계(offsetting)로 거래나 그 밖의 사건의 실질이 반영되는 경우를 제외하고는, 재무제표에서의 상계표시는 발생한 거래, 사건 및 상황을 이해하고 기업의 미래현금흐름을 분석할 수 있는 재무제표이용자의 능력을 저해한다.

한편, 동일 거래에서 발생하는 수익과 관련 비용의 상계표시가 거

13) 재고자산에 대한 재고자산평가충당금과 매출채권에 대한 대손충당금과 같은 평가충당금을 차감하여 관련 자산을 순액으로 측정하는 것은 상계표시에 해당하지 아니한다.

래나 사건의 실질을 반영한다면, 그러한 거래의 결과는 상계하여 표시한다. 예를 들면 다음과 같다.

① 투자자산 및 영업용자산을 포함한 비유동자산의 처분손익은 처분대가에서 그 자산의 장부금액과 관련처분비용을 차감하여 표시한다.

② K-IFRS 제1037호(충당부채, 우발부채 및 우발자산)에 따라 인식한 충당부채와 관련된 지출을 제3자와의 계약관계(예를 들면, 공급자의 보증약정)에 따라 보전받는 경우, 당해 지출과 보전받는 금액은 상계하여 표시할 수 있다.

또한 외환손익 또는 단기매매금융상품에서 발생하는 손익과 같이 유사한 거래의 집합에서 발생하는 차익과 차손은 순액으로 표시한다. 그러나 그러한 차익과 차손이 중요한 경우에는 구분하여 표시한다.

6) 보고빈도

전체 재무제표(비교정보를 포함)는 적어도 1년마다 작성한다. 보고기간 종료일을 변경하여 재무제표의 보고기간이 1년을 초과하거나 미달하면, ① 보고기간이 1년을 초과하거나 미달하게 된 이유와 ② 재무제표에 표시된 금액이 완전하게 비교가능하지는 않다는 사실을 추가로 공시한다.

7) 비교정보

〈최소한의 비교정보〉

K-IFRS가 달리 허용하거나 요구하는 경우를 제외하고는 당기 재무제표에 보고되는 모든 금액에 대해 전기 비교정보를 표시한다. 당기 재무제표를 이해하는 데 목적적합하다면 서술형 정보의 경우에도 비교정보를 포함한다.

어떤 경우에는 전기(또는 이전의 여러 기간)의 재무제표에서 제공된 서술형 정보가 당기에 계속 관련될 수 있다. 예를 들면, 기업은 그 결과가 전기말에 불확실하였고 지금까지도 결정되지 않은 법률 분쟁의 세부사항들을 당기에 공시한다. 전기말에 불확실성이 존재하였다는 정보의 공시와 당기에 그 불확실성을 해결하기 위하여 수행된 절차에 관한 정보의 공시로부터 이용자들은 효익을 얻을 수 있다.

〈추가 비교정보〉

최소한의 비교 재무제표에 추가하여 비교정보를 표시할 수 있는데, 그 정보는 K-IFRS에 따라 작성되어야 한다. 이러한 비교정보는 앞에서 언급된 하나 이상의 재무제표로 구성될 수 있다. 이 경우에 해당 추가 재무제표에 관련된 주석정보를 표시한다. 예를 들면, 세 번째 재무성과표(따라서 당기, 전기 그리고 추가 비교기간을 표시함)를 표시할 수 있다. 그러나 다른 비교 재무제표를 추가로 표시해야 하는 것은 아니다. 해당 추가 포괄손익계산서에 관련된 비교정보는 재무제표 주석에 표시해야 한다.

〈회계정책 변경, 소급재작성 또는 소급재분류〉

다음 모두에 해당된다면, 최소한의 비교 재무제표에 추가하여 전기 기초를 기준으로 세 번째 재무상태표를 표시한다.

- 회계정책을 소급하여 적용하거나 재무제표 항목을 소급하여 재작성 또는 재분류하였고,
- 이러한 소급적용, 소급재작성 또는 소급재분류가 전기 기초 재무상태표의 정보에 중요한 영향을 미친다.

재무제표 항목의 표시나 분류를 변경하는 경우 실무적으로 적용할 수 없는 것이 아니라면 비교금액도 재분류해야 한다. 비교금액을 재분류할 때 재분류의 성격, 재분류된 개별 항목이나 항목군의 금액, 그리고 재분류의 이유를 공시한다.

정보의 기간별 비교가능성이 제고되면 특히 예측을 위한 재무정보 추세분석이 가능하여 재무제표이용자의 경제적 의사결정에 도움을 준다. 그러나 당기와의 비교가능성을 제고하기 위해 특정 과거기간 비교정보를 실무적으로 재분류할 수 없는 경우가 있다.[14] 예를 들면, 재분류가 가능한 방법으로 과거기간의 정보를 수집하지 못했거나, 실무

적으로 정보를 재생시킬 수 없는 경우이다. 이 경우에는 해당 금액을 재분류하지 아니한 이유와 해당 금액을 재분류한다면 이루어질 수정의 성격을 공시해야 한다.

8) 표시의 계속성

재무제표 항목의 표시와 분류는 다음의 경우를 제외하고는 매기 동일해야 한다.

① 사업내용의 유의적인 변화나 재무제표를 검토한 결과 다른 표시나 분류방법이 더 적절한 것이 명백한 경우
② K-IFRS에서 표시방법의 변경을 요구하는 경우

예를 들면, 유의적인 인수나 매각, 또는 재무제표의 표시에 대해 검토한 결과 재무제표를 다른 방법으로 표시할 필요가 있을 수 있다. 기업은 변경된 표시방법이 재무제표이용자에게 더욱 목적적합하고 표현충실한 정보를 제공하며, 변경된 구조가 지속적으로 유지될 가능성이 높아 비교가능성을 저해하지 않을 것으로 판단할 때에만 재무제표의 표시방법을 변경한다. 표시방법을 변경할 때에는 비교정보를 재분류한다.

2 구조와 내용

재무제표는 동일한 문서에 포함되어 함께 공표되는 그 밖의 정보와 명확하게 구분되고 식별되어야 한다. 왜냐하면 K-IFRS는 오직 재무제표에만 적용하며 다른 문서에 표시되는 그 밖의 정보에 반드시 적용해야 하는 것은 아니기 때문이다. 또한 다음 정보가 분명하게 드러나야 하며, 정보의 이해를 위해서 필요할 때에는 반복 표시해야 한다.

14) 비교금액을 실무적으로 재분류할 수 없는 경우에는 해당 금액을 재분류하지 아니한 이유와 해당 금액을 재분류한다면 이루어질 수정의 성격을 공시해야 한다.

① 보고기업의 명칭 또는 기타 식별수단과 전기 보고기간말 이후 그러한 정보의 변경내용
② 개별 기업 재무제표인지 연결실체 재무제표인지의 여부
③ 재무제표나 주석의 작성대상이 되는 보고기간종료일 또는 보고기간
④ K-IFRS 제1021호(환율변동효과)에 정의된 표시통화
⑤ 재무제표의 금액 표시를 위하여 사용한 금액단위[15)]

위의 요구사항에 따라 페이지, 재무제표, 주석, 항목 등의 적절한 제목을 표시한다. 어떤 방법이 그러한 정보를 표시하는 가장 좋은 방법인지를 결정하는 데에는 판단이 요구된다.

(1) 재무상태표

1) 재무상태표에 표시되는 정보

재무상태표(statement of financial position)에는 일정 항목을 표시해야 한다([그림 보-2]를 참조).[16)]

그러나 표시되어야 할 항목의 순서나 형식을 규정하지 아니한다. 단순히 재무상태표에 구분 표시하기 위해 성격이나 기능 면에서 명확하게 상이한 항목명을 제시하고 있을 뿐이다. 한 항목 또는 통합된 유사 항목의 크기, 성격 또는 기능상 기업의 재무상태를 이해하기 위해 구분 표시가 필요한 경우 그러한 항목을 추가로 재무상태표에 포함한다.

기업의 재무상태를 이해하는 데 목적적합한 정보를 제공하기 위해 기업과 거래의 성격에 따라 사용된 용어와 항목의 순서, 또는 유사 항목의 통합방법을 변경할 수 있다. 예를 들면, 금융회사는 금융회사

15) 흔히 재무제표의 표시통화를 천 단위나 백만 단위로 표시할 때 더욱 이해가능성이 제고될 수 있다. 이러한 표시는 금액단위를 공시하고 중요한 정보가 누락되지 않는 경우에 허용될 수 있다.

16) 별도로 표시해야 하는 항목은 다음과 같다.
① 금융자산 중 지분법에 따라 회계처리하는 투자자산, 매출채권 및 기타 채권 및 현금및현금성자산
② K-IFRS 제1105호(매각예정비유동자산과 중단영업)에 따라 매각예정으로 분류된 자산과 매각예정으로 분류된 처분자산집단에 포함된 자산의 총계, 매입채무 및 기타 채무

[그림 보-2] 재무상태표에 표시해야 할 최소한의 내용

자 산	부채 및 자본
· 유형자산	· 금융부채
· 투자부동산	· 매입채무 및 기타 채무
· 무형자산	· 충당부채
· 금융자산	· 당기법인세 관련 부채
· 관계회사투자주식	· 이연법인세부채
· 생물자산	· 매각예정자산집단에 포함된 부채
· 재고자산	· 지배기업소유주 귀속 납입자본/적립금
· 매출채권 및 기타 채권	· (자본에 표시된) 비지배지분
· 현금및현금성자산	
· 당기법인세 관련 자산	
· 이연법인세자산	
· 매각예정비유동자산	

의 영업목적에 적합한 정보를 제공하기 위해 [그림 보-2]의 용어를 적절히 변경할 수 있다. 또한, 상이하게 분류된 자산에 대해 상이한 측정기준을 사용하는 것은 그 자산의 성격이나 기능이 상이하여 별도 항목으로 구분하여 표시해야 함을 의미한다. 예를 들면, 상이하게 분류된 유형자산에 대해서는 K-IFRS 제1016호(유형자산)에 따라 원가 또는 재평가금액을 장부금액으로 할 수 있다.

기업의 재무상태를 이해하는 데 목적적합한 경우 재무상태표에 항목, 제목 및 중간합계를 추가하여 표시해야 한다.[17]

2) 유동과 비유동의 구분

유동성 순서에 따른 표시방법이 더욱 목적적합하고 표현충실한 정보를 제공하는 경우[18]를 제외하고는 재무상태표에 유동부분과 비유동부

17) 중간합계를 표시할 때에는 다음과 같이 한다.
① K-IFRS에 따라 인식되고 측정된 금액으로 이루어진 항목들로 구성한다.
② 중간합계 구성항목을 명확하고 이해가능하게 하는 방법으로 표시하고 명명한다.
③ 매기 일관되게 한다.
④ 관련 K-IFRS에서 요구하는 중간합계나 합계보다 더 부각되어 나타나지 않도록 한다.

18) 금융회사와 같은 일부 기업의 경우에는 오름차순이나 내림차순의 유동성 순서에 따른 표시방법으로 자산과 부채를 표시하는 것이 유동-비유동 구분법보다 더욱 목적적합하고 표현충실한 정보를 제공한다. 이는 재화나 서비스를 명확히 식별가능한 영업주기 내에 제공하지 않기 때문이다.

분으로 구분하여 표시한다. 더욱 목적적합하고 표현충실한 정보를 제공한다면, 자산과 부채의 일부는 유동-비유동 구분법으로, 나머지는 유동성 순서에 따른 표시방법으로 표시하는 것이 허용된다. 이러한 혼합표시방법은 기업이 다양한 사업을 영위하는 경우에 필요할 수 있다.

기업이 명확히 식별가능한 영업주기 내에서 재화나 용역을 제공하는 경우, 재무상태표에 유동자산과 비유동자산 및 유동부채와 비유동부채를 구분하여 표시한다. 이는 운전자본(working capital)으로서 계속 순환되는 순자산과 장기 영업활동에서 사용하는 순자산을 구분함으로써 유용한 정보를 제공하기 때문이다. 이는 또한 정상영업주기(normal operating cycle) 내에 실현될 것으로 예상되는 자산과 동 기간 내에 결제기일이 도래하는 부채를 구분하여 보여준다.

자산과 부채의 실현예정일에 대한 정보는 기업의 유동성과 부채상환능력을 평가하는 데 유용하다. 자산과 부채가 유동 또는 비유동으로 구분되는지의 여부와 관계없이, 재고자산과 같은 비화폐성 자산의 회수예정일과 충당부채와 같은 부채의 결제예정일에 대한 정보도 역시 유용하다. 예를 들면, 기업은 보고기간 후 12개월 후에 회수될 것으로 기대되는 재고자산 금액을 공시한다.

자산은 다음의 경우에 유동자산으로 분류한다.

① 기업의 정상영업주기 내에 실현될 것으로 예상하거나, 정상영업주기 내에 판매하거나 소비할 의도가 있다.
② 주로 단기매매목적으로 보유하고 있다.
③ 보고기간 후 12개월 이내에 실현될 것으로 예상한다.
④ 현금이나 현금성자산으로서, 교환이나 부채 상환 목적으로의 사용에 대한 제한기간이 보고기간 후 12개월 이상이 아니다.

영업주기(operating cycle)는 영업활동을 위한 자산의 취득시점부터 그 자산이 현금이나 현금성자산으로 실현되는 시점까지 소요되는 기간이다. 정상영업주기를 명확히 식별할 수 없는 경우에는 그 기간이 12개월인 것으로 가정한다.

유동자산은 보고기간 후 12개월 이내에 실현될 것으로 예상되지 않는 경우에도 재고자산과 매출채권과 같이 정상영업주기의 일부로서 판매, 소비 또는 실현되는 자산을 포함한다. 또한 유동자산은 주로 단기매매목적으로 보유하고 있는 자산(예를 들면, K-IFRS 제1109호에 따라 단기매매항목으로 분류되는 일부 금융자산 포함)과 비유동금융자산의 유동성 대체 부분을 포함한다.

부채는 다음의 경우에 유동부채로 분류한다.

① 정상영업주기 내에 결제될 것으로 예상하고 있다.
② 주로 단기매매목적으로 보유하고 있다.
③ 보고기간 후 12개월 이내에 결제하기로 되어 있다.
④ 보고기간 후 12개월 이상 부채의 결제를 연기할 수 있는 무조건의 권리를 가지고 있지 않다.

매입채무, 미지급급여, 기타 영업원가에 대한 미지급비용과 같은 유동부채는 기업의 정상영업주기 내에 사용되는 운전자본의 일부이다. 이러한 항목은 보고기간 후 12개월 후에 결제일이 도래한다 하더라도 유동부채로 분류한다. 동일한 정상영업주기가 기업의 자산과 부채의 분류에 적용된다.

기타 유동부채는 정상영업주기 이내에 결제되지는 않지만 보고기간 후 12개월 이내에 결제일이 도래하거나 주로 단기매매목적으로 보유한다. 이에 대한 예로는 K-IFRS 제1109호(금융상품)에 따라 단기매매항목의 정의를 충족하는 일부 금융부채, 당좌차월, 비유동금융부채의 유동성 대체 부분, 미지급배당금, 법인세, 기타 지급채무 등이 있다.

다음 모두에 해당하는 경우라 하더라도 금융부채가 보고기간 후 12개월 이내에 결제일이 도래하면 이를 유동부채로 분류한다.

① 원래의 결제기간이 12개월을 초과하는 경우
② 보고기간 후 재무제표 발행승인일 전에 장기로 차환하는 약정 또는 지급기일을 장기로 재조정하는 약정이 체결된 경우

기업이 기존의 대출계약조건에 따라 보고기간 후 적어도 12개월 이후에 부채를 차환하거나 연장할 것으로 기대하고 있고 그런 재량권이 있다면, 보고기간 후 12개월 이내에 만기가 도래한다 하더라도 비

유동부채로 분류한다.

보고기간말 이전에 장기차입약정을 위반했을 때 대여자가 즉시 상환을 요구할 수 있는 채무는 보고기간 후 재무제표 발행승인일 전에 채권자가 약정위반을 이유로 상환을 요구하지 않기로 합의하더라도 유동부채로 분류한다. 그 이유는 기업이 보고기간말 현재 그 시점으로부터 적어도 12개월 이상 결제를 연기할 수 있는 무조건적 권리를 가지고 있지 않기 때문이다. 그러나 대여자가 보고기간말 이전에 보고기간 후 적어도 12개월 이상의 유예기간을 주는 데 합의하여 그 유예기간 내에 기업이 위반사항을 해소할 수 있고, 또 그 유예기간 동안에는 대여자가 즉시 상환을 요구할 수 없다면, 그 부채는 비유동부채로 분류한다.

유동부채로 분류된 차입금의 경우 다음과 같은 사건이 보고기간말과 재무제표 발행승인일 사이에 발생하면, 그러한 사건은 K-IFRS 제1010호(보고기간후사건)에 따라 수정을 요하지 않는 사건으로 주석에 공시한다.

① 장기로 차환
② 장기차입약정 위반사항의 해소
③ 보고기간 후 적어도 12개월 이상 장기차입약정 위반사항을 해소할 수 있는 유예기간을 대여자로부터 부여받음

유동-비유동 부채의 분류

재무상태표일 후의 부채 차환은 재무성과표일의 기업의 유동성과 부채상환능력에 영향을 주지 않는데, 이러한 사항들은 재무상태표일에 유효한 계약내용을 반영해야 한다. 따라서 이것은 K-IFRS 제1010호(보고기간후사건)에 따라 수정을 요하지 않는 사건으로 재무상태표의 표시에 영향을 주지 않아야 한다.

보고기간말 이전에 장기차입약정을 위반한 상황에서 대여자가 즉시 상환을 요구할 수 있는 권리를 포기하지 않았거나 기업에게 차입약정의 위반사항을 해소할 수 있는 유예기간을 주지 않았으면, 재무상태표일의 기업의 재무상황은 차입약정의 조건에 근거하여 기업이 상환요구를 연기할 수 있는 절대적인 권리를 가지고 있지 않은 것이다. 포기증서나 유예기간의 부여는 차입약정의 조건을 변경시킨다. 따라서

기업이 재무상태표일 후에 대여자로부터 받은 포기증서나 적어도 12개월 이상의 유예기간을 부여받는 것은 그것이 발생할 때까지는 부채의 성격을 비유동부채로 변경시키지 않는다.

3) 재무상태표 또는 주석에 표시되는 정보

기업은 재무제표에 표시된 개별 항목을 기업의 영업활동을 나타내기에 적절한 방법으로 세분류하고, 그 추가적인 분류내용을 재무상태표 또는 주석에 공시한다.

세분류상의 세부내용은 K-IFRS의 요구사항, 당해 금액의 크기, 성격 및 기능에 따라 달라진다. 자산의 성격 및 유동성, 기업 내에서의 자산 기능, 그리고 부채의 금액, 성격 및 시기 등의 요소도 세분류 기준을 결정할 때 이용한다.[19]

재무상태표, 자본변동표 또는 주석에 다음 항목을 공시한다.

① 주식의 종류별로 다음의 사항

- 수권주식수
- 발행되어 납입 완료된 주식수와 발행되었으나 부분 납입된 주식수
- 주당 액면가액 또는 무액면주식이라는 사실
- 유통주식수의 기초 수량으로부터 기말 수량으로의 조정내역
- 배당의 지급 및 자본의 환급에 대한 제한을 포함하여 각 종류별 주식에 부여된 권리, 우선권 및 제한사항
- 발행주식 중 당해 기업, 종속기업 또는 관계기업이 소유하고 있는 주식
- 옵션과 주식 매도 계약에 따라 발행 예정된 주식(조건과 금액

19) 공시의 범위는 각 항목별로 다르며, 예를 들면 다음과 같다.
① 유형자산은 K-IFRS 제1016호에 따른 유형으로 세분화한다.
② 채권은 일반상거래 채권, 특수관계자 채권, 선급금과 기타 금액으로 세분화한다.
③ 재고자산은 K-IFRS 제1002호(재고자산)에 따라 상품, 원재료, 재공품 및 제품 등으로 세분화한다.
④ 충당부채는 종업원급여 충당부채와 기타 항목 충당부채로 세분화한다.
⑤ 납입자본과 적립금은 자본금, 주식발행초과금, 적립금 등과 같이 다양한 분류로 세분화한다.

포함)

② 자본을 구성하는 각 적립금의 성격과 목적에 대한 설명

재무상태표의 구조, 유용성과 한계점

재무상태표의 구조 및 기능을 그림으로 살펴보면 다음과 같다.

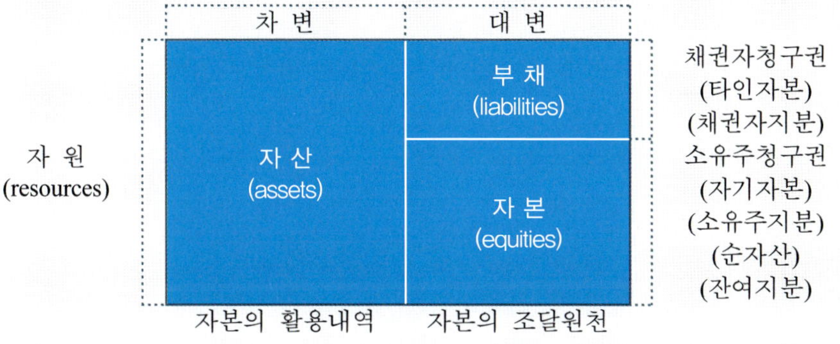

1) 재무상태표의 구조

재무상태표는 기업의 재무상태에 관한 정보를 제공해 주는 보고서로서, 특정 시점에 찍은 '기업의 스냅사진'이라고 할 수 있다. 재무상태표는 기업의 자산, 부채 및 자본의 금액과 그 구성요소를 표시하는 재무제표로서 기업의 경제적자원, 재무구조, 유동성과 재무건전성 및 환경변화에 적응할 수 있는 능력 등 재무상태를 파악하는 데 유용한 정보를 제공하는 기능을 하고 있다.

재무상태표의 대변(오른쪽)은 기업이 어떻게 자본을 조달했는지, 즉 자본구조를 보여주고 있으며, 차변(왼쪽)인 자산은 기업이 조달한 자본을 어떻게 활용하고 있는지를 보여준다. 자본구조와 자산구조(자본의 활용)를 한마디로 재무상태라고 한다.

부채와 자본은 자산에 대한 지분을 가지고 있다고 보아서 부채는 채권자지분으로, 자본은 소유주지분으로 표현하기도 한다. 또한 부채와 자본은 때로는 자본이라는 용어를 공통적으로 사용하여 전자를 타인자본, 후자를 자기자본으로 표현하기도 한다. 한편, 자본은 소유주지분, 순자산, 그리고 잔여지분과 동의어로 사용된다.

2) 재무상태표의 유용성

재무상태표는 경제적자원, 재무구조, 유동성과 재무건전성 및 환경변화에 적응할 수 있는 능력에 대한 정보를 제공한다. 먼저 재무상태표는 조달한 자본(경제적자원)을 어떻게 활용하고 있는가를 보여준다. 예컨대 어떤 기업은 조달한 자본을 유동자산에 많이 투자하고 있는가 하면 어떤 기업은 유형자산에 많이 투자할 수 있다. 따라서 경제적자원에 대한 정보는 자본집약도, 영업레버리지 등에 대한 정보를 제공한다.

기업이 필요한 자본을 어떻게 조달했는가를 보여주는 재무구조는 부채와 자본 간의 상대적 비율을 나타내는 재무레버리지에 대한 정보를 제공한다.[20]

유동성(liquidity)이란 '자산의 경우에는 현금으로 전환하는 데 걸리는 시간을 의미하고, 부채의 경우에는 부채의 결제까지의 시간'으로 정의할 수 있다. 회사에 대한 채권자들은 부채에 대한 지급능력을 평가하기 위해 현금이나 매출채권 등과 같은 유동자산에 관심을 갖게 된다.

기업이 환경변화에 적응할 수 있는 능력을 **재무탄력성**(financial flexibility)이라고 한다. 재무탄력성은 "현금흐름의 금액과 시기를 효과적으로 조절할 수 있어서 갑작스런 자금수요 및 투자기회에 대처할 수 있는 능력"이라고 정의할 수 있다. 재무탄력성이 높은 기업은 경제상황이 좋지 않은 경우에도 살아남을 가능성이 높고, 다시 경기가 회복될 경우 쉽게 호전될 수 있으며, 갑작스러운 투자기회에 효과적으로 대처할 수 있다. 재무탄력성이 높을수록 기업위험은 낮다고 말할 수 있다.

3) 재무상태표의 한계점

재무상태표의 한계점으로 첫째, 많은 자산과 부채를 **역사적원가**로 평가하기 때문에 본질가치를 제대로 반영하지 못한다는 것이다. 이와 같은 문제점을 극복하기 위해 최근 들어 공정가치 회계의 중요성이 강조되고 있으며, 특히 K-IFRS의 도입으로 인해 공정가치 회계가 자산 및 부채의 평가에 점진적으로 확산되고 있는 추세이다.

둘째, 재무상태표의 측정치 중 상당부분이 **주관적인 추정치**라는 것이다. 예를 들면, 수취채권의 대손율, 재고자산의 감모율 및 판매가능성, 유형자산의 내용연수와 잔존가치, 확정급여채무의 산출을 위한 보험수리적 가정 등이 모두 추정 또는 일반적 관습에 의해 측정되고 있다.

셋째, 회사에 상당한 가치가 있는 자원이라도 이를 합리적으로 측정할 수 없기 때문에 자산에 포함하지 못한다는 점이다. 예를 들면, 인적자원, 내부적으로 창출된 영업권 등은 아주 중요한 경제적자원이지만 측정하기가 어려워 재무상태표에 자산으로 포함시키지 못하고 있다.

넷째, 재무상태표는 부채 성격을 갖는 **부외금융**(off-balance-sheet financing) 항목이 제외된 경우가 있다. 이러한 항목은 회사가 의도적으로 배제시키는 경우가 많아서 더욱 문제가 심각하다. 예를 들면, 상환청구권부 매출채권의 양도, 제품금융(product financing), 프로젝트금융(project financing) 등이 이에 해당한다.

---

20) 레버리지(leverage)란 고정비의 손익확대효과를 의미한다. 레버리지에는 영업레버리지와 재무레버리지가 있다. 고정비가 차지하는 비중이 높은 기업을 레버리지가 높은 기업이라고 한다. 레버리지비율이 높은 기업, 즉 고정비용이 높은 기업은 수익의 증감률보다 당기순이익의 증감률이 훨씬 크다.

(2) 재무성과표(포괄손익계산서)

기업의 포괄손익(comprehensive income)은 당기손익(profit or loss)과 기타포괄손익(OCI)으로 구분한다. 따라서 포괄손익을 보고하는 재무성과표(statement of financial performance)는 이들을 구분하여 두 개의 보고서에 보고할 수도 있고, 당기손익의 산출내역을 먼저 보여준 다음에 OCI를 세후순액으로 합한 하나의 포괄손익계산서로 보고할 수도 있다. 단, 별개의 손익계산서를 표시하는 경우, 포괄손익을 표시하는 보고서에는 당기손익 부분을 표시하지 않는다([그림 보-3]을 참조).

[그림 보-3] 포괄손익계산서의 내용 및 양식

〈선택권〉

하나의 보고서 작성

포괄손익계산서
- 수익
- 영업이익*
- 금융원가
- 지분법손익**
- 법인세비용
- 중단영업손익(세후)
- 당기순손익***
- 기타포괄손익#
  - 당기손익으로 재분류가능
    - FVOCI금융자산평가손익
    - 해외사업외화환산손익
    - 현금흐름위험회피파생상품평가손익
  - 당기손익으로 재분류불가능
    - 자산재평가손익
    - 확정급여제도 재측정요소
- 총포괄손익***

두 개의 보고서 작성

손익계산서
- 수익
- 영업이익*
- 금융원가
- 지분법손익**
- 법인세비용
- 중단영업손익(세후)
- 당기순손익***

포괄손익계산서
- 당기순손익
- 기타포괄손익#
  - 당기손익으로 재분류가능
    - FVOCI금융자산평가손익
    - 해외사업외화환산손익
    - 현금흐름위험회피파생상품평가손익
  - 당기손익으로 재분류불가능
    - 자산재평가손익
    - 확정급여제도 재측정요소
- 총포괄손익***

* 수익에서 매출원가와 판매비와관리비를 차감한 금액(한국회계기준원이 2012년 10월에 추가함)

** 관계회사와 공동지배회사(조인트벤처)의 당기순손익에 대한 지분

*** 지배기업의 소유주와 비지배지분에 귀속되는 손익은 별도로 표시한다.

\# 관련 법인세는 각 항목별로 차감하여 표시하거나 기타포괄손익 전체에 해당하는 금액을 총액으로 표시할 수 있다.

단일 재무성과표

단일 재무성과표를 작성하면, 투명성, 일관성 및 비교가능성이 제고될 것이고, 재무비율 계산과정도 더 쉬워진다는 주장이 있다. 한편, 단일 보고서는 당기손익을 소계로 표시함으로써 당기손익의 중요성을 저해할 것이라는 주장도 있다. 또한 모든 수익과 비용의 항목을 단일 보고서에 표시하도록 하는 것이 당기손익 개념을 삭제하는 첫걸음이라는 우려도 있다. 또한 OCI에 표시되는 항목은 당기손익에 표시되는 항목과 다르다는 것이다.

무엇보다도 연속적인 보고서에 반대하는 주요 이유는 OCI의 개념적 정의가 부족하다는 것이다. 이로 인해 당기손익에 보고된 항목과 기타포괄손익에 보고된 항목의 경제적 본질을 구별하는 것이 어렵다. 따라서 재무제표이용자를 혼란스럽게 할 수 있으므로 OCI가 당기손익과 매우 근접하게 표시되어서는 안 된다고 본다.

따라서 당기손익을 기타포괄손익과 별도로 표시하게 하거나, 경영진이 단일 보고서를 표시할지 두 개의 보고서를 표시할지를 선택할 수 있도록 허용하고 있다.

단지 재무성과표에 당기손익 중간합계를 요구한다. 만약 기업이 두 개의 보고서를 사용하여 포괄손익을 표시하는 것을 선택한다면 두 번째 보고서는 첫 번째 보고서('손익계산서')의 마지막 항목인 당기손익에서 시작해야 하고 그 바로 다음에 기타포괄손익의 구성요소를 표시해야 한다. 이러한 방식이 수익과 비용의 표시를 위한 동등한 비중의 목적을 달성하는 최선의 방법이라고 결론 내렸다. 단일의 보고서에 포괄손익을 표시하는 것을 선택한 기업은 중간합계로서 당기손익을 그 보고서에 포함해야 한다.

당기손익 부분이나 별개의 손익계산서에는 다른 K-IFRS가 요구하는 항목에 추가하여 당해 기간의 몇 항목을 포함한다.[21] OCI 부분에는 해당 기간의 금액을 표시하는 항목을 '후속적으로 당기손익으로 재분류되지 않는 항목'과 '특정 조건을 충족하는 때에 후속적으로 당기손익으로 재분류되는 항목'으로 구분하여 표시한다.

---

21) 기업의 재무성과를 이해하는 데 목적적합한 경우에는 당기손익과 OCI를 표시하는 보고서에 항목, 제목 및 중간합계를 추가하여 표시한다. 중간합계를 표시할 때 다음과 같이 한다.
① K-IFRS에 따라 인식되고 측정된 금액으로 이루어진 항목들로 구성한다.
② 중간합계 구성항목을 명확하고 이해가능하게 하는 방법으로 표시하고 명명한다.
③ 매기 일관되게 한다.
④ 관련 K-IFRS에서 요구하는 중간합계와 합계보다 더 부각되어 나타나지 않도록 한다.
또한, 이에 따라 표시된 '중간합계'와 재무성과표 관련 K-IFRS가 요구하는 '중간합계 또는 합계'와의 차이를 조정하는 항목을 재무성과표에 표시한다. 당기손익 부분과 OCI 부분에 추가하여 당기손익과 당기OCI의 배분 항목으로서 비지배지분과 지배기업의 소유주를 표시한다.

재분류

당기손익에 포함되는 항목이 OCI에 포함되는 항목과 구별되는 어떤 독특한 특성을 지니지 않는다. 따라서 어떤 항목이 당기손익과 OCI 중 어디에 표시되어야 하는지를 결정하는 개념적 근거가 수립되지 않았다. 또한 어떤 항목이 당기손익으로 재분류되어야 하는지를 결정하는 원칙도 수립하지 않았다. 단지, OCI 항목이 후속기간에 손익으로 재분류(재순환)되지 않는 항목과 재분류될 수 있는 항목으로 분류되어야 한다고 규정하고 있다.

> 기업의 다양한 활동, 거래 및 그 밖의 사건의 영향은 빈도, 손익의 가능성 및 예측가능성의 측면에서 상이하기 때문에, 재무성과의 구성요소에 대한 공시는 재무제표이용자가 달성된 재무성과를 이해하고 미래재무성과를 예측하는 데 도움을 준다. 재무성과의 구성요소를 설명하는 데 필요하다면 추가 항목을 당기손익과 OCI를 표시하는 보고서에 포함하고 사용된 용어와 항목의 배열을 수정한다. 이때 중요성, 수익과 비용 항목의 성격 및 기능 등의 요소를 고려한다. 예를 들면, 금융회사는 금융회사의 사업목적에 적합한 정보를 제공하기 위해 용어를 수정할 수 있다.
>
> 수익과 비용의 어느 항목도 당기손익과 OCI를 표시하는 보고서 또는 주석에 특별손익 항목으로 표시할 수 없다.

특별손익 항목

특별손익 항목(extraordinary items)을 '기업의 정상적인 활동과 명백하게 구분되고 따라서 빈번하거나 정기적으로 발생할 것으로 기대되지 않는 사건이나 거래로부터 발생하는 수익이나 비용'으로 정의하고 이를 별도로 구분하여 표시하기도 했었다. 그러나 지금은 손익계산서나 주석에 수익과 비용을 특별손익으로 표시하는 것을 금지하고 있다. 즉, 어떤 수익과 비용 항목도 기업의 정상적이 아닌 활동에서 발생한 것으로 표시하여서는 안 된다.

지금까지 특별손익으로 취급되었던 항목은 정상적인 사업위험에서 기인하는 것이며, 재무성과표의 구분 항목으로 표시할 만한 것이 아니다. 왜냐하면 거래나 사건의 발생빈도보다는 그 성격이나 기능에 따라 그러한 항목에 대한 손익계산서 표시를 결정해야 하기 때문이다. 즉, 특별손익으로 보았던 항목은 단지 재무제표이용자가 기업의 미래재무성과를 예측하는 데 도움을 주기 위하여 정당하게 공시할 수 있는 수익과 비용 항목의 일부이다. 또한, 특별손익을 삭제하면, 기업의 당기손익에 영향을 미칠 수 있는 관련 외부사건의 효과를 반복적인 것과 그렇지 않은 것으로 자의적으로 분류할 필요가 없게 된다.

1) 당기손익과 기타포괄손익(OCI)

한 기간에 인식되는 모든 수익과 비용 항목은 K-IFRS가 달리 정하지 않는 한 당기손익으로 인식한다. 그러나 일부 K-IFRS는 특정 항목을 당기손익 이외의 항목으로 인식하는 상황을 제시하고 있다. K-IFRS 제1008호(회계정책, 회계추정의 변경 및 오류)는 그러한 두 가지 상황으로서 오류의 수정과 회계정책의 변경 효과를 규정하고 있다. 다른 K-IFRS에서는 '개념체계'의 수익 또는 비용에 대한 정의를 충족하는 OCI의 구성요소를 당기손익에서 제외할 것을 요구하거나 허용한다(OCI 용어정의 참조).

다른 K-IFRS에서 과거기간에 OCI로 인식한 금액을 당기손익으로 재분류할지 여부와 그 시기에 대하여 규정하고 있다. 그러한 재분류를 재분류조정이라 부른다. 재분류조정은 그 조정액이 당기손익으로 재분류되는 기간의 OCI의 관련 구성요소에 포함된다.[22]

재분류조정은 재무성과표나 주석에 표시할 수 있다. 재분류조정을 주석에 표시하는 경우에는 관련 재분류조정을 반영한 후에 OCI의 항목을 표시한다. 그러나 재평가잉여금의 변동이나 확정급여제도의 재측정요소에 의해서는 재분류조정이 발생하지 않는다.[23]

---

22) OCI 항목은 다음 중 한 가지 방법으로 표시할 수 있다.
① 관련 법인세 효과를 차감한 순액으로 표시
② OCI 항목과 관련된 법인세 효과 반영 전 금액으로 표시하고, 각 항목들에 관련된 법인세 효과는 단일 금액으로 합산하여 표시
대안 ②를 선택하면 법인세는 후속적으로 재분류되는 항목과 재분류되지 않는 항목 간에 배분한다.

23) 재평가잉여금의 변동은 자산이 사용되는 후속 기간 또는 자산이 제거될 때 이익잉여금으로 대체될 수 있다. K-IFRS 제1109호에 따라 현금흐름위험회피나 옵션(또는 선도계약 선도요소나 금융상품 외화통화기준스프레드)의 시간가치의 회계처리로 인해 현금흐름위험회피적립금이나 지분의 별도구성요소에서 제거되어, 자산과 부채의 최초원가나 그 밖의 장부금액에 직접 포함되는 금액이 생길 때에는 재분류조정이 이루어지지 않는다. 그러한 금액은 직접 자산이나 부채로 대체된다.

2) 재무성과표 또는 주석에 표시되는 정보

수익과 비용 항목이 중요한 경우, 그 성격과 금액을 별도로 공시한다.[24] 비용은 빈도, 손익의 발생가능성 및 예측가능성의 측면에서 서로 다를 수 있는 재무성과의 구성요소를 강조하기 위해 세분류로 표시한다.

기업은 비용의 성격별(by nature) 또는 기능별(by function) 분류방법 중에서 더욱 목적적합하고 표현충실한 정보를 제공할 수 있는 방법을 적용하여 당기손익으로 인식한 비용의 분석내용을 표시한다(〈표 보-3〉을 참조).

〈표 보-3〉 비용의 성격별 분류와 기능별 분류

비용의 성격별 분류			비용의 기능별 분류	
수 익		×	수 익	×
기타수익		×	매출원가	(×)
총 비 용 :			매출총이익	×
제품과 재공품의 변동	×		기타 수익	×
원재료와 소모품의 사용액	×		판 매 비	(×)
종업원급여비용	×		관 리 비	(×)
감가상각비와 기타 상각비	×		기타 비용	(×)
기타 비용	×	(×)	법인세비용차감전순이익	×
법인세비용차감전순이익		×		

성격별 분류는 당기손익에 포함된 비용을 그 성격(예를 들면, 감가상각비, 원재료의 구입, 운송비, 종업원급여와 광고비 등)별로 통합하며, 기능별로 재배분하지 않는다. 비용을 기능별 분류로 배분할 필요가 없기 때문에 적용이 간단할 수 있다.

---

24) 수익과 비용 항목의 별도 공시가 필요할 수 있는 상황은 다음을 포함한다.
① 재고자산을 순실현가능가치로 감액하거나 유형자산을 회수가능액으로 감액하는 경우의 그 금액과 그러한 감액의 환입
② 기업활동에 대한 구조조정과 구조조정 충당부채의 환입
③ 유형자산/투자자산의 처분
④ 중단영업
⑤ 소송사건의 해결
⑥ 기타 충당부채의 환입

기능별 분류는 비용을 매출원가, 그리고 판매활동원가와 관리활동원가 등과 같이 기능별로 분류한다. 적어도 매출원가를 다른 비용과 분리하여 공시한다. 따라서 이를 '매출원가법'이라고도 부른다. 이 방법은 성격별 분류보다 재무제표이용자에게 더욱 목적적합한 정보를 제공할 수 있지만 비용을 기능별로 배분하는 데 자의적인 배분과 상당한 판단이 개입될 수 있다.

비용을 기능별로 분류하는 기업은 감가상각비, 기타 상각비와 종업원급여비용을 포함하여 비용의 성격에 대한 추가 정보를 공시해야 한다. 왜냐하면 비용의 성격에 대한 정보가 미래현금흐름을 예측하는 데 유용하기 때문이다.

비용의 기능별 분류 또는 성격별 분류에 대한 선택은 역사적, 산업적 요인과 기업의 성격에 따라 다르다. 두 방법 모두 기업의 매출 또는 생산 수준에 따라 직접으로 또는 간접으로 연계하여 변동함을 시사한다. 각 방법이 상이한 유형의 기업별로 장점이 있기 때문에 보다 목적적합하고 표현충실한 표시방법을 경영진이 선택해야 한다.

재무성과표의 기능, 유용성 및 한계

1) 재무성과표의 기능

재무성과표는 재무상태표와 함께 가장 기본적인 재무제표로서 기업의 일정 기간 동안(이를 **회계기간**(accounting period)이라고 함)의 재무성과를 나타내는 보고서이다. 재무성과표는 당해 회계기간의 재무성과를 나타낼 뿐만 아니라 기업의 미래현금과 수익창출능력 등의 예측에 유용한 정보를 제공한다. 계속기업의 가정에 따르면 특별한 이유가 없는 한 기업은 가까운 시일 내에 청산하지 않는다고 본다. 따라서 주요정보이용자들이 적시성 있는 의사결정에 도움을 주도록 청산시점까지 기다리지 않고 기업의 영업기간을 체계적인 단위로 분할하여 각 기간의 재무성과를 측정할 필요가 있다.

각 기간의 재무성과를 구성하는 항목은 그 기업의 주된 영업활동을 구성하는 수익창출과 수익창출을 위해 필요한 비용의 발생이다. 이러한 항목들이 체계적인 회계측정원칙에 따라 정리되어 일정 기간 동안 그 기업 순자산의 변동원인(소유주의 투자나 소유주에 대한 분배는 제외)을 보여준다. 따라서 재무상태표가 일정 시점의 재무상태를 보여주는 **정태보고서**(static statement)라면, 재무성과표는 일정 기간 동안의 영업활동의 결과를 보여주는 **동태보고서**(dynamic statement)이다.

2) 재무성과표의 유용성

재무성과표에서 최종적으로 산출되는 당기순익(또는 포괄손익)은 회계가 제공하는 정보 중 가장 유용하게 이용되는 정보이다. 주요정보이용자들은 무엇보다도 이익정보를 매우 중요시한다. 재무성과표가 중요하게 인식되는 이유를 구체적으로 살펴보자.

첫째, 재무성과표는 정보이용자들에게 미래현금흐름에 관한 정보를 제공한다. 즉 미래현금흐름의 금액, 시기 및 확실성의 정도 등에 관한 예측을 가능하게 한다. 비록 과거 경영활동의 결과가 미래를 예측하는 데 그대로 이용될 수 있는 것은 아니나 주요 추세 등을 파악하는 데 필요한 정보를 제공한다.

둘째, 재무성과표는 기업경영의 성과를 평가하는 데 유용한 정보를 제공한다. 재무성과의 평가는 투자자 및 채권자 등의 외부이용자뿐만 아니라 내부이용자인 경영진에게도 유용한 정보를 제공한다. 경영진에 대한 보수의 일부가 경영실적과 관련하여 결정되는 성과급인 경우가 많고 또한 경영진으로서 계속 회사에 남게 될 것인가의 여부도 경영실적과 관련되는 경우가 많기 때문이다.

셋째, 재무성과표의 회계이익정보는 과세소득의 기초자료로 이용된다. 회계이익과 과세소득은 동일한 것은 아니나 회계이익에서 출발하여 익금산입 및 손금불산입 항목을 가산하고 익금불산입 및 손금산입 항목을 차감하는 과정을 거쳐 과세소득을 산출하고, 이에 근거하여 법인세를 결정한다.

이상의 주된 이용자에게 제공되는 유용성 이외에도 재무성과표는 노동조합의 임금협상에 필요한 정보의 제공, 소비자의 상품 또는 용역 구입에 대한 의사결정에 유용한 정보의 제공, 정부의 조세 및 경제정책의 기초자료 제공 등의 역할을 한다.

3) 재무성과표의 한계점

재무성과표는 의사결정에 유용한 정보를 제공해 주지만 다음과 같은 한계점도 있다.

첫째, 재무성과표가 제공하는 회계이익이 진실한 이익(true income)인가의 문제이다. 회계이익은 인위적인 화폐이익으로서, 비화폐적 요소(예, 고객만족도의 증가) 등 측정이 어려운 것은 포함되지 않는다. 무엇보다도 경제학적 이익과 회계이익 간에 상당한 괴리가 존재한다는 점이다. 경제학적 이익은 "한 소비주체가 기말에도 기초와 동일한 유족상태(well-offness)를 누리면서 기중에 소비할 수 있는 최대금액"으로 정의된다.

둘째, 회계이익은 회계처리방법에 따라 달라질 수 있다. 여기에서 이익의 질(quality of earnings)이라는 문제가 대두된다. 상대적으로 이익을 높게 보고하는 회계처리방법을 사용하는 회사의 이익은 단기적으로는 높게 나타나지만 이러한 이익은 질이 낮다고 볼 수 있다. 어떤 회사의 이익은 비경상적 또는 비반복적 항목의 비중이 높아서 이익의 지속성은 낮을 수가 있다. 이러한 이익은 질이 낮다. 또한 이익에 상응하는 현금흐름을 수반하지 못하는 경우 이익은 질이 낮다고 볼 수 있다.

손익보고의 방법

순이익 항목 중에서 기타수익과 기타비용 항목은 당기의 영업활동과는 무관하고 발생빈도가 낮은 항목들이 많다. 예컨대 화재손실, 자산수증이익 등과 같은 항목들은 회사의 정상적인 영업활동과는 성격이 다르고 발생빈도도 일반적으로 낮다.

당기의 순이익을 측정하여 보고할 때 이와 같이 비경상적(unusual)이고 비반복적(non-recurring)으로 발생하는 항목(이하 '비경상항목'이라 함)을 기업의 정상적인 영업활동과 관련된 경상적이고 반복적인 항목(이하 '경상항목'이라 함)과 구분해야 한다는 주장과 구분할 필요가 없다는 두 가지 주장이 대립되어 왔다. 여기에서는 이 두 가지 대립되는 접근방법에 대하여 살펴보기로 하자.[25]

1) 포괄주의

포괄주의(all-inclusive concept)에 따르면 경상항목뿐만 아니라 비경상항목도 순이익 측정에 포함시켜야 한다. 포괄주의를 주장하는 주된 논거는 다음과 같다.

① 비경상항목도 회계실체의 장기적인 이익창출능력을 반영하고 손익항목을 구성하기 때문에 순이익의 계상에 포함시켜야 한다.

② 비경상항목이 손익계상에 포함되어야만 회계실체가 존속하는 동안의 매 기간 순이익의 합계액은 존속기간 전체의 순이익과 일치하게 된다.

③ 경상항목과 비경상항목을 구분할 필요는 있다. 그러나 경상항목과 비경상항목을 구분하더라도 비경상항목을 포괄손익계산서에서 제외시켜서는 안 된다.

④ 경상항목과 비경상항목을 경영자의 판단에 따라 구분하도록 한다면 순이익 계산시 일부 비경상항목을 임의로 생략하거나 포함시킴으로써 손익을 조작할 수 있다.

따라서 순수 포괄주의에서는 자본거래(소유주의 투자와 소유주에 대한 분배) 이외의 거래에서 발생한 순자산의 변동을 모두 순이익에 반영해야 한다는 입장을 취한다. 즉 포괄이익(comprehensive income)으로 순이익을 측정해야 한다는 입장이다.

포괄주의는 재무정보이용자들이 매우 세련된 정보이용자라고 보고 어떤 정보든 모두 제공하면 정보이용자들이 적절히 조정하여 필요한 항목을 당기 업적측정치로 이용할 것이라고 가정한다.

2) 당기업적주의

당기업적주의(current operating performance concept)에 의하면 경상항목만 당기의 순이익 계산에 포함시킨다. 당기업적주의의 주된 논거는 비경상항목이나 미실현손익은

25) 이와 같은 논의들은 재무제표이용자들이 비합리적일 수 있다는 가정에 근거하고 있다. 재무제표이용자들이 합리적이라면 손익의 보고나 측정방법에 관계없이 실질을 파악할 수 있다고 보기 때문에 문제가 되지 않는다.

기업의 정상적인 미래의 수익창출능력을 반영하지 못하는 항목이므로 당기순손익 계산에 반영하지 않고 자본의 별도 계정으로 보고하는 것이 타당하다는 것이다. 이를 조금 완화하면 비경상항목은 당기순손익에 반영하는 것을 허용하되 자산평가로 발생한 미실현손익(기타포괄손익)은 당기순손익에 반영해서는 안 된다고 본다.

당기업적주의는 정보이용자들(naive investors)이 회계에 대한 지식이 부족하여 경상항목과 비경상항목, 또는 당기순이익과 기타포괄손익을 구분할 능력이 없으므로 비경상항목이나 기타포괄손익을 당기순이익 계산에 포함시키면 정보이용자들에게 혼란을 초래할 위험이 있다고 본다. 즉 재무정보이용자들이 의사결정에 요구되는 정보를 식별할 능력이 부족하기 때문에 회계정보를 작성하는 전문가들이 미래 수익창출능력을 보여주는 항목만을 선정해서 당기순이익으로 보고해야 한다는 입장이다.

K-IFRS에서는 당기업적주의와 포괄주의가 갖는 장점을 모두 활용하여, 한 기간 동안에 발생한 당기순이익과 OCI(또는 비경상항목)를 한 보고서에 모두 포함시키되 이를 명확하게 구분하도록 하는 방법을 채택하고 있다.

재무상태표와 포괄손익계산서의 관계를 살펴보자. 자본은 자본거래와 손익으로 증감한다. 자본의 증감을 가져오는 모든 손익항목은 손익계산서에 나타나야 한다고 보는 입장이 **손익반영법**(flow-through method)이다. 손익반영법을 사용하면, 재무상태표와 포괄손익계산서 간의 **상호연관성**(articulation)이 강화된다. 즉 '기말순자산－기초순자산±자본거래＝포괄이익'의 관계가 성립한다.

모든 손익을 포괄손익계산서에 반영할 경우 기업의 재무성과를 평가하기 어려울 수 있다. 예를 들면, 많은 자산·부채가 공정가치로 평가되고 있다. 공정가치의 변동이 심할 경우에 발생하는 평가손익을 손익계산서에 반영하는 경우 보고손익의 가변성이 커짐은 물론 재무성과를 평가하기가 어렵다. 더욱이 일부 경영자의 경우 평가손익을 회피하기 위하여 불필요하게 선물환거래 등의 위험회피거래를 유발시키는 불건전한 경영관행을 발생시킬 유인이 생길 수 있다. 따라서 모든 손익항목을 손익계산서를 통과하게 하는 대신 일부 항목에 대해서는 손익계산서를 우회하여 재무상태표에 반영하는 **우회법**(bypass method)을 사용하자는 주장도 있다.

우회법을 허용할 경우에는 '기말순자산－기초순자산±자본거래±우회항목＝당기손익'이 되어 재무상태의 변동이 손익계산서에 의하여 명쾌하게 설명되지 못한다.

손익반영법과 우회법은 손익측정의 적절성과 자산·부채 평가의 적절성 간의 균형문제를 지니고 있다. 손익반영법을 강조하면, 재무제표의 상호연관성이 강화되지만, 보고손익의 가변성이 커지고 자산·부채의 적절한 평가를 억제하는 문제가 있다. 우회법을 강조하면, 적절한 이익측정이 희생될 가능성이 크며 재무제표의 상호연관성이 약화되지만, 적절한 자산·부채 평가가 용이하고 통제불능한 환경의 변화가 미치는 영향을 손익에서 배제시킴으로써 재무성과를 측정하는 데 도움이 된다.

(3) 주 석[26)]

주석은 다음의 정보를 제공한다.

① 재무제표 작성 근거와 사용한 구체적인 회계정책에 대한 정보
② K-IFRS에서 요구하는 정보이지만 재무제표 어느 곳에도 표시되지 않는 정보
③ 재무제표 어느 곳에도 표시되지 않지만 재무제표를 이해하는데 목적적합한 정보

주석은 체계적인 방법으로 표시한다. 체계적인 방법은 재무제표의 이해가능성과 비교가능성에 미치는 영향을 고려하여 결정한다.[27)] 재무제표의 작성 기준과 구체적 회계정책에 대한 정보를 제공하는 주석은 재무제표의 별도 부분으로 표시할 수 있다.

1) 회계정책

중요한 회계정책을 공시한다. 회계정책이 재무제표에 포함된 다른 정보와 함께 고려될 경우 그러한 재무제표에 근거한 일반목적재무제표의 주요이용자의 의사결정에 영향을 미칠 것으로 합리적으로 예상될 수 있다면, 그 회계정책에 대한 정보는 중요하다.

재무제표에 있는 다른 중요한 정보를 이해하기 위해 회계정책에 대한 정보가 필요하면 그 회계정책은 중요하다.[28)] 기업이 어떤 회계정

26) 자본변동표와 현금흐름표에 대한 설명은 생략하였다.
27) 주석을 체계적으로 배열하거나 집단으로 묶는 예는 다음과 같다.
① 특정한 영업활동에 대한 정보를 집단으로 묶는 것과 같이, 기업의 재무성과와 재무상태의 이해에 가장 목적적합할 것으로 판단되는 활동 분야를 부각시킨다.
② 공정가치로 측정되는 자산과 같이, 유사하게 측정되는 항목에 대한 정보를 집단으로 묶는다.
③ 재무상태표와 재무성과표의 항목 순서를 따른다. 예를 들면, 다음과 같다.
- K-IFRS를 준수하였다는 사실
- 적용한 중요한 회계정책
- 재무제표에 표시된 항목에 대한 보충정보
- 다음을 포함한 기타 공시
  - 우발부채(K-IFRS 제1037호 참조)와 재무제표에서 인식하지 아니한 계약상 약정사항
  - 비재무적 공시항목, 예를 들면 기업의 재무위험관리목적과 정책(K-IFRS 제1107호 참조)

28) 예를 들면, 회계정책이 중요한 거래, 사건 및 상황과 관련이 있고 다음 중 하나에 해당하면 그

책이 중요하지 않다고 결론을 내리더라도 K-IFRS에서 요구하는 다른 중요한 정보가 있다면 그 정보를 공시한다.

회계정책의 적용과정에서 추정에 관련된 공시와는 별도로, 재무제표에 인식되는 금액에 가장 중요한 영향을 미친 경영진이 내린 판단은 중요한 회계정책 또는 기타 주석 사항과 함께 공시해야 한다.

회계정책이 중요하지 않은 거래, 사건 및 상황과 관련된다면, 그 자체로서 중요하지 않으므로 공시할 필요가 없다. 나아가서 회계정책이 중요한 거래, 사건 및 상황과 관련되더라도 항상 중요한 것은 아니다.

회계정책에 관한 정보가 기업이 K-IFRS의 요구사항을 기업이 처한 상황에 어떻게 적용하였는지에 초점을 맞춘다면 K-IFRS의 인식이나 측정 요구사항을 단순 반복하는 표준화된 서술이나 정보보다 재무제표이용자에게 더 유용한 기업 특유의 정보를 제공한다.

2) 추정불확실성의 원천

미래에 대한 가정과 보고기간말의 추정불확실성에 대한 기타 주요 원천은 다음 회계연도에 자산과 부채의 장부금액에 대한 중요한 조정을 유발할 수 있는 유의적인 위험을 내포하고 있다.[29] 따라서 이로부터 영향을 받을 자산과 부채에 대하여 자산과 부채의 성격과 보고기간말의 장부금액 등을 주석으로 기재한다.

회계정책이 재무제표에 중요하다고 여길 가능성이 높다.

① 회계정책 변경이 요구되었거나 회계정책 변경을 선택하였기 때문에 보고기간에 회계정책이 변경되었으며 이로 인해 재무제표에 포함된 금액에 중요한 변경이 일어났다.

② K-IFRS에서 허용하는 하나 이상의 대안 중에서 선택한 것이다. 예를 들어, 투자부동산은 역사적원가나 공정가치 중 하나를 선택하여 측정할 수 있다.

③ 구체적으로 적용되는 K-IFRS가 없어 K-IFRS 제1008호에 따라 개발된 것이다.

④ 회계정책을 적용하는 데 유의적인 판단이나 가정이 요구되는 분야와 관련이 있고 K-IFRS 제1001호의 문단 122와 125에 따라 그러한 판단이나 가정을 공시한다.

⑤ 예를 들어, 기준서의 요구사항이 중요한 유형의 거래, 사건 및 상황과 관련된 사실과 상황에 어떻게 적용되는지 설명하는 것과 같이, 기업의 특정 상황을 반영하는 방식으로 K-IFRS의 요구사항을 적용한다.

29) 일부 자산과 부채의 장부금액은 불확실한 미래사건이 미치는 영향을 추정하여 결정해야 한다. 예를 들면, 유형자산의 유형별 회수가능액, 재고자산에 대한 기술적 진부화의 영향, 진행중인 소송사건의 미래결과에 따라 변동되는 충당부채 등을 측정할 때 관측된 시장가격이 존재하지 않는다면 미래지향적인 추정에 의존하게 된다. 이러한 추정은 현금흐름 또는 할인율에 대한 위험조정 및 기타 원가에 영향을 미치는 가격의 미래변동과 같은 항목에 대한 가정이 필요하다.

보고기간말의 가정 또는 추정불확실성의 기타 원천에 대한 잠재적 영향의 정도를 실무적으로 공시할 수 없는 경우가 있다. 이 경우 현재 알려진 정보에 의하면 다음 회계연도 중에 가정과 다른 결과가 발생하여 그 영향을 받는 자산과 부채의 장부금액이 중요하게 수정될 수도 있다는 사실을 공시해야 한다. 어떠한 경우라도 기업은 가정에 의해 영향을 받는 개별 자산이나 부채(또는 자산이나 부채의 집단)의 성격과 장부금액을 공시해야 한다.[30]

이러한 공시사항은 미래와 추정불확실성에 대한 기타 원천에 대해 경영진이 내린 판단을 재무제표이용자가 이해하는 데 도움을 줄 수 있도록 표시한다. 그러나 이의 공시사항으로 예산정보 또는 미래예측을 공시하도록 요구하지 않는다.

공시한 가정과 추정불확실성에 대한 기타 원천은 경영진에게 가장 어렵고 주관적이고 복잡한 판단을 요구하는 추정과 관련이 있다. 불확실성에 대한 미래 해소가능성에 영향을 주는 변수와 가정이 증가할수록 그러한 판단은 더욱 주관적이고 복잡해진다. 그에 따라 자산과 부채 장부금액의 중요한 조정가능성은 일반적으로 증가하게 된다.

자산이나 부채에 대한 활성시장의 공시가격에 기초하여 보고기간말의 공정가치를 측정한 경우에는 여기에서 요구하는 공시를 하지 아니한다. 그러한 공정가치가 다음 회계연도에 중요하게 변동될 수도 있지만 그러한 변동은 보고기간말의 가정 또는 추정불확실성에 대한 기타 원천에서 발생한 것은 아니다.

추정불확실성의 주요 원천의 공시

추정불확실성의 주요 원천에 대한 정보의 공시가 재무제표에 보고된 정보의 목적적합성, 표현충실성 및 이해가능성을 증진시킬 것이다. 추정불확실성의 주요 원천은

---

30) 제공하는 정보의 성격과 범위는 가정 및 상황의 성격에 따라 다르다. 그러한 공시사항의 예는 다음과 같다.
① 가정 또는 기타 추정불확실성의 성격
② 계산에 사용된 방법, 가정 및 추정에 따른 장부금액의 민감도와 그 이유
③ 불확실성의 영향을 받는 자산 및 부채의 장부금액과 관련하여 다음 회계연도 내에 예상되는 불확실성의 해소방안과 가능성이 있는(reasonably possible) 결과의 범위
④ 불확실성이 계속 미해소 상태인 경우, 해당 자산 및 부채에 대하여 과거에 사용한 가정과의 차이에 대한 설명

경영진의 가장 어렵거나 주관적이고 복잡한 판단을 요구하는 추정과 관련이 있다.

이러한 공시의 범위는 다음 회계연도에 자산과 부채의 장부금액에 대한 중요한 조정을 유발할 수 있는 유의적인 위험을 내포하고 있는 항목으로 제한한다. 공시와 관련된 미래기간이 길어질수록, 공시에 적합한 항목의 범위는 넓어지고 특정 자산이나 부채에 대한 공시는 구체적이지 않게 된다.

일부 자산과 부채의 장부금액은 불확실한 미래사건이 보고기간말의 자산과 부채에 미치는 영향을 추정하여 결정해야 한다. 예를 들면 유형자산의 유형별 회수가능액, 재고자산에 대한 기술적 진부화의 영향, 진행중인 소송사건의 미래결과에 따라 변동되는 충당부채 등을 측정할 때, 최근에 관측된 시장가격이 없다면 미래지향적인 추정에 의존하게 된다.

이러한 추정에는 현금흐름 또는 할인율에 대한 위험조정, 급여의 미래변동 및 그 밖의 원가에 영향을 미치는 항목에 대한 가정이 필요하다. 기업이 보고기간말의 유의적인 추정불확실성의 영향을 받는 자산과 부채의 장부금액을 아무리 성실하게 추정하더라도 재무상태표에 보고된 점추정치는 이러한 추정과 관련된 불확실성에 대한 정보와 이러한 불확실성이 당기순이익에 미치는 영향에 대한 정보를 제공할 수 없다.

이러한 공시의 특정한 형식이나 세부항목을 규정하지 않는데, 이는 기업마다 상황이 다르고 보고기간말의 추정불확실성의 성격도 다양하기 때문이다.

3) 자 본

재무제표이용자가 자본관리를 위한 기업의 목적, 정책 및 절차를 평가할 수 있도록 관련 정보를 공시한다.[31] 이 공시는 기업의 주요 경영진에게 내부적으로 제공된 정보에 기초한다.

기업은 다양한 방법으로 자본을 관리할 수 있으며, 여러 가지 상이한 자본유지요건이 있을 수 있다. 자본유지요건과 자본이 어떻게 관리되는지에 대한 통합 공시가 유용한 정보를 제공하지 못하거나 기업의 자본 원천에 대한 재무제표이용자의 이해를 왜곡시키는 경우, 기업은 각각의 자본유지요건별로 분리하여 정보를 공시한다.

---

31) 이를 위해 다음 항목을 공시한다.
① 자본관리를 위한 기업의 목적, 정책 및 절차에 대한 비계량적 정보
② 자본으로 관리하고 있는 항목에 대한 계량적 자료의 요약
③ 전기 이후 ①과 ②의 변경사항
④ 외부적으로 부과된 자본유지요건을 회계기간 동안 준수하였는지의 여부
⑤ 외부적으로 부과된 자본유지요건을 준수하지 아니한 경우, 그 미준수의 결과

외부적으로 부과된 자본유지요건

산업과 국가에 따라서 산업전반의 자본유지요건이 있을 수도 있고 그렇지 않을 수도 있다. 따라서 산업전반의 자본유지요건의 공시나 그러한 자본유지요건의 준수에 대한 공시를 의무화해서는 안 된다. 왜냐하면 그러한 공시가 서로 다른 기업간이나 서로 다른 나라의 유사한 기업간의 비교가능성을 저해할 수 있기 때문이다.

한편, 기업 특유의 자본유지요건의 존재와 수준에 대한 공시가 감독기구의 위험평가에 대한 정보를 제공하기 때문에 재무제표이용자에게 중요한 정보이다. 이러한 공시를 통하여 투명성과 시장질서가 개선될 것으로 본다.

외부적으로 부과된 기업 특유의 자본유지요건을 공시하도록 하는 요구에 대하여 반대주장도 있다.[32] 이에 따라 개념체계에서는 외부적으로 부과된 자본유지요건에 대한 계량적인 공시를 요구하지 않고 있다. 대신 기업이 외부적으로 부과된 자본유지요건을 해당 기간 동안 준수하였는지 여부와 준수하지 않았다면 그 미준수의 결과에 대해 공시하도록 요구하고 있다. 이렇게 하면 감독기구와 기업 간의 기밀이 유지되며, 자본유지요건의 위반과 그러한 위반의 결과에 대해서 재무제표이용자가 주의를 기울일 수 있게 될 것이다.

외부적으로 부과된 자본유지요건과 후속적인 관련 감독조치의 위반을 공시하면 기업에 부당한 손해를 끼칠 수 있다는 주장도 있다. 그러나 개념체계는 '어떤 정보가 누락되거나 왜곡표시되어, 재무제표에 기초한 이용자의 경제적 의사결정에 영향을 미친다면 이는 중요한 정보이다'라고 언급하고 있다. 이와 유사하게 감독기구의 자본유지요건이 일시적으로라도 위반수준에 거의 근접하고 있다는 정보는 재무제표이용자에게 유용하기 때문이다.

---

32) 반대주장은 다음과 같다.

① 재무제표이용자가 부채상환능력에 대한 위험을 직접 평가하지 않고 주로 감독기구의 평가에 의존할 수 있다.

② 감독기구의 위험평가의 초점은 감독을 통하여 이익을 보호하고자 하는 사람들(예, 예치자나 보험계약자)에게 있다.

③ 감독기구가 부과한 기업 특유의 자본유지요건의 공시는 그러한 요구사항을 부과하는 감독기구의 기능을 훼손할 수 있다.

④ 감독기구마다 이용할 수 있는 수단(예, 공식적인 요구사항과 도의적인 권고)이 다를 수 있기 때문에 특정 기업의 자본유지요건을 공시하도록 요구하는 것이 기업간에 비교가능한 정보를 제공할 수 있는 방법이 되지 못할 수도 있다.

⑤ 자본유지요건의 공시는 감독기구가 도의적인 권고와 그 밖의 비공식적인 절차를 사용할 유인을 제공하여 감독기구의 평가를 기업에 명확히 전달하는 것을 방해할 수 있다.

⑥ 공시에 관한 요구사항이 기업 특유의 자본유지요건에 별도로 초점을 두어서는 안 되고 기업이 자본 원천의 적절성을 관리하고 결정하는 방법에 기업 특유의 자본유지요건이 어떻게 영향을 미치는지에 초점을 두어야 한다.

⑦ 감독기구가 부과한 기업 특유의 자본유지요건에 대한 공시는 바젤은행감독위원회가 작성한 바젤Ⅱ체계의 요구사항이 아니다.

:: **사례** 외부적으로 부과된 자본유지요건을 준수하지 않았을 때의 공시

|상황| A기업은 감독기구가 부과한 자본유지요건을 준수해야 한다. 20×7년 12월 31일로 종료하는 회계연도에 A기업은 감독기구가 부과한 자본유지요건을 준수하지 않았다. 20×7년 12월 31일로 종료하는 회계연도의 재무제표에 A기업은 그 미준수와 관련하여 다음 사항을 공시한다.

|공시의 사례| A기업은 20×7년 10월 20일에 20×7년 9월 30일의 분기별 감독자본수익을 보고하였습니다. 그날 현재 A기업의 감독자본은 감독기구가 부과한 자본유지요건 금액보다 1억원이 적었습니다. 따라서 A기업은 감독자본을 요구수준까지 증가시키기 위한 계획을 감독기구에 제출해야 했습니다. A기업은 20×7년 4분기에 비상장기업포트폴리오 가운데 11.5억원만큼을 매각하기로 하는 계획을 제출하였습니다. A기업은 20×7년 4분기에 고정이자율 투자자산포트폴리오를 12.6억원에 매각하여 감독기구의 자본유지요건을 충족하였습니다.

4) 기타 공시

앞에서 언급한 중요한 회계정책, 추정불확실성, 자본관리 등에 추가하여 주석에는 다음 사항을 공시한다.[33]

① 재무제표 발행승인일 전에 제안 또는 선언되었으나 당해 기간 동안에 소유주에 대한 분배금으로 인식되지 아니한 배당금액과 주당배당금
② 미인식 누적우선주배당금

기업은 수익에서 매출원가 및 판매비와관리비(물류원가 등을 포함)를 차감한 영업이익(operating income)을 재무성과표에 구분하여 표시한다. 다만 영업의 특수성을 고려할 필요가 있는 경우(예를 들면, 매출원

---

33) 다음 항목이 재무제표와 함께 공표된 기타 정보에 공시되지 않았다면 주석으로 공시한다.
① 기업의 소재지와 법적 형태, 설립지 국가 및 등록된 본점사무소의 주소
② 기업의 영업과 주요 활동의 내용에 대한 설명
③ 지배기업과 연결실체 최상위 지배기업의 명칭
④ 존속기간이 정해진 기업의 경우 그 존속기간에 관한 정보
상법 등 관련 법규에서 이익잉여금처분계산서(또는 결손금처리계산서)의 작성을 요구하는 경우에는 재무상태표의 이익잉여금(또는 결손금)에 대한 보충정보로서 이익잉여금처분계산서(또는 결손금처리계산서)를 주석으로 공시한다.

가를 구분하기 어려운 경우)나 비용을 성격별로 분류하는 경우 영업수익에서 영업비용을 차감한 영업손익을 재무성과표에 구분하여 표시할 수 있다. 영업이익 산출에 포함된 주요 항목과 그 금액을 재무성과표 본문에 표시하거나 주석으로 공시한다.

영업이익에 포함되지 않은 항목 중 기업의 영업성과를 반영하는 기타 수익 또는 비용 항목이 있다면 이러한 항목을 추가하여 조정영업이익(adjusted operating income) 등의 명칭을 사용하여 주석으로 공시할 수 있으며, 이 경우 다음 내용을 포함한다.

① 추가한 주요 항목과 그 금액
② 이러한 조정영업손익 등은 해당 기업이 자체 분류한 영업손익이라는 사실

영업활동의 성과

영업활동의 성과를 재무성과표 본문의 항목으로 공시하도록 하는 요구사항으로 제시해야 할까? 영업활동(operating activities)에 대해서 정의하지 않았기 때문에 이러한 항목에 대한 공시를 요구하는 것이 바람직하지 않다.

그러나 기업이 영업활동의 성과나 유사한 항목을 공시하는 것을 허용할 수는 있다. 이러한 경우에 기업이 공시한 금액이 일반적으로 '영업'으로 간주되는 활동을 대표하는 것임을 명확히 해야 한다. 만약 영업성격의 항목을 영업활동의 성과에서 배제한다면, 비록 그것이 산업 실무관행이라 하더라도 재무제표이용자의 오해를 유발할 수 있으며 재무제표의 비교가능성을 훼손할 수 있다. 예를 들면, 영업과 명백히 관련된 항목(예, 재고자산감액, 구조조정 및 재배치비용)을 비정기적으로 또는 드물게 발생하거나 금액이 비경상적이라는 이유로 배제하는 것은 부적절할 수 있다. 마찬가지로 현금흐름을 수반하지 않는다는 이유로 감가상각비나 기타 상각비와 같은 항목을 배제하는 것은 적절하지 않을 것이다.

제2부 : 경영진설명서 작성을 위한 개념체계 (IASB의 IFRS 실무서 제1호, 2011.12)

경영진설명서(management commentary)는 기업의 재무상태, 재무성과 그리고 현금흐름을 해석하는 맥락을 제공하는 서술적 보고서이다.[34] 경영진설명서는 경영진에게 목표와 그러한 목표를 달성하기 위한 전략을 설명할 수 있는 기회를 제공한다. 한편, 이용자들은 기업의 명시된 목표를 달성하는 데 경영진의 전략이 성공하였는지 여부뿐만 아니라 기업의 전망과 전반적 위험의 평가에 도움받기 위하여 여기에서 제공된 정보를 이용하게 된다.

경영진설명서는 IFRS 전문(Preface)[35]의 "기타 재무보고"의 정의를 충족하기 때문에 재무보고에 해당한다. 따라서 경영진설명서는 재무보고를 위한 개념체계의 적용범위에 포함된다.

경영진설명서의 이용자

경영진설명서가 재무보고의 일부를 구성하고 **개념체계**의 적용범위에 해당한다면, 결과적으로 경영진설명서에 의해 제공되는 정보는 일반목적재무보고가 초점을 두는 이용자와 동일한 이용자에 초점을 두어야 한다. 따라서 경영진설명서의 주요이용자는 '현재 및 잠재적 투자자, 대여자와 기타 채권자'들이다.

본 실무서는 K-IFRS에 따라 작성된 재무제표와 관련한 경영진설명서의 작성을 위해 광범위하지만 구속력은 없는 개념체계를 제공한다. 그러나 이 실무서는 K-IFRS는 아니다. 따라서 본 실무서를 준수하지 않더라도 K-IFRS에 따라 기업의 재무제표가 작성될 수 있다.[36] 실

34) 경영진설명서는 때론 경영진 논의와 분석(MD&A, management's discussion and analysis), 영업과 재무검토(OFR, operating and financial review), 사업검토서 또는 경영진보고서라고 불리는 보고들을 아우르는 것이다.

35) "…기타 재무보고는 재무제표 외부에서 제공되며 전체 재무제표의 해석을 돕고 이용자의 효율적인 경제적 의사결정 능력을 향상시키는 정보로 구성되어 있다.…"

36) 여기에서 '경영진'은 기업의 의사결정 및 감독 책임이 있는 사람들을 의미한다. 경영진은 업무집행이사, 주요 경영진 그리고 지배기구의 구성원을 포함한다.

무서의 목적은 경영진이 K-IFRS에 따라 작성된 재무제표와 관련된 유용한 경영진설명서를 제공할 수 있도록 도움을 주는 데 있다.

경영진설명서의 적용범위

다음 사항에 대한 판단이 각 국가에 달려 있기 때문에 구속력 없는 실무서 형태로 경영진설명서의 내용에 대한 지침을 제공하고 있다.

① 기업이 IFRS 재무제표에 추가하여 경영진설명서를 포함하도록 요구해야 하는지 여부, 그리고 IFRS 준수를 주장하기 위해서는 경영진설명서의 포함이 필요한지 여부

② 경영진설명서에 적용되어야 하는 확신의 수준

③ 미래전망 정보 포함과 관련된 '면책조항(safe harbor)[37]' 규정의 필요성

④ 경영진설명서를 작성해야 하는 기업의 유형

실무서이기 때문에 IFRS를 적용하는 기업에게 이를 준수하도록 요구하지 않는다. 더욱이 본 실무서를 준수하지 않더라도 IFRS에 따라 기업의 재무제표가 작성될 수 있다. 또한 특정 회계연도에 경영진설명서를 제공하지 않았더라도 기업의 재무제표는 IFRS를 준수할 수 있다.

본 실무서는 IFRS에 따라 작성된 재무제표와 관련된 경영진설명서를 제공하는 기업이 적용해야 한다. 경영진설명서가 재무제표와 관련되어 있을 때, 기업은 재무제표를 경영진설명서와 함께 이용할 수 있도록 하거나 또는 경영진설명서와 관련된 재무제표를 경영진설명서에서 식별되도록 해야 한다.

경영진설명서의 식별

경영진설명서는 관련된 재무제표에 제공된 정보를 보충하고 보완하도록 되어 있기 때문에, 재무제표와 연계되어야 한다. 관련된 재무제표를 식별하지 않고 경영진설명서를 제공하는 것은 오해를 유발할 수 있다. 따라서 기업이 경영진설명서를 작성할 때 이와 함께 이용가능하게 하거나 경영진설명서가 관련된 재무제표를 식별해야

37) 면책조항(safe harbor)이란 당사자가 선의로 활동을 수행하였을 경우 법에 의해 그 당사자의 의무를 경감 또는 면제하는 법령조항이나 규정을 말한다.

한다.

재무보고이용자가 본 실무서를 사용한 보고서에 포함된 정보를 IFRS에 따라 작성된 정보와 구분할 수 있고, 이용자에게 유용할 수 있으나 본 실무서의 대상이 아니거나 IFRS의 요구사항이 아닌 정보와도 구분할 수 있도록 하는 것이 중요하다.

> 경영진설명서를 작성할 때, 경영진은 본 실무서를 어느 정도까지 준수하였는지에 대해 설명해야 한다. 이 실무서 전체를 준수한 경우에만 경영진설명서가 이 실무서를 준수한 것이라고 주장할 수 있다. 경영진은 재무보고서의 주요이용자의 필요를 고려하여 경영진설명서에 포함할 정보를 결정해야 한다.

"경영진설명서 작성을 위한 개념체계(IASB의 IFRS 실무서 제1호)"에서 용어의 정의

미래전망 정보	미래에 대한 정보 : 나중에 과거정보(즉 결과)로 제공될 수 있는 미래에 대한 정보(예를 들면, 전망과 계획에 대한 정보)를 포함한다. 이는 주관적이고, 그 작성에는 전문가적 판단이 필요하다.
경영진 설명서	IFRS에 따라 작성된 재무제표에 관한 서술식 보고서 : 이는 이용자에게 재무제표에 표시된 금액, 특히 기업의 재무상태, 재무성과 및 현금흐름에 대한 역사적 설명을 제공한다. 또한 재무제표에 제공되지 않은 기업의 전망과 기타 정보에 대한 설명도 제공한다. 경영진설명서는 경영진의 목표와 그 목표 달성 전략을 이해하기 위한 기초가 된다.
진 척	당기에 기업이 어떻게 성장 또는 변하였는지와 함께 미래에 기업이 어떻게 성장 또는 변할 것인지를 반영한다.

(주) 실무서에서 사용된 비교가능성, 충실한 표현, 중요성, 목적적합성, 적시성, 이해가능성 그리고 검증가능성이란 용어는 재무보고를 위한 개념체계에 규정된 의미와 같다.

1 경영진설명서의 의의

(1) 목 적

경영진설명서는 재무제표이용자에게 관련 재무제표에 대한 맥락을 알려주는 통합정보를 제공해야 한다. 그러한 정보는 유리한 상황 및 불리한 상황을 포함하여 무엇이 일어났는지뿐만 아니라 왜 일어났는지 그리고 기업의 미래에 대한 시사점이 무엇인지에 대한 경영자의 관점을 설명한다.

경영진설명서는 기업의 자원과 기업자원에 대한 청구 그리고 그것들을 변화시키는 거래와 기타 사건에 대한 통합된 정보를 전달함으로써 재무제표를 보완하고 보충한다. 또한 기업의 미래성과, 상태 및 진척(progress)에 영향을 미칠 수 있는 주요 추세와 요인을 설명해야 한다. 따라서 경영진설명서는 현재뿐만 아니라, 과거와 미래를 보여준다.

경영진설명서의 목적

재무제표는 주로 과거사건의 재무적 영향을 표현하지만 성과의 비재무적 측정치나 미래전망이나 계획에 대한 논의를 제공하지 못하므로, 이용자의 경제적 의사결정을 위해 필요한 모든 정보를 제공하지는 못한다. 경영진설명서는 재무제표를 보충하고 보완한다.

경영진설명서의 목적은 경영진의 관점에서 재무제표에 대한 맥락을 제공하는 것이다. 경영진설명서의 내용은 관련된 재무제표에 명시된 보고기간에 반드시 국한되지 않는다. 경영진설명서에 미래전망 정보를 포함하는 것은 과거성과가 미래성과를 시사하는지 여부와 기업의 진척이 경영진이 명시한 목표와 연관되어 있는지 여부를 재무정보이용자들이 평가하는 데 도움을 준다.

경영진의 관점

사업을 경영함에 있어서 경영진에게 중요한 정보는 거의 예외 없이 성과와 전망을 평가함에 있어서 자본제공자에게 중요한 정보와 동일하다. 따라서 경영진설명서가 경영진에게 중요한 정보와 동일한 정보로부터 도출되어야 한다.

(2) 원 칙

경영진은 다음 원칙과 일관된 설명서를 제공해야 한다.

① 기업의 성과, 상태 및 진척에 대한 경영진의 관점을 제공하며,
② 재무제표에 제공된 정보를 보충하고 보완한다.

이러한 원칙에 따라 경영진설명서는 미래전망 정보와 재무보고를 위한 개념체계에 설명된 질적특성을 가진 정보를 포함해야 한다. 또한 명시된 진척 전략과 계획에 관련된 기업의 성과와 경영진의 활동을 재무보고서이용자가 평가하는 데 도움이 되도록 정보를 제공해야 한다.[38)]

원칙에 관련된 내용을 상세히 검토해 보자.

1) 경영진의 관점

경영진설명서는 기업의 성과, 상태 및 진척에 대한 경영진의 관점을 제공해야 한다. 이는 사업경영에 대한 경영진에게 중요한 정보로부터 도출되어야 함을 의미한다.

2) 재무제표 정보의 보충과 보완

경영진설명서는 재무제표에 표시된 금액 그리고 그 정보를 형성한 조건과 사건을 설명함으로써 재무제표를 보충하고 보완해야 한다. 또한 재무제표에 표시되지 않았으나 기업의 경영진에게 중요한 기업 및 기업의 성과에 대한 정보도 포함해야 한다.

3) 미래전망 정보

경영진설명서는 기업의 방향에 대한 경영진의 관점을 전달해야 한다. 그러한 정보가 미래를 예측하지는 않으며, 그 대신 기업을 위한 경영

38) 그러한 설명서 형식은 재무보고서이용자가 다음과 같은 사항을 이해하는 데 도움을 줄 것이다.
- 기업의 위험노출, 위험관리전략 그리고 그러한 전략의 효과성
- 재무제표에 표시되지 않는 자원이 어떻게 기업의 영업에 영향을 미치는지, 그리고
- 비재무적 요인이 재무제표에 표시된 정보에 어떻게 영향을 미치는지

진의 목표와 그 목표를 달성하기 위한 전략을 피력한다. 경영진설명서에 포함되는 미래전망의 범위는 기업이 영업하는 감독 환경 및 법적 환경에 영향을 받을 것이다.

경영진은 기업의 유동성, 자본, 수익 그리고 영업의 결과에 영향을 줄 수 있는 추세, 불확실성 또는 그 밖의 다른 요인을 알게 되었을 때 미래전망 정보를 포함해야 한다. 그러한 정보는 기업의 재무상태, 유동성 및 성과가 미래에 변할 수 있는 정도와 그 이유에 대해 중점을 두어야 하고, 당기 결과의 관점에서 기업의 전망에 대한 경영진의 평가를 포함해야 한다. 또한 미래전망 정보를 제공하는 데 사용된 가정을 공시해야 한다.

경영진은 기업의 성과가 전기 경영진설명서의 미래전망 공시와 비교하여 어떻게 그리고 왜 미달, 달성 또는 초과되었는지 설명해야 한다. 예를 들면, 만약 과거 보고기간에 미래성과의 목표를 명시하였다면, 당기에 기업의 실제 성과를 보고하고 이전에 명시한 목표로부터의 유의적인 변동을 분석하고 설명해야 하며, 아울러 그러한 변동이 기업의 미래성과에 대한 경영진의 기대에 주는 시사점도 분석하고 설명해야 한다.

미래전망 정보

기업의 동향, 목표 및 전망에 대해서 경영진의 관점에서 설명한다면, 재무보고이용자가 과거성과와 현 상태로부터 기업에 대한 예상을 도출하는 데 도움을 줄 수 있다.

본 실무서가 경영진설명서에 미래전망 정보를 어느 정도까지 포함할지에 대해서는 경영진에게 융통성을 부여하고 있다. 미래전망 정보의 포함 정도는 기업이 영업을 하고 있는 감독 환경과 법적 환경에 영향을 받는다. 미래전망 정보의 공시는 반드시 예측 또는 추정의 제공을 의미하는 것은 아니다.

미래전망 정보가 기업에 대해 지나치게 낙관적인 모습으로 나타날 수 있다. 그러나 미래전망 정보는 충실한 표현을 포함한 질적특성을 가져야 하며, 따라서 중립적이어야 한다. 게다가 경영진은 미래전망 정보를 제공할 때 사용한 가정을 공시해야 한다. 이는 이용자가 그러한 가정의 합리성에 대해 평가할 수 있도록 한다.

미래전망 정보가 지나치게 낙관적인 것을 피하기 위한 규제조항이 설정되기도 하고, 전망에 대한 법적 책임 소송을 제한하기 위한 면책(safe harbor)조항이 설정되기도 한다.

재무예측정보

정보이용자들은 경영자에 의한 재무예측(또는 재무추정)정보의 공시를 필요로 한다. 기업에 관한 의사결정은 미래에 대한 기대를 근거로 이루어지기 때문이다. 반면, 기업은 재무예측정보가 경쟁회사에게 유용하기 때문에 회사에는 불리하다고 본다. 또한 예측은 필연적으로 빗나갈 수 있기 때문에 예측자료가 맞지 않은 것으로 밝혀진 경우 이에 대한 비난과 함께 법적 분쟁에 휘말릴 수도 있다. 따라서 기업은 예측정보를 공시하는 것을 꺼리게 된다.

예측정보는 기업에 관한 경제적인 의사결정에 매우 유용한 정보로서 재무보고의 영역을 크게 확장시킬 것으로 예상된다. 따라서 이를 권장하기 위해서 우리나라를 비롯하여 많은 나라에서 예측이 빗나갔더라도 **합리적인 가정**(reasonable assumption)에 근거하여 **성실**(in good faith)하게 예측했다면 손해배상책임을 면제하는 규정, 즉 **안전보장규칙**(safe harbor rule)을 채택하고 있다.

예측하는 데 중요하거나 이를 해석하는 데 필요한 주요 가정을 공시해야 한다. 환경변화로 인하여 예측정보가 영향을 받을 수도 있음을 환기시켜야 한다.

4) 유용한 정보의 질적특성

경영진설명서의 정보는 목적적합성 그리고 충실한 표현이라는 근본적인 질적특성을 가져야 한다. 또한 경영진설명서의 정보는 비교가능성, 검증가능성, 적시성 및 이해가능성이라는 부가적인 질적특성도 최대화해야 한다.

경영진은 경영진설명서에 기업의 중요한 정보를 포함해야 한다. 중요성은 각 기업마다 다를 것이다. 중요성은 '목적적합성에 대하여 기업에 특유한 측면'이 있다. 따라서 어떤 기업에 목적적합한 정보는 또한 중요할 것이다.

질적특성

경영진설명서는 개념체계의 적용범위 안에 있으므로 개념체계에서 식별된 질적특성은 경영진설명서에도 적용된다. 경영진설명서에 질적특성의 적용을 논의함에 있어, 특히 균형개념(예를 들면, 불리한 뉴스와 유리한 뉴스를 모두 포함)과 검증가능성이라는 질적특성이 어떻게 관련되는지에 대해 고려해야 한다.

개념체계에서 균형은 중립성과 동일하다. 따라서 중립성이 충실한 표현의 한 특성이므로 균형은 충실한 표현에 포함된다. 또한 미래정보를 포함한 경영진설명서의 정보는 검증가능성이라는 질적특성을 가질 수 있다. 검증가능성은 합리적인 판단력이 있고 독립적인 다른 관찰자와 의견이 일치할 수 있다는 것을 의미한다. 미래전망 정보에 대해 검증가능성을 확인하기 위한 검사는 합리성(재무보고서의 전망정보를 뒷받침하는 가정의 타당성)을 제고하기 위한 조치라고 볼 수 있다.

(3) 표 시

경영진설명서는 명확하고 간략해야 한다. 형식과 내용은 기업의 사업 성격, 경영진이 채택한 전략 그리고 기업이 영업하는 감독 환경을 반영하여야 하기 때문에 기업마다 다를 것이다. 또한 실무서에 설명된 원칙의 취지에 맞는 방식으로 가장 중요한 정보에 중점을 두어 작성되어야 한다. 특별히 다음과 같이 해야 한다.

① 경영진설명서는 관련된 재무제표와 일관되어야 한다. 만약 재무제표가 부문 정보를 포함하고 있다면, 경영진설명서에 제공된 정보는 그 세분화를 반영해야 한다.
② 실행가능하다면, 경영진은 재무제표 주석으로 표시한 것을 경영진설명서에 중복하는 것을 피해야 한다.
③ 경영진은 기업의 실무나 환경과 관련 없는 일반적 공시를 피해야 하며, 더 중요한 정보를 파악하기 어렵게 하는 중요하지 않은 공시를 피해야 한다.

표 시

경영진설명서의 내용과 그 내용의 작성법(예를 들면, 형식)을 결정하는 것은 경영진의 책임이다. 내용과 형식 모두에 대해 융통성을 부여하는 것은 경영진이 경영진설명서를 작성할 때 표준문안 접근법을 채택하게 될 위험을 감소시킨다.

경영진설명서는 재무제표를 보충하고 보완하기 때문에, 경영진설명서가 재무제표와 일관성이 있어야 한다. 만약 재무제표가 부문 정보를 포함하고 있다면, 경영진설명서에 제공된 정보는 그러한 세분화를 반영해야 한다. 이 정보가 기업을 전체적으로 이해하는 데 목적적합하다.

2 경영진설명서의 구성요소

비록 경영진설명서의 특별한 초점은 기업의 사실과 상황에 따라 다를 것이지만, 경영진설명서는 다음 사항을 이해하는 데 필수적인 정보를 포함해야 한다(〈표 보-4〉를 참조).

① 사업의 성격
② 경영진의 목표와 그러한 목표를 달성하는 전략
③ 기업에게 가장 유의적인 자원, 위험 및 관계
④ 영업과 전망의 결과
⑤ 명시된 목표와 비교하여 기업의 성과를 평가하기 위해 경영진이 사용하는 중요한 성과측정치와 지표

〈표 보-4〉 주요이용자의 정보욕구

구성요소	주요이용자의 정보욕구
사업의 성격	기업이 종사하고 있는 사업에 대한 지식과 기업이 영업하는 외부환경
목표와 전략	기업에 의해 채택된 전략과 그러한 전략들이 경영진의 명시된 목표를 달성하는 데에 성공적일 것인지의 가능성을 평가
자원, 위험 및 관계	기업이 자원을 타인에게 이전해야 하는 의무뿐만 아니라 기업이 사용가능한 자원을 결정한 근거, 장기적으로 지속가능한 자원의 순유입을 창출할 수 있는 기업의 능력, 장단기적으로 그러한 자원창출활동에 노출되어 있는 위험
결과와 전망	기업이 예상대로 결과가 나왔는지 여부를 이해할 수 있는 능력, 그리고 경영진이 기업의 시장을 얼마나 잘 이해하고 있는지, 기업의 전략을 얼마나 잘 수행하였는지 및 기업의 자원, 위험 및 관계를 얼마나 잘 관리하였는지에 대해 간접으로 이해할 수 있는 능력
성과측정치와 지표	명시된 목표와 전략에 대한 기업 성과를 평가하고 관리하는 데 경영진이 사용하는 주요 성과측정치와 지표에 집중할 수 있는 능력

(주) 경영진설명서의 구성요소는 주요이용자의 필요를 근거로 도출된 것이다. 물론 주요이용자가 아닌 이용자도 이에 대해 관심을 가질 것이다. 그러나 경영진설명서는 더 넓은 이해관계자 집단에서 다루어지는 다른 보고형식을 대체할 수 없다.

위의 요소들은 특정한 순서를 가지고 열거된 것이 아니다. 그러나 요소들은 관련되어 있으며, 별개로 제공되지 않아야 한다. 경영진은 이용자가 기업의 재무제표를 이해하며 경영진의 목표와 그 목표를 달성하기 위한 전략을 이해하는 데 도움을 주도록 사업에 대한 경영진의 관점과 요소간 상호작용에 대한 경영진의 분석을 제공해야 한다.

1) 사업의 성격

사업의 성격에 대한 정보는 기업의 성과, 전략적 선택 그리고 전망을 평가하고 이해하기 위한 출발점이 된다.

2) 목표와 전략

경영진은 재무보고이용자들이 활동의 우선순위를 이해할 수 있도록 하고 아울러 목표를 달성하기 위해 관리해야 할 자원을 식별할 수 있는 방식으로 목표와 전략을 공시해야 한다. 예를 들면, 경영진이 시장추세와 그 시장추세가 보여주는 위협과 기회를 어떻게 다룰 의도인지에 대한 정보는 재무보고이용자가 기업의 미래성과를 예상하는 데 통찰력을 준다. 또한 경영진은 성공을 어떻게 측정할지 그리고 몇 기간에 걸쳐 평가할지를 설명해야 한다.

경영진은 직전기간 또는 과거 여러 기간들과 비교하여 기업의 목표와 전략상의 중요한 변화를 논의해야 한다. 목표, 전략, 경영자의 활동과 업무집행이사 보상 간의 관계에 대한 논의도 도움이 될 것이다.

3) 자원, 위험 및 관계

경영진설명서는 경영진이 보기에 기업의 가치에 영향을 미치는 가장 중요한 자원, 위험 및 관계에 대한 명확한 설명과, 그 자원, 위험 및 관계를 관리하는 방법을 포함해야 한다.

〈**자원**〉 기업이 사용가능한 중요한 재무적, 비재무적 자원과 경영진이 명시한 기업의 목표를 달성하는 데 그 자원을 어떻게 사용하였는지를 명시해야 한다. 자원에 대한 공시는 기업의 성격과 기업이 영업하는 산업에 달려 있다. 기업의 자본구조, (재무상태표에 인식되든 그렇지 않든) 재무약정, 유동성과 현금흐름, 인적 및 지적 자원의 적절성에 대한 분석과 함께 잉여자원 또는 식별되고 예상되는 비적절성에 대처하는 계획은 유용한 정보를 제공할 수 있는 공시의 사례들이다.

〈**위험**〉 위험관리전략의 유효성, 기업의 주요 위험노출과 그 위험의 변화를 공시하되, 그러한 위험을 부담하거나 감소시킬 수 있는 계획과 전략도 함께 공시해야 한다. 이러한 공시는 이용자가 예상결과뿐만 아니라 기업의 위험을 평가하도록 도움을 준다. 경영진은 모든 가능한 위험과 불확실성을 나열하기보다는 기업이 직면하는 주요 위험과 불확실성을 구분해야 한다.

또한 기업의 전략과 기업가치 증진에 영향을 주는 주요 전략과 상업적, 영업적, 재무적 위험을 공시해야 한다. 기업이 직면하는 주요 위험에 대한 설명은 부정적인 결과와 잠재적 기회를 모두 다루어야 한다. 경영진설명서는 경영진의 기업 목표와 전략을 이해하는 데 필요한 주요 위험과 불확실성을 논의할 때 유용한 정보를 제공한다. 그 주요 위험과 불확실성은 기업에 대한 주요 외부 또는 내부 위험을 구성할 수 있다.

〈**관계**〉 기업이 이해관계자와 관련하여 갖는 중요한 관계, 그러한 관계가 어떻게 기업의 성과나 가치에 영향을 미치게 될 수 있는지, 그리고 어떻게 그러한 관계가 관리되는지를 식별해야 한다. 이러한 유형의 공시는 기업의 관계가 사업의 성격에 어떠한 영향을 미치는지 그리고 기업의 관계가 사업을 실질적인 위험에 노출시키는지 여부를 재무보고서 이용자가 이해하는데 도움을 준다.

4) 영업의 결과와 전망

경영진설명서는 기업의 재무적 및 비재무적 성과, 그 성과가 미래성과를 어느 정도 시사하는지 그리고 기업의 전망에 대한 경영진 평가에 대한 명확한 설명을 포함해야 한다. 그러한 문제에 대한 유용한 공시는 기업의 성과, 상태, 진척 그리고 전망에 대하여 이용자들 자신이 평가할 수 있도록 도움을 줄 수 있다.

〈**결과**〉 경영진설명서는 특정 기간 동안 기업의 성과와 진척 그리고 그 기간말의 상태에 대한 설명을 포함해야 한다. 그러한 설명은 재무보고이용자에게 사업에 영향을 미치는 주요 추세와 요인에 대한 이해력을 증진시킬 수 있다. 그러한 설명을 제공함에 있어, 경영진은 기업의 결과, 경영진의 목표 및 그러한 목표를 달성하기 위한 경영진의 전략 사이의 관계를 설명해야 한다. 또한 경영진은 직전기간 또는 그 이전 여러 기간들과 비교하여 재무상태, 유동성 및 성과에 일어난 중요한 변화에 대한 논의와 분석을 제공해야 하는데, 이는 과거성과가 미래성과를 어느 정도 시사하는지를 이용자가 이해하는 데 도움을 줄 수 있기 때문이다.

〈**전망**〉 경영진은 기업의 전망에 대한 분석을 제공해야 하며, 이에는 재무적 그리고 비재무적 측정치에 대한 목표를 포함할 수 있다. 이 정보는 경영진이 장기간에 걸쳐 기업 전략을 어떻게 실행할 의도가 있는지를 재무보고서이용자가 이해하는 데 도움을 줄 수 있다. 목표가 계량화될 때, 경영진은 이용자가 그러한 목표의 달성가능성을 평가하는 데 필요한 위험과 가정을 설명해야 한다.

5) 성과측정치와 지표

성과측정치는 기업의 중요한 성공요인을 반영한 계량화된 측정치이다. 지표는 어떻게 사업이 관리되는지를 설명하는 서술적인 근거이거나 성과의 간접적인 근거를 제공하는 계량화된 측정치일 수 있다. 경영진은 명시된 목표에 대한 진척을 평가하기 위해 경영진이 사용한 성과측정치와 지표(재무적 및 비재무적 모두)를 공시해야 한다. 경영진은 성과측정치가 당해 기간에 걸쳐 왜 변동하였는지 또는 어떻게 지표가 변동되었는지를 설명해야 한다.

기업을 이해하는 데 가장 중요한 성과측정치와 지표는 경영진이 그 기업을 관리하기 위해 사용하는 것이어야 한다. 성과측정치와 지표는 보통 기업이 영업하는 산업을 반영하는데, 그 산업에서 또는 더 일반적으로 폭넓게 사용된다면 비교가능성이 향상된다. 경영진은 사용된 성과측정치와 지표가 왜 목적적합한지를 설명해야 한다.

성과측정치와 지표에 대한 일관성 있는 보고는 여러 기간에 걸친 경영진설명서의 비교가능성을 증가시킨다. 그러나 경영진은 전기에 사용된 성과측정치와 지표가 계속적으로 목적적합한지 여부를 고려해야 한다. 전략과 목표가 변경됨에 따라 전기의 경영진설명서에 제공된 성과측정치와 지표가 더 이상 목적적합하지 않다고 결정할 수도 있다. 경영진이 사용된 성과측정치와 지표를 변경시키는 경우, 그러한 변화를 명시하고 설명하여야 한다.

재무제표의 정보를 경영진설명서에 포함하기 위해 수정했다면, 그 사실을 공시해야 한다. K-IFRS에 의해 요구되거나 정의되지 않은 재무성과측정치가 포함된다면, 그러한 측정치에 대해 정의하고 설명하여야 하며, 그 측정치가 이용자에게 목적적합할 것인지를 설명하여야 한다. 재무성과측정치가 재무제표로부터 파생되거나 도출되었다면, 그러한 측정치는 K-IFRS에 따라 작성된 재무제표에서 제공된 측정치의 차이를 보여주어야 한다.

경영진설명서의 요소

경영진설명서의 공시를 규정하는 것은 재무제표의 주석으로 공시되는 정보를 규정하는 것보다 더 어렵다. 어떤 기업에게 중대한 활동의 유형은 그 기업에게 특정된다. 기업은 그들의 상황에 가장 목적적합한 문제들을 설명할 수 있기 때문에, 요소 자체를 규정하기보다는 경영진설명서에서 볼 수 있을 것으로 기대하는 내용의 유형을 제시하면 보다 의미 있는 공시를 제시할 수 있을 것이다.

상세목록을 실무서에 포함시키지 않았는데, 이는 상세목록을 규정한다면 이행점검표(checklist-compliance mentality)와 같은 사고방식을 낳을 수 있기 때문이다.

CHAPTER 8

자본 및 자본유지의 개념

1 자본의 개념

자본(capital)을 투자된 화폐액 또는 투자된 구매력으로 보는 재무적 자본(financial capital)개념하에서 자본은 기업의 순자산이나 지분과 동의어로 사용된다. 자본을 생산능력[1)]으로 보는 실물적 자본(physical capital)개념하에서 자본은 예를 들어, 1일 생산수량과 같은 기업의 생산능력으로 간주된다. 대부분의 기업은 재무적 자본개념에 기초하여 재무제표를 작성한다.

기업은 재무제표이용자들의 정보요구에 기초하여 적절한 자본개념을 선택하여야 한다. 따라서 재무제표이용자들이 주로 명목상의 투하자본이나 투하자본의 구매력 유지에 관심이 있다면 재무적 개념의 자본을 채택하여야 한다. 그러나 이용자들의 주된 관심이 기업의 조업능력 유지에 있다면 실물적 개념의 자본을 사용하여야 한다.

비록 자본개념을 실무적으로 적용하는 데는 측정의 어려움이 있을 수 있지만 선택된 자본개념에 따라 이익의 결정 목표가 무엇인지 알 수 있게 된다.

2 자본유지개념

(1) 자본유지개념의 구분

앞에서 언급한 자본개념에 따라 다음과 같은 자본유지개념(concept of capital maintenance)이 도출된다.

---

1) 생산능력은 ① 보유하고 있는 물리적 자산과 동일한 자산, ② 동일한 양의 재화나 용역을 생산할 수 있는 능력, ③ 동일한 가치의 재화나 용역을 생산할 수 있는 능력 등과 같이 다양하게 정의할 수 있다.

1) 재무자본유지

재무자본유지(financial capital maintenance)개념하에서 이익은 해당 기간 동안 소유주에게 배분하거나 소유주가 출연한 부분을 제외하고 기말 순자산의 재무적 측정금액(화폐금액)이 기초순자산의 재무적 측정금액(화폐금액)을 초과하는 경우에만 발생한다. 재무자본유지는 명목화폐단위 또는 불변구매력화폐단위[2]를 이용하여 측정할 수 있다.

2) 실물자본유지

실물자본유지(physical capital maintenance)개념하에서 이익은 해당 기간 동안 소유주에게 배분하거나 소유주가 출연한 부분을 제외하고 기업의 기말 실물생산능력이나 조업능력(또는 그러한 생산능력을 갖추기 위해 필요한 자원이나 기금)이 기초 실물생산능력을 초과하는 경우에만 발생한다.

자본유지개념에 따라 달라지는 항목

자본유지개념에 따라 앞으로 설명하는 자본 및 이익의 측정, 측정기준(회계모형) 및 보유손익의 회계처리 등이 아래와 같이 다르다.

	재무자본유지	실물자본유지
자본측정	재무적 측정금액(화폐금액)	실물생산능력
이익측정	기말순자산의 재무적 가치가 기초 대비 증가	기말순자산의 실물생산능력이 기초 대비 증가
측정기준	역사적원가(명목재무자본) 또는 일반물가조정원가(불변구매력자본유지)	현행원가(개별물가)*
자산/부채 가격변동 (보유이익)	• 명목재무자본유지 : 실현되었을 때 손익에 반영 • 불변구매력재무자본 : 일반물가수준변동까지는 자본유지조정(자본항목)으로 취급하고, 그 이상은 손익에 반영	현행원가의 변동은 모두 자본유지조정(자본항목)으로 취급하기 때문에 처분되기 전에는 손익에 반영되지 않음

* 실물생산능력을 현행원가로 추정한 경우임

2) 일반물가수준과 불변구매력(general purchasing power)은 동전의 앞뒷면과 같은 개념이고, 불변구매력은 일반물가수준의 역수로 정의한다. 즉 일반물가가 상승하면 화폐의 불변구매력은 하락하기 때문에 물가수준의 관점에서는 일반물가라는 용어를 사용하고 구매력의 관점에서는 불변구매력이라는 용어를 사용한다.

(2) 자본유지개념과 이익측정

자본유지개념은 기업이 유지하려고 하는 자본을 어떻게 정의하는지와 관련된다. 자본유지개념은 이익이 측정되는 준거기준을 제공함으로써 자본개념과 이익개념 사이의 연결고리를 제공한다. 자본유지개념은 기업의 자본에 대한 투자이익(return on investment)과 투자회수(return of investment)를 구분하기 위한 필수요건이다. 자본유지를 위해 필요한 금액을 초과하는 자산의 유입액만이 순이익(net income)으로 간주될 수 있고 결과적으로 자본의 투자이익이 된다. 따라서 순이익은 수익에서 비용(필요한 경우 자본유지조정액을 포함)을 차감한 후의 잔여액이다. 만일 비용이 수익을 초과한다면 그 초과액은 순손실이다.

재무성과 측정방법

재무성과를 측정하는 방법으로는 자본유지접근법과 거래접근법이 있다. **자본유지접근법**(capital maintenance approach)은 기말의 자본(순자산)이 기초의 자본(순자산)을 초과한 경우에는 순이익이 발생한 것으로 보는 방법이다. 기중에 자본거래가 있을 경우에는 이를 가감하여 순이익을 구한다.

자본유지접근법은 순자산의 증감을 가져오는 원천인 유량(flow)의 내용, 즉 수익과 비용의 원천 및 내용을 구체적으로 파악할 수 없다는 중대한 한계가 있다.

자본유지접근법은 자산과 부채의 적절한 평가를 중요시하는 방법이다. 이 방법에서는 손익거래가 없더라도 자산과 부채의 가치가 변화하면 이를 포괄손익으로 인식한다는 점에서 오늘날 재무상태표와 재무성과표의 주요 인식기준을 제공하는 방법으로 볼 수 있다.

거래접근법(transaction approach)은 한 기간 동안에 발생한 손익거래가 손익에 미치는 영향을 측정하여 기간손익을 결정하는 방법으로서 **손익법**이라고도 한다. 이 방법은 회계에서 널리 채택되어 왔으며 일정 기간 동안 창출한 수익과 그 수익을 창출하는 과정에서 소모되었거나 사용된 비용을 **대응**(matching)시켜 순이익을 결정한다.

거래접근법을 이용할 때 수익과 비용의 인식시기, 즉 기간귀속의 문제가 발생한다. 당기에 발생한 항목들만 당기순이익에 포함시켜야 하며, 전기 및 차기의 항목을 당기순이익에 반영해서는 안 된다.

거래접근법과 자본유지접근법이 서로 배타적인 방법은 아니다. 거래접근법은 손익거래에 대한 내역을 체계적으로 보여주는 방법이지만, 손익거래가 아닌 자산과 부채의 가치변화 등에서 발생한 손익도 그 내역을 보여주는 방식으로 손익측정에 반영할 수 있기 때문이다. 따라서 오늘날 우리가 대하는 재무성과표는 거래접근법의 개념에 따라 수익과 비용의 내역을 체계적으로 보여주면서도, 자본유지접근법의 정신을 보완적으로 수용하여 작성된 것으로도 볼 수 있다.

실물자본유지개념을 사용하기 위해서는 현행원가기준에 따라 측정해야 한다. 그러나 재무자본유지개념은 특정한 측정기준의 적용을 요구하지 아니한다. 재무자본유지개념하에서 측정기준의 선택은 기업이 유지하려는 재무자본의 유형과 관련이 있다.

재무자본유지개념과 실물자본유지개념의 주된 차이는 기업의 자산과 부채에 대한 가격변동 영향의 처리방법에 있다. 일반적으로 기초에 가지고 있던 자본만큼을 기말에도 가지고 있다면 이 기업의 자본은 유지된 것이며, 기초 자본을 유지하기 위해 필요한 부분을 초과하는 금액이 이익이다.

자본을 명목화폐단위로 정의한 재무자본유지개념하에서 이익은 해당 기간 중 명목화폐자본의 증가액을 의미한다. 따라서 기간 중 보유한 자산가격의 증가 부분, 즉 보유이익(holding gain)은 개념적으로 이익에 속한다. 그러나 보유이익은 자산이 교환거래에 따라 처분되기 전에는 이익으로 인식되지 않을 것이다. 만일 재무자본유지개념이 불변구매력 단위로 정의된다면 이익은 해당 기간 중 투자된 구매력의 증가를 의미하게 된다. 따라서 일반물가수준에 따른 가격상승을 초과하는 자산가격의 증가 부분만이 이익으로 간주되며, 그 이외의 가격증가 부분은 자본의 일부인 자본유지조정으로 처리된다.

자본을 실물생산능력으로 정의한 실물자본유지개념하에서 이익은 해당 기간 중 실물생산능력의 증가를 의미한다. 기업의 자산과 부채에 영향을 미치는 모든 가격변동은 해당 기업의 실물생산능력에 대한 측정치의 변동으로 간주되어 이익이 아니라 자본의 일부인 자본유지조정으로 처리된다.

:: 사례 자본유지개념과 이익측정

20×1년초 현금 ₩300을 투자하여 사업을 시작하고, 상품 2개를 개당 ₩100에 구입하였다. 20×1년중 일반물가는 10% 상승하였고, 취급하는 상품가격은 개당 ₩100에서 ₩150으로 상승하였다. 구입했던 상품 2개를 개당 ₩180에 처분하여 기말 현재 현금이 ₩460이 되었다.

이 경우 자본유지개념에 따라 순이익은 다음과 같이 측정된다.

1) **명목재무자본유지** : 기말 현재 순자산은 ₩460으로 기초 명목재무자본 ₩300보다 ₩160 증가했으므로 이를 순이익으로 인식한다.

기말순자산－명목재무자본 기초순자산－명목재무자본	₩460 (300)
순이익	₩160

2) **불변구매력자본유지** : 당기중 물가가 10% 상승하여 화폐의 구매력이 감소했다. 기말 현재 순자산은 ₩460으로 기초순자산의 불변구매력등가액 ₩330(=₩300×110%)보다 ₩130만큼 많아서 이를 순이익으로 인식하고, 불변구매력조정액 ₩30은 자본조정액으로 본다.

기말순자산－불변구매력 기초순자산－불변구매력	₩460 (330)
순이익	₩130

3) **실물자본유지** : 기초에 현금 ₩300은 실물자본인 상품으로 측정할 경우 3개에 해당하므로 기말에도 상품 3개에 해당하는 실물자본(현행원가) ₩450이 있어야 한다. 이 금액과 기말 현재 순자산 ₩460의 차이를 순이익으로 인식하고, 현행원가조정액 ₩150은 자본조정액으로 본다.

기말순자산－실물자본 기초순자산－실물자본	₩460 (450)
순이익	₩10

[요약] 물가가 변하지 않을 때 위의 세 가지 개념은 동일한 결과를 가져온다. 그러나 물가가 상승하면, 불변구매력자본유지나 실물자본유지 개념하의 순이익이 명목재무자본유지개념하의 순이익보다 작다. 한편, 일반물가상승률과 현행원가상승률이 일치하는 경우에만 불변구매력자본유지개념에 따른 순이익이 실물자본유지개념에 따른 순이익과 같아진다.

(3) 자본유지개념과 회계모형

자본유지개념과 측정기준의 선택에 따라 재무제표의 작성에 있어 사용되는 회계모형(accounting model)이 결정된다. 각각의 회계모형은 상이한 목적적합성과 신뢰성을 나타내며, 경영진은 다른 경우와 마찬가지로 목적적합성과 신뢰성 간에 균형을 추구하여야 한다.

이 개념체계는 다양한 회계모형에 적용가능하며 선택된 모형하에서 재무제표의 작성과 표시에 대한 지침을 제공한다. 현재 회계기준위원회는 초인플레이션하에 있는 통화로 보고해야 하는 기업의 경우와 같은 예외적 상황을 제외하고는, 특정한 모형의 사용을 규정하려는 의도를 가지고 있지는 않다. 그러나 이러한 의도는 사회의 발전에 따라 제고될 것이다.

자본유지개념과 회계모형

20×1년초 자본유지개념과 측정기준의 선택에 따라 재무제표의 작성에 있어 사용되는 회계모형이 다음과 같이 결정된다.

자본유지개념 / 측정기준	재무자본유지		실물자본유지
	명목재무자본	불변구매력자본	
역사적원가	역사적원가회계		
역사적원가-일반물가지수조정		일반물가수준회계	
현행원가			현행원가회계

역사적원가회계는 전통적 회계제도에서 채택하고 있는 회계모형이다. 일반물가수준회계는 취득원가에 일반물가지수(general price index)를 반영하여 측정치를 구한다는 점에서 역사적원가주의에 근거하고 있다.

현행원가회계는 취득원가에 근거하지 않고 현행원가를 사용하여 측정한다는 점에서 측정기준 자체가 전통적 회계모형 및 일반물가수준회계와 다르다. 현행원가회계도 물가의 변동을 반영하지만 일반물가변동이 아닌 개별물가변동에 근거하고 있다는 점에서 일반물가수준회계와 다르다.

3 자본유지조정

자산과 부채에 대한 재평가 또는 재작성은 자본의 증가나 감소를 초래한다. 이와 같은 자본의 증가 또는 감소는 수익과 비용의 정의에는 부합하지만, 이 항목들은 특정 자본유지개념에 따라 포괄손익계산서에는 포함하지 아니한다. 그 대신 자본유지조정(capital maintenance adjustments) 또는 재평가적립금(revaluation reserves)으로 자본에 포함한다.

참고문헌

송인만 · 윤순석 · 최관, 2019, *K-IFRS 중급회계, 제11판*

한국회계기준원, 2011, *국제회계기준 실무서 1 '경영진설명서 작성을 위한 개념체계'* 번역서

____ , 2015, *원칙중심 K-IFRS 교육: 개념체계 기반 접근법*

____ , 2016, *원칙중심 K-IFRS 교육: 개념체계 기반 접근법 제2권(부채)*

____ , 2016, *원칙중심 K-IFRS 교육: 개념체계 기반 접근법 제3권(회계윤리와 종합사례)*

____ , 2019, *국제회계기준 실무서 2 '중요성에 대한 판단'* 번역서

____ , 2019, *기업회계기준서(K-IFRS) 제1001호 '재무제표 표시'*

____ , 2019, *기업회계기준서(K-IFRS) 제1113호 '공정가치 측정'*

____ , 2019, *재무보고를 위한 개념체계*

International Accounting Standards Board, 2019, *Exposure draft: Disclosure of Accounting Policies, Proposed amendments to IAS 1 and IFRS Practice Statement 2.*

____ , 2019, *Exposure Draft: General Presentation and Disclosures.*

Riahi-Belkaoui, A., 2004, *Accounting Theory*, 5th ed., Thompson.

Wolk, H. I., Dodd, J. L., and Rozycki, J. J., 2016, *Accounting Theory: Conceptual Issues in a Political and Economic Environment*, 9th ed., Sage.

찾아보기

기타

저자약력

송인만 University of Wisconsin -Madison(Ph.D) | AICPA(Wisconsin)
현, 성균관대학교 경영학부 명예교수 | SUNY-Korea 석좌교수

저서 및 주요 논문 K-IFRS 중급재무회계(신영사, 공저, 2020) | K-IFRS 재무회계(신영사, 공저, 2020) | 우리나라 회계학 연구: 현황과 개선방안(회계저널, 2018) | 예측과 다른 회계법인의 선택효과(회계학연구, 2016) | 포괄손익계산서 보고양식과 회계이익의 정보유용성(회계저널, 2015) | Reputation Effects on Market Premium and Audit Fees(Korean Accounting Review, 2014) 등

윤순석 University of Wisconsin -Madison(Ph.D)
현, Western Illinois University 교수

저서 및 주요 논문 K-IFRS 중급재무회계(신영사, 공저, 2020) | K-IFRS 재무회계(신영사, 공저, 2020) | IFRS Principles of Accounting(신영사, 공저, 2019) | A Comparison of Earnings Management Between KSE Firms and Kosdaq Firms(Journal of Business Finance & Accounting, 2005) | Controlling Shareholders' Opportunistic Use of Share Repurchases(Review of Quantitative Finance and Accounting, 2013) | Financing Preferences : Evidence from the Korean Market(Applied Economics, 2017) | Value-relevance of the regulatory non-GAAP adjustments in the Korean banking industry(Asian-Pacific Journal of Accounting and Economics, 2019) 등

원칙중심 회계기준: 재무보고 개념체계의 이해

2020년 6월 10일 제1판 1쇄 인쇄
2020년 6월 15일 제1판 1쇄 발행

저 자 송인만 · 윤순석
발행인 권 영 섭
발행처 (주)신 영 사

경기도 파주시 심학산로 12(출판문화단지)
등 록 : 1988. 5. 2 / 제406-1988-000020호
전 화 : 031-946-2894(代)
F A X : 031-946-0799
e - mail : sys28945@naver.com
홈페이지 : http://www.shinyoungsa.co.kr

정가 20,000원 ISBN 978-89-5501-734-2